改訂新版
教職をめざす人のための教育課程論

古川　治
矢野裕俊　編著

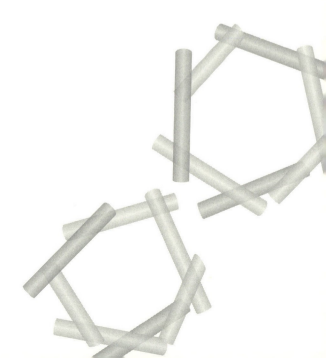

北大路書房

本書を利用するにあたって

　本書は大学の教職課程のための教科書として用いられることを念頭において作成された。教職課程では，「教職に関する科目」のうちの「教育の基礎的理解に関する科目」の1つとして「教育課程の意義及び編成の方法」に関する科目を設けることとなっている。

　教育課程について学ぶ科目が設けられ，それの単位修得が教員免許の取得の要件とされながら，大学で授業を進めるうえで使いやすく，また学生が学習するのにふさわしい教科書は意外に少ない。教育課程についての理論的な説明に力点が置かれた本はこれまでにもあったが，教育課程の編成の実際や手順など学校の教師の仕事として求められることの具体的な姿をわかりやすく説いたものはほとんどみられないのが実情であった。私たちの間で教育課程論のための新しい教科書を作ろうという声が異口同音に上がったのは，大学での教育課程に関する科目を担当してきた著者らに共通する悩みがあったからである。

　本書は，実際に各学校でどのように教育課程が編成されていくのか，という実務的な側面に留意して書かれており，その意味ではこれを用いた授業において，教職のための実践力を育てることを重視している。また，今日の学校教育は，知識基盤社会化やグローバル化が進む社会の中で，従来の基礎的・基本的事項の確実な習得にとどまらず，思考力・判断力・表現力の育成など，いわゆる「21世紀型スキル」の育成をめざす方向へと，教育の力点の置き方に明らかな転換がみられる。それに対応して評価においてもパフォーマンス評価など新しい方法が取り入れられている。変化の激しい現代社会にあって，教育もまた大きな変革の波にさらされている。2015年3月には，道徳が教育課程の一領域から「特別の教科　道徳」へと改められた。本書が世に送り出される時点では道徳教育の考え方も大きく変わっているはずである。さらには，公職選挙法の改正により，選挙権が18歳に引き下げられ，教育もそれへの対応を迫られている。そこで本書では，国内・国外の教育改革の中で学校の教育課程にみられる新しい動向について少しでも触れることにした。

　本書は14章からなっており，半期の授業で構成される科目においては，おおむね1回1章を充てることもできる。しかし，現在の免許種別の教職課程は小学校と中学校・高等学校とではかなり内容が異なり，特に教育課程に関して言えば，小学校課程では小学校の，中学校課程では中学校の教育課程について学ぶことを中心にす

るのが妥当であろう。したがって，本書の14章すべてを均等に扱うことは必ずしも必要ではなく，適宜取捨選択してもらうとよい。1つの章に2回分の授業時間を充当したり，逆に2つの章を1回分の授業時間にまとめたり，という方法もある。

　また，各章末にはコラムを設けて，新しい話題や注目すべき事項を取り上げている。各章の記述内容は1回90分の授業で扱うには多すぎる。駆け足ですべての内容をさっと撫でるのではなく，各章の記述のうち，授業で触れるところと，そうでないところに分けるなどの工夫も必要になってくる。触れられないところやコラムは宿題として学生に読んでもらうなど，工夫した本書の活用の仕方をお願いしたい。

　本書の企画と執筆の中心となったのは大阪大学で教職課程の科目を受け持つ専任教員，非常勤講師の皆さんであった。しかし，もとより本書は特定の大学での使用を想定したものではなく，授業実践者としての悩みを踏まえて，筆者らが授業を担当する多くの大学で広く授業に生かすことを考えて作られている。大いに活用されんことを願うものである。

2015年7月
編者を代表して　矢野裕俊

　本書は，2015（平成27）年の発刊以来，多くの方々にご好評いただいた『教職をめざす人のための教育課程論』を，2017（平成29），2018（平成30）年の学習指導要領の改訂と教育職員免許法の改正に対応させ，また，社会情勢の変化や法制の改正，新しい統計なども含め『改訂新版　教職をめざす人のための教育課程論』としてリニューアルしたものである。内容を新たにした知識・情報をご活用いただければ幸甚である。

2019年3月
編者を代表して　矢野裕俊

本書を利用するにあたって　i

第1章　教育課程の意義 …………………………………………………… 1

1節　教育課程の概念　1
1．教育課程とは／2．「教育課程」と「カリキュラム」／3．教育課程に着目する意義

2節　教育課程の構成要素　5
1．教育課程の基準：学習指導要領／2．教育課程の編成・開発／3．教育課程・カリキュラム開発と教師

3節　教育課程の今日的意義　10
1．教育課程と学力問題／2．国内外の教育課程改革

Column1　カリキュラム・リーダーシップ　14

第2章　教育課程編成の思想と構造 …………………………………… 15

1節　系統主義と経験主義　15
1．系統主義と経験主義の特徴／2．経験主義の教育観／3．系統主義の教育観

2節　教科の関係を考える　19
1．関連（相関）カリキュラム／2．横断カリキュラムとクロス・カリキュラム／3．融合カリキュラムと広域カリキュラム

3節　合理的な教育課程編成の意義と問題　21
1．合理的な教育課程編成／2．羅生門的アプローチ

4節　社会と教育課程の様々な関係　23
1．社会効率主義と社会改造主義／2．抵抗と連帯の場としての学校／3．多様な学びと教育課程

Column2　デューイの実験学校のカリキュラム　26

第3章　近代・現代日本の教育課程の歩み …………………………… 27

1節　「学制」のもとでの小学校教育課程　27
2節　欧化主義からの転換——「教学聖旨」　28
3節　国家主義の教育　30

iii

4節　平和で民主的な国家社会の形成者を育てる教育　32
Column3　大正自由教育　36

第4章　教育課程の編成と諸要因　37

1節　教育課程の編成　37
1．教育課程を編成するのは誰か／2．教育課程の編成の方法・手順／3．学校教育目標／4．学校教育目標の現状

2節　教育課程と学校組織（校務分掌）　43
1．教育課程を実施する学校組織／2．学校組織と組織マネジメント

Column4　校長の職務　50

第5章　小学校学習指導要領と教育課程編成の実際　51

1節　小学校の教育課程　51
1．小学校教育課程は何をめざしているのか：小学校教育の目的／2．「社会に開かれた教育課程」を実現する：資質・能力の育成をめざす「主体的・対話的で深い学び」，カリキュラム・マネジメント

2節　小学校教育課程の実際　54
1．小学校の教育課程について／2．指導計画について／3．教科等を横断して改善すべき事項

3節　幼小連携，小中連携，小中一貫教育について　61
1．幼小連携について／2．小中連携・小中一貫教育について

Column5　オルタナティブ教育における教育課程：シュタイナー教育の事例　64

第6章　中学校学習指導要領と教育課程編成の実際　65

1節　「学びの地図」という道しるべ　65
2節　中学校の目的と中学校教育の目標（義務教育学校を含む）　66
3節　中学校教育における教育課程編成の基本的な考え方　68
4節　「学校教育目標」の具現化　73
5節　具体的な「教育計画」について　75
1．教科活動について／2．「特別の教科　道徳」について／3．「総合的な学習の時間」について／4．「特別活動」について

6節　「生きる力」をはぐくむ具体的な取り組み　85
1．確かな学力向上のための推進プラン／2．特別活動（学校行事）から「生きる力」を考える

Column6　「学校だより・学年だより」による情報発信の大切さ　92

目次

第7章 高等学校学習指導要領と教育課程編成の実際 …………………………… 93

1節 高等学校教育課程の前提　93
1．学科制／2．課程制と単位制／3．教科と科目／4．必履修科目と選択科目／5．学校設定教科・科目／6．中高一貫教育

2節 高等学校教育課程の基本的枠組み　96
1．中央教育審議会の答申／2．育成をめざす資質・能力：3つの柱／3．教育課程の領域／4．普通教科と専門教科／5．高等学校学習指導要領改訂の基本方針／6．探究的な学習の重視

3節 学習指導要領と必履修教科・科目の変遷　102

4節 高等学校教育課程の実際と改善の方向　105
1．特別活動の実際／2．高等学校教育の改善の方向

Column7　高校生の頃にしてほしかったキャリア教育　109

第8章 特別支援教育の学習指導要領と教育課程編成の実際 ……………………… 111

1節 特別支援教育の学習指導要領の変遷　111
1．特殊教育時代の教育課程／2．教育課程論を学ぶためのポイント

2節 特別支援学校・学級の教育課程　115
1．特別支援学校の教育課程／2．特別支援学級の教育課程

3節 インクルーシブ教育時代の教育課程――通常学級の改革とインクルーシブ教育　123
1．インテグレーションからインクルージョンへ／2．教育課程と授業づくり

Column8　就学前の特別支援教育と卒業後の学びの場づくり　126

第9章 学校経営・学級経営・生徒指導と教育課程との関連 ……………………… 127

1節 学校経営の鍵を握るカリキュラム・マネジメント　127
1．特色ある学校づくりと学校裁量権の拡大／2．「生きる力」を育成するためのカリキュラム・マネジメント

2節 学級経営と教育課程の関連性　131
1．日本型学級経営の特徴／2．学級経営と教育課程

3節 生徒指導の機能が生きる教育課程　134
1．生徒指導の機能と教育課程／2．教育課程の諸領域と生徒指導／3．これからの生徒指導の方向性と教育課程：「ガイダンスカリキュラム」

Column9　ガイダンスカリキュラムの取り組み　141

第10章 各教科と道徳・特別活動・総合的な学習の時間の関連 …………………… 143

1節 道徳と各教科との関連　143

   　1．道徳の教科化／2．「特別の教科　道徳」(道徳科)でめざす資質・能力
  2節　教科指導と特別活動　151
   　1．特別活動の目標と教育課程／2．特別活動と各教科等との関連
  3節　総合的な学習の時間と教科との関連　154
   　1．総合的な学習の時間と教育課程／2．カリキュラム・マネジメントの要としての総合的な学習の時間の役割
  Column10　地域に開かれた教育課程：「特別の教科　道徳」における取り組み　159

第11章　教育課程と評価 ……………………………………………………… 161

  1節　教育課程における評価の意義と役割　161
   　1．学びの確かめとしての教育評価：学習評価と教育評価／2．学習評価の意義と役割
  2節　相対評価・絶対評価と通知表・指導要録　165
   　1．相対評価の考え方／2．目標に準拠した評価（客観的絶対評価）の考え方／3．2016年中教審答申に基づく学習評価の改善／4．到達目標・向上目標・体験目標
  3節　評価の方法　169
   　1．パフォーマンス評価とは何か／2．パフォーマンス課題の特徴／3．ルーブリックの作成／4．パフォーマンス評価の問題点と今後の課題
  4節　教育課程評価・学校評価　174
   　1．カリキュラム改訂，改革，改善と評価／2．制度化された学校評価
  Column11　実態調査：国際教員指導環境調査（TALIS第2回調査）　177

第12章　学力向上策とカリキュラム開発 ……………………………………… 179

  1節　全国学力調査　179
  2節　学力に影響を与えるもの　180
   　1．メリトクラシーとペアレントクラシー／2．効果のある学校
  3節　教育委員会の学力向上に関する取り組み　185
  4節　沖縄県教育委員会「学力向上推進プロジェクト」　185
  5節　徳島県教育委員会「確かな学力」育成プロジェクト　186
   　1．徳島県学力向上・授業改善調査検討委員会／2．徳島県「確かな学力」育成プロジェクトの成果
  6節　カリキュラム開発　190
   　1．コンテンツ・ベースからコンピテンシー・ベースのカリキュラムへ／2．コンピテンシー・ベースのカリキュラム
  Column12　福井の秘密　192

目 次

第13章 新学習指導要領と教育課程の編成 ……………………………… 193

1節 2017年告示の学習指導要領改訂の趣旨と方向性　193
　1．2017年告示の学習指導要領のねらい／2．これからの子どもたちに求められる資質・能力／3．新学習指導要領の方向性
2節 新しい教育方法の展開について　198
3節 幼稚園教育要領，小・中・高等学校学習指導要領の改訂のポイント　200
　1．幼・小・中学校における教育内容の主な改善事項／2．高等学校における教育内容の主な改善事項
4節 教育課程の編成について　205
Column13 「特別の教科　道徳」は，なぜ「特別の教科」なのか　207

第14章 国際学力調査の21世紀型「能力」の模索と教育課程改革 …………… 209

1節 国際的「学力調査の時代」の始まり　209
　1．PISA調査とTIMSS調査／2．近年のPISA調査の動向
2節 PISA調査の「学力」概念とその測定の始まり　213
　1．国際的な「学力」（＝リテラシー）とその基礎としてのコンピテンシーの提起／2．PISA調査が測定した3つの主要なリテラシー
3節 国際的「学力」調査のインパクト　216
　1．PISA調査と日本の教育改革への影響／2．諸外国の求める「能力」
4節 21世紀型の「能力」の国際的な模索　224
　1．21世紀の世界的産業・経済構造の変化と求められる「能力」／2．21世紀型「能力」の模索
Column14 PISAショックと各国の教育改革への影響　231

引用・参考文献　233
索引　242
付録　教育課程編成に関する関係法令

教育課程の意義

1節　教育課程の概念

1．教育課程とは

　皆さんが，「教育課程」という言葉を耳にしたのは，おそらく，小学校，中学校，高等学校，といった，学校教育の現場に（例えば児童生徒として）関わっていたときではないだろうか。そして，家庭や地域での習い事などの場面で，「教育課程」という用語を耳にすることはあまり（ほとんど）なかったのではないだろうか。

　このように筆者が半ば断定したのは，この「教育課程」という用語が，学校教育という枠組みの中で定義し活用されているものだからだ。例えば，皆さんの手元にある国語辞典や百科事典などで，「教育課程」の言葉を調べてみてほしい。ちなみに，筆者の手元にある複数の国語辞典では，以下のような意味が示されていた（傍点及び下線は引用者による）。

　学校教育の目的を達成するため，児童，生徒の発達段階に応じて順序だてて編成した教育の計画。教科課程。<u>カリキュラム</u>。　　　（『精選版 日本国語大辞典』）

　学校教育で望ましい学習が展開されるように配慮してつくられる，教育の目標・内容構成・配当時間などの総体。教科・科目など指導領域を設け，教材を選択・配列することによって編成される。<u>カリキュラム</u>。　　　（『広辞苑 第六版』）

　学校教育の目的を達成するために，教育内容・教材などを学習段階に応じて配列した指導計画。<u>カリキュラム</u>。　　　（『明鏡国語辞典 第二版』）

このように，「教育課程」とは，一般的に学校教育に関する用語・概念であるといえる。

2．「教育課程」と「カリキュラム」

次に，上記の引用で下線を施した「カリキュラム」という言葉に注目したい。これは，英語の"curriculum"をカタカナで表記したものであり，「教育課程」は，この"curriculum"を翻訳した用語でもある。

そもそも，「カリキュラム」とは，ラテン語の競馬場や競争路の「コース」や「走路」を語源とするものであり，「人生の来歴」を含意する言葉だった（現在でも，履歴書のことを英語では"curriculum vitae"という）。これが転じて，学校で教えられる教科目やその内容及び時間配当など，学校の教育計画を意味する用語となった。この「カリキュラム」の用語がわが国では，戦前に「教科課程」（小学校）や「学科課程」（中等学校など），その後第二次世界大戦以後に「教育課程」と訳されるようになった（日本カリキュラム学会，2000）。そして今日では，「カリキュラム」と「教育課程」は特に区分けされずに用いられる場合も多い。実際にいくつかの英和辞典を調べてみても，たいていは「教育課程」の言葉が「カリキュラム」の1つの訳語として示されている（例えば，『リーダーズ英和辞典 第2版』では，「教育課程」「教科課程」「カリキュラム；履修課程」といった訳語が示されている）。

しかし，厳密にいえば，「教育課程」と「カリキュラム」は必ずしも一致した概念ではない。例えば，「教育課程」は主として教育行政の用語として限られた分野で用いられ，事前につくられる「教育計画」という意味合いが強い（安彦，2003）。その上で，こうした計画は実施してみて修正や変更を加えられたり，場合によっては教育の結果をみて，速やかに改善されたりすべきだとされている。一方，「カリキュラム」は，計画レベルだけでなく，実施レベル，結果レベルまでを含む概念である（安彦，2006）。つまり，「カリキュラム」は「教育課程」よりも広い概念であり，目標や内容・教材，教授・学習活動，評価の活動なども含んでいるとされているのだ。

このように「カリキュラム」の概念を広くとらえる際によく言及されるのが，IEA（International Association for the Evaluation of Educational Achievement：国際教育到達度評価学会）による「カリキュラム」の定義である（表1-1）。このIEAの「カリキュラム」の定義の枠組みに当てはめるならば，わが国の「教育課程」は「意図したカリキュラム」に分類できるだろう。

表1-1　IEAによるカリキュラムの定義 （田中ら，2009，pp.13-14）

意図したカリキュラム (Intended Curriculum)	国家または教育制度の段階で決定された数学や理科の内容であり，教育政策や法規，国家的な試験の内容，教科書，指導書などに示されており，数学や理科の概念，手法，態度など
実施したカリキュラム (Implemented Curriculum)	教師が解釈して生徒に与える数学や理科の内容であり，実際の指導，教室経営，教育資源の利用，教師の態度や背景など
達成したカリキュラム (Attained Curriculum)	生徒が学校教育の中で獲得した数学や理科の概念，手法，態度など

　こうした「教育課程」と「カリキュラム」の違いを際立たせている大きな要素の1つが，「隠れたカリキュラム（hidden curriculum）」の存在である。これは，「顕在的カリキュラム」と対比して「潜在的カリキュラム（latent curriculum）」ともよばれている。

　「顕在的カリキュラム（manifest curriculum, overt curriculum, official curriculum）」とは，「顕在的」すなわち，「目に見える形で示されている」カリキュラムのことである。これは，「学校教育目標にそって，意図的で計画的な教育課程に基づいて行われるカリキュラム」（山崎・黒羽，2008）のことであり，「知識や技能を意図的，かつ計画的に伝える機能」（北尾ら，2006）をもつ。例えば，（この後で説明する）学習指導要領や検定教科書，その学校の教育目標などがあげられるだろう。

　一方で，「隠れた（潜在的）カリキュラム」とは，一言で言えば，「目に見えない」状態にあるカリキュラムのことである。これは，「明文化されることなく伝達される知識，行動様式，思考様式，価値観などのこと」（山崎・黒羽，2008）であり，「ものの見方や考え方などに，非意図的，不可視的に影響を及ぼし，方向づける機能」（北尾ら，2006）をもつ。例えば，学校の校風や教室の雰囲気，教師や子どもたちを取り巻く人間関係や学校建築，学校施設といって物理的環境などがあげられるだろう。

　言い換えれば，「顕在的カリキュラム」は学校が意図的・明示的に組織したカリキュラムであるのに対して，「隠れた（潜在的）カリキュラム」は無意図的・暗黙的な人間形成の作用を及ぼすカリキュラムのことである（田中，2009）。

　このように，「カリキュラム」には「顕在的」ないし「潜在的（隠れた）」という側面があるのに対して，「教育課程」はそうした両側面を備えていない。例えば，文部科学省が発行する中学校の学習指導要領の解説（この文書については後で説明する）では，次のようなことが記されている（なお，以下の引用は『高等学校学習

指導要領解説：総則編』にも同じ内容が記されている。また、『小学校学習指導要領解説：総則編』では、「生徒」が「児童」となっている）。

　教育課程の意義については様々な捉え方があるが、学校において編成する教育課程については、学校教育の目的や目標を達成するために、教育の内容を生徒の心身の発達に応じ、<u>授業時数との関連において総合的に組織した</u>各学校の教育計画であると言うことができ、その際、学校の教育目標の設定、指導内容の組織及び授業時数の配当が教育課程の編成の基本的な要素になってくる。

（下線は引用者による。文部科学省、2018b）

　このように、「教育課程」とは「計画」段階に属するものであり、「顕在的カリキュラム」のみにほぼ対応する。実際に、わが国で「顕在的教育課程」とか「潜在的（隠れた）教育課程」といった表現を耳にすることはない。「カリキュラム」は「教育課程」よりも広い意味で概念化されているのだ（安彦、2003；日本教育方法学会、2014）。

3．教育課程に着目する意義

　さて、本書は基本的に「教育課程」という用語を中心に用いている。その積極的な意義は、「教育課程」が公的な枠組みや教育計画の重要性に着目している、という点にある。児童生徒を教育する機関として、学校はある程度計画的な側面を重視する必要があり、そうしたときに、計画段階としての「教育課程」に目を向けることは、学校で働く教員教師たちにとって必然的に求められる営みとなる。

　また、計画としての「教育課程」を実施した後の段階で、その進捗状況等を点検・評価するといった改善等も重要な営みとして想定されている。それに加えて、より幅広い文脈で、つまり、児童生徒たちが実際に学んだとされること（特に学校や教師の側では想定されていないこと）といった「潜在的（隠れた）」側面も看取することも、同じぐらい重要である。その場合、「潜在的（隠れた）カリキュラム」の観点も包摂している「カリキュラム」の観点が有益となるだろう。

　元来、「カリキュラム」という用語と概念は、アメリカやイギリスといった英語圏で用いられていた意味を踏襲している傾向にあり、どちらかというと、学術研究の分野で注目されてきた。そうした学術研究の領域におけるカリキュラム研究の成果を、今日では、学校教育現場で主流となっている「教育課程」という用語と概念

及びそれにまつわる営みをとらえ直す状況にあったといえる。

　そして，現行の学習指導要領（2017（平成29）年告示）では，学習指導要領として初めて「カリキュラム」という用語が公式的に用いられることになった。そこでは，「カリキュラム・マネジメント」という用語と概念が示され，これは，各学校において，「生徒や学校，地域の実態を適切に把握し，教育の目的や目標の実現に必要な教育の内容等を教科等横断的な視点で組み立てていくこと」，「教育課程の実施状況を評価してその改善を図っていくこと」，そして，「教育課程の実施に必要な人的又は物的な体制を確保するとともにその改善を図っていくこと」などを通して，「教育課程に基づき組織的かつ計画的に各学校の教育活動の質の向上を図っていくこと」であるとされている（文部科学省，2018a）（学習指導要領の詳細については，本章2節の1，及び，第3章，第5～8章を参照）。

2節　教育課程の構成要素

1．教育課程の基準：学習指導要領

　先述した「学習指導要領」とは，国民として共通に身に付けるべき教育の内容を文部科学省が示して作成した文書のことであり，小学校・中学校・高等学校・中等教育学校・特別支援学校などの教育内容と教育課程の要領や要点を記している。その目的は，全国的に一定の教育水準を確保し，そうした教育を受ける機会を国民に保障することであり，学習指導要領とは，言わば教育内容に関する国家の基準を明文化して提示したものである（幼稚園の場合は「幼稚園教育要領」）。

　学習指導要領の内容は，この度改訂された新学習指導要領（2017（平成29）年告示）の場合，「総則」，「各教科」（高等学校の場合は「各学科に共通する各教科」・「主として専門学科において開設される各教科」），「特別の教科 道徳」（小学校・中学校のみ），「外国語活動」，「総合的な学習の時間」（高等学校の場合は「総合的な探究の時間」），「特別活動」から成っている（文部科学省，2018a）。ただし，これらの内容や構成は，第二次世界大戦後の1947（昭和22）年に作成されて以来，大なり小なりの形で変化してきた。戦後，学習指導要領は，1951（昭和26）年，1958（昭和33）年，1968（昭和43）年，1977（昭和52）年，1989（平成元）年，1998（平成10）年，そして2008（平成20）年の計7回の改訂を経て，今回2017年の改訂にいたっており（各学校種の学習指導要領についての詳細は，第5章（小学校），

第6章（中学校），第7章（高等学校），第8章（特別支援学校），第13章（現行学習指導要領と教育課程の編成）を参照)，およそ10年に一度改訂されてきた。現在，この文書は「告示」文書として，法的拘束性を有するものとして位置づけられている（わが国の学習指導要領の変遷については，第3章を参照）。

また，この学習指導要領と対応した（先にふれた）『学習指導要領解説』という解説書もある。これは，「大綱的な基準である学習指導要領の記述の意味や解釈などの詳細について説明するために，文部科学省が作成するものであり……各学校においては……学習指導要領等についての理解を深め，創意工夫を活かした特色ある教育課程を編成・実施される」（文部科学省，2018b）ことを願って作成されている。中学校の場合，「総則」や教科ごと（「国語」「社会」「数学」「理科」「音楽」「美術」「保健体育」「技術・家庭」「外国語」)，「特別の教科　道徳」「総合的な学習の時間」「特別活動」，の編に分けられて発行されている。なお，この『解説』は，学習指導要領とは異なり，法的拘束性を有してはいない。

2．教育課程の編成・開発

上述した学習指導要領を基にして，各学校は教育課程をつくる必要がある。この営みは，教育課程を「編成」ないし「開発」するといわれ，学習指導要領では「編成」という用語が主として用いられている。例えば，中学校と高等学校の学習指導要領の総則の冒頭は，次のような一文から始まっている。

　1　各学校においては，教育基本法及び学校教育法その他法令並びにこの章以下に示すところに従い，生徒の人間として調和のとれた育成を目指し，生徒の心身の発達の段階や特性及び学校や地域の実態を十分考慮して，適切な教育課程を編成するものとし，これらに掲げる目標を達成するよう教育を行うものとする。

（傍点及び下線は引用者による。文部科学省，2018a）

「編成」とは，「組織し形成すること」（『広辞苑』）や「個々のものを組み立てて，一つのまとまったものにすること」（『明鏡国語辞典』）という意味であるため，教育課程の「編成」というと，何かしら出来合いのものやすでにでき上がっているものをまとめるといった作業がイメージされる場合がある。

しかし，上の引用で傍点を付した「各学校においては」という言葉に着目してほしい。国公私立合わせて3万5000校程度あるわが国の小学校・中学校・高等学校は，

その事情（地域の様子や在籍児童生徒数など）も様々であるため，国家（文部科学省）が全国すべての学校の計画を策定し，それを各学校に実施するよう求めるのは非現実的な想定である。学習指導要領はあくまで要領・要点を示した大綱的基準（最低基準）であり，あとは各学校が自主的に自校に適した教育課程を編成し，授業をはじめとする教育実践を展開することが求められているのだ。そのため，自分たちで教育課程をつくる＝開発することも必要となってくる（各学校の教育課程の編成と授業づくりについては，第4章を参照。また，各教科等の指導と教育課程との関わりについては，第10章を参照）。

　こうした意識の高まりは，1節でふれたカリキュラム研究における「カリキュラム開発」の概念と密接に関わっている。

　「カリキュラム開発（curriculum development）」とは，1920～30年代のアメリカにおいて，「授業改善」「教師の参加」「教職の研修」の諸特徴を示すカリキュラム構成の様式を表現するものとして登場し，1930～40年代に普及し定着した概念である（佐藤，1996）。この概念は，当時の進歩主義教育運動が公立学校に普及したこと，また，大恐慌以後の地域の経済と教育の復興計画を背景として成立したものであり，州・郡・市のカリキュラム改訂運動において特定の様式を示すものとして形成された。

　「カリキュラム開発」という用語・概念がわが国に本格的に持ち込まれたのは，1974（昭和49）年のことである。その前年である1973（昭和48）年，イギリスで開催された経済協力開発機構（OECD）国際セミナーにおいて「学校を基盤とするカリキュラム開発（SBCD: School-Based Curriculum Development）」（以下，SBCDとする）という考えが提唱された。そして，翌年の1974年に，文部省（当時）がOECDの教育研究革新センター（CERI）と協力して東京で開催した「カリキュラム開発に関する国際セミナー」において，SBCDを具体化した研究報告と論議が行われた。

　このSBCDの考え方の影響を色濃く受けた中で，今日では，各学校が自校の教育課程を開発・編成する営みがとらえられている。そのため，以下では，SBCDにおけるカリキュラム開発の動向を確認することによって，教育課程の開発・編成の要点を確認する。

3．教育課程・カリキュラム開発と教師

カリキュラム開発には，次の作業が含まれている（安彦，2004）。

①教師によるカリキュラムづくり
②授業中及び授業後の教育効果まで評価しつづける
③教師の研修プログラムもつくる

この中で，特に，上の①「教師によるカリキュラムづくり」という想定には，「耐教師性カリキュラム（teacher-proof curriculum）」という考え方に対する批判が根底にあった。

「耐教師性カリキュラム」とは，どんな教師にも有効なカリキュラムの開発をめざしたもので，1970年代頃まで米国（アメリカ）において主流となった考え方である。この時期は，どの教師が使用しても効果が発揮できるような教材パッケージが多数開発されていた。

しかし，こうしたカリキュラムは教師の個性や学校ないし教室の文脈を無視していたため，実際には有効に機能していないといった問題点が明らかとなった。そこで，学校現場それぞれが抱える多様な文脈と多様な個性に柔軟に対応してどのようなカリキュラムにも有効な教師の開発を志向する動きが主流となった。これは，「教師の力量開発」を軸にしてカリキュラム開発をとらえ直す考えであり，「耐カリキュラム性の教師（curriculum-proof teacher）」＝「どんなカリキュラムにも有効な教師」とする考え方である（佐藤，1996）。

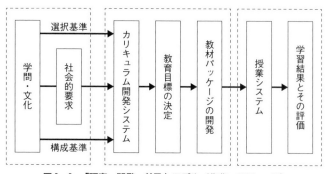

図1-1 「研究・開発・普及」モデル（佐藤，1996，p.33）

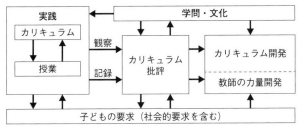

図1-2　実践・批評・開発モデル（佐藤，1996，p.34）

表1-2　「研究・開発・普及」モデルと「実践・批評・開発」モデルの比較（佐藤，1996，pp.33-36より作成）

「研究・開発・普及」モデル（図1-1）	「実践・批評・開発」モデル（図1-2）
・開発システムと授業システムが分離されているため，開発過程への教室からのフィードバックが希薄であり，一方的にカリキュラムを教室に押しつける結果となっている。 ・達成目標の明確化と教育内容の確定により，学習経験をせばめ画一化する傾向がある。 ・どのような教師にも有効とされる耐教師性のある（ティーチャー・プルーフ）教材パッケージの開発によって，教師の創意や専門性を限定し実践を画一化する傾向をもつ。 ・結果の測定としての評価は，授業と学習の過程を暗箱（ブラック・ボックス）とみなし，学習過程における経験の価値を軽視している。 ・カリキュラムの副次的な効果や潜在的カリキュラムの機能について無自覚。	・子どもに即し学習を援助する教師の実践過程を基礎とする開発様式。 ・子どもの学習の事実とその可能性に即してカリキュラムが決定される（カリキュラムに即して子どもの学習活動が決定されるのではない）。 ・教師は，実践者であると同時に研究者であり，開発者。 ・教師の構想におけるカリキュラムを軸として，カリキュラムと授業は相互媒介的であり，力動的な関係。 ・「カリキュラム批評」とは，教室における子どもの学習の事実と観察と記録により教材の価値を再発見し，教師が行った時々の選択と判断の意思決定に即して，プログラムの有効性を検討しその修正を求める活動。 ・結果としての教育効果の測定よりも，過程で生じる学習経験の質的な評価を尊重し開発の基礎とする。

　こうした動向を，モデルを通して説明する（図1-1，図1-2）。「研究・開発・普及」モデル（図1-1）＝「耐教師性カリキュラム」のモデル，「実践・批評・開発」モデル（図1-2）＝「耐カリキュラム性の教師」のモデルとしてとらえてほしい。この両者のモデルの特徴を比較してまとめたものが表1-2である。

　いずれのモデルにおいても，カリキュラムを開発→実施→評価→改善といったサイクルは意識されている（教育課程の評価については，第11章参照）。

　しかし，この両者のモデルは，教師の位置づけに関して大きく異なっている。「研究・開発・普及」モデルでは，カリキュラムの研究と開発に関わらず，教師は普及の側面のみに関わるため，「教師の創意や専門性を限定し実践を画一化する傾

向をもつ」（表1-2）こととなり，それが教師の「無能化（deskilled）」を招く問題を孕んでいるとする批判がなされた。そうした問題点を克服すべく，「実践・批評・開発」モデルでは，「カリキュラム開発」と「教師の力量開発」がセットになって位置づけられている。すなわち，このモデルでは，「教師は，実践者であると同時に研究者であり，開発者」（表1-2）として活動することが求められている。「実践・批評・開発」モデルは，「特定の教材，特定の教師，特定の子どもを対象とした事例研究であり，カリキュラムの部分的な構成単位の改造と開発を追及する様式」であり，「批評と開発を通じて，特定の教材とプログラムの改造を達成することが課題であり，教師自身の教育的な構想と力量を開発することが課題となっている」（佐藤，1996）のだ。

以上の内容をまとめると，「カリキュラム開発」という考えには，「授業中の行為」と「教師の力量」も視野に入れられており，これは単に一般的な「構成，作成」や「編成」の理解のように「計画レベル」でとどまる作業・活動ではない，ということになる。それがひいては，授業づくりにとどまらず，学級づくりや学校づくりにも繋がることになる（授業・学級・学校づくりに関しては，第9章参照）。

また，「研究・開発・普及」モデルに代表されるようなカリキュラム開発のプロセスにおいては，教師は外部（学校外）で開発されたカリキュラムを単に実行する（活用する・こなす）人材＝「カリキュラム・ユーザー（curriculum user）」として位置づけられていた。しかし，「実践・批評・開発」モデルのようなカリキュラム開発の場合，教師（たち）は自らがその専門性を生かして，自律的にリキュラムをつくる・開発する人材＝「カリキュラム・メーカー（curriculum maker）」ないし「カリキュラム・ディベロッパー（curriculum developer）」としての役割を果たすことになる。こうした点がSBCD＝学校を基盤とするカリキュラム開発の要であり，各学校で自主的・自律的に教育課程を開発・編成することにも求められるのである（教育課程の開発・編成の基底にある思想的背景等については，第2章を参照）。

3節　教育課程の今日的意義

1．教育課程と学力問題

今日の社会は，「知識基盤社会（knowledge-based society）」であるとされている。例えば，現行の学習指導要領解説では，21世紀は新しい知識・情報・技術が政治・

経済・文化をはじめ社会のあらゆる領域での活動の基盤として飛躍的に重要性を増す時代であり，こうした社会が「知識基盤社会」の時代である示されている。

「知識基盤社会」の具体的な特徴について，中央教育審議会◆1の答申は次のように整理している。①知識には国境がなく，グローバル化が一層進む，②知識は日進月歩であり，競争と技術革新が絶え間なく生まれる，③知識の進展は旧来のパラダイムの転換を伴うことが多く，幅広い知識と柔軟な思考力に基づく判断が一層重要になる，④性別や年齢を問わず参画することが促進される（文部科学省，2005）。2008（平成20）年に改訂された学習指導要領は，こうした「知識基盤社会」において「生きる力」を育てることを基本方針としてきた。

「生きる力」とは変化の激しい社会を担う子どもたちに必要な力のことであり，「基礎・基本を確実に身に付け，いかに社会が変化しようと，自ら課題を見つけ，自ら学び，自ら考え，主体的に判断し，行動し，よりよく問題を解決する資質や能力，自らを律しつつ，他人とともに協調し，他人を思いやる心や感動する心などの豊かな人間性，たくましく生きるための健康や体力など」（文部科学省，2005）のことである。大雑把にとらえれば，探究力，体力，精神力，人間性などのすべてが含みこまれた概念だといえる。

この「生きる力」をテーマとして，1998（平成10）年に「総合的な学習の時間」が設けられ，いわゆる「ゆとり」路線による教育（「ゆとり教育」）と特色づけられた。実際には，この「ゆとり」路線は，1977（昭和52）年版の学習指導要領から継承されてきたものであったが，1998（平成10）年版はそれを徹底する姿勢を明確に打ち出したために，「ゆとり教育」とよばれるようになった。

ところが，この「ゆとり教育」の是非をめぐる教育論争が，2000年代に入り激化した。大学生の学力低下の実態に関する報告などに端を発した，いわゆる学力低下論争である。そうした中で改めて学力とは何かが議論され，2003（平成15）年に，「確かな学力」という新しい学力の考え方が提唱された。これは，「知識や技能に加え，学ぶ意欲や，自分で課題を見つけ，自ら学び，自ら考え，主体的に判断し，行動し，よりよく問題を解決する資質や能力など」のことであり，より具体的には，課題発見力，思考力，判断力，表現力，問題解決能力，学ぶ意欲，知識・技能，学び方，の8つの力から成るものとされている。

さらに，今日の学校教育は，社会のさらなる変化に対応することが求められている。例えば，2016（平成28）年12月の中央教育審議会答申では，いわゆる第4次産業革命の時代にあるとされる今日において，AI（人工知能）をはじめとするIoT

(Internet of Things：あらゆるものがインターネットに繋がり，人・もの・コンピュータが有機的に結合していること)の進化とグローバル化が社会に多様性をもたらし，急速な情報化や技術革新が人間生活を質的にも変化させつつある。そのため，児童生徒(子ども)たちの成長を支える教育の在り方も，新たな事態に直面しているという課題意識が示された。そして，この答申では，これからの時代における学校の教育課程の在り方について提言を示され，それを受けて改訂された次期学習指導要領は，「複雑で予測困難な時代の中でも，生徒一人一人が，社会の変化に受け身で対応するのではなく，主体的に向き合って関わり合い，自らの可能性を発揮し多様な他者と協働しながら，よりよい社会と幸福な人生を切り拓き，未来の創り手となることができるよう，教育を通してそのために必要な力を育んでいくことを重視」する，とされた。そこには，「教える内容(コンテンツ)ベース」(教員が何を教えるのか)の教育課程から，「資質・能力(コンピテンシー)ベース」(児童生徒が，何ができるようになるか)の教育課程の編成を目指すといった，学びのイノベーション(構造転換)を図る展望が基盤となっている(次期学習指導要領の詳細については，第13章参照)。

2．国内外の教育課程改革

上述した「生きる力」は，「キー・コンピテンシー(Key Competency)」の概念を先取りしたものとしても位置づけられている。「キー・コンピテンシー」とは，経済協力開発機構(OECD: Organization for Economic Cooperation and Development)による DeSeCo (Definition and Selection of Competencies：コンピテンシーの定義と選択)プロジェクトで構築された，これからの21世紀社会に求められる新しい学力と人間の諸能力についての枠組みである。OECD は「生徒の学習到達度調査(PISA: Programme for International Student Assessment[◆2])」を開発し，このテストでキー・コンピテンシーの一部を計測している。

このキー・コンピテンシーとしてあげられている能力とは，「相互作用的に道具を用いること」「異質な集団で交流すること」「自立的に活動すること」，である。「相互作用的に道具を用いる」とは，「個人がその環境と効果的に相互作用するため広い意味での道具を活用すること」であり，ここでいう道具には，情報テクノロジーのような物理的なものと，言語のような文化的なものとの両方が意味として含まれている。また，「異質な集団で交流する」とは，「一層助け合いの必要が増している世界の中で，個人が他者と関係を持てるようにすること」であり，「自律的に

活動する」とは,「個人が,自分の生活や人生について責任を持って管理,運営し,自分たちの生活を広い社会的背景の中に位置づけ,自律的に動くこと」である。

　これら3つのカテゴリーは相互に関係し合っており,その中で中心的なものとなるのが,「反省性（省みて考える力）」である。これは,「状況に直面したときに慣習的なやり方や方法を規定通りに適用する能力だけでなく,変化に応じて,経験から学び,批判的なスタンスで考え動く能力」のことである（Rychen & Salganik, 2003。PISA調査やキー・コンピテンシー等を中心とした国際的な学力調査の流れについては,第14章参照）。

　このPISA調査は,わが国にも大きな影響を及ぼしている。例えば,こうしたキー・コンピテンシーのモデルの中で,「相互作用的に道具を用いる」「言語,シンボル,テキストを相互作用的に用いる能力」に属しているPISA型読解力（reading literacy）を例にとってみよう。わが国の場合,2000年（平成12）年から実施されてきたこの調査において,「読解力」部門の日本の生徒の成績が,2000年の調査で8位だったのが,2003（平成15）年の調査では14位に下がった。この結果は,マスコミ等を中心にわが国の15歳児の読解力が低下したとして受け止められた。こうした動きを受けて,文部科学省では読解力向上プログラムの策定や指導資料の作成が着手され,中央教育審議会においては,全国的な学力調査の実施及び学習指導要領の見直しが実施されるなどして,政策的に大きな転換が図られた（教育課程の開発とわが国における学力向上策との関係については,第12章参照）。

　このような学力向上に向けた動きは,近年のわが国において加速度的に進行している感があり,それによって,現場の教員（教師）たちは時に押しつぶされそうなほどのプレッシャーや重圧を感じているともいわれている。加えて,教員（教師）の多忙化にも拍車がかかる状況下では,学習指導要領の内容をこなすだけでも精一杯であり,その結果,独自の教育課程を開発しようにも,そうした時間すら確保できない事態も十分に生じ得る。

　そうした現状の中で,今日,いかにしてSBCD（学校を基盤とするカリキュラム開発）の観点をふまえた教育課程づくり＝教育課程の開発・編成を行うのかということが重要な問いとして,世界的に改めて投げかけられているのだ。

注
◆1　文部科学省におかれている審議会。「中教審」と略されることが多い。
◆2　OECD加盟国の多くで義務教育の修了段階にある15歳の生徒を対象にした学習到達度調査で,「読解力」「数学的リテラシー」「科学的リテラシー」を調査する。

カリキュラム・リーダーシップ

　SBCDが求められる中で、「カリキュラム・リーダーシップ（curriculum leadership）」という概念も注目を浴びてきた。この背景には、1990年代以降、欧米の学校教育において「基準（standards）」と「アカウンタビリティ（accountability：説明責任）」が求められるようになったことがあげられる。つまり、各学校が日常的にどのような教育目標のもとで、どのような実践を行い、いかなる成果を上げることができたのか、といった教育成果をある基準でもって判断した上で、保護者や住民に説明する責任を求める声が高まってきたという背景がある。

　そもそも教育成果の成否を問う際に、自分たちの学校にはどのようなカリキュラムが必要で、それをどのように開発・評価するのか、といったカリキュラム開発の営みは、当然のことながら欠かすことはできない。

　そうした流れの中で、「リーダーシップ（leadership）」という概念がカリキュラム開発と結びついて注目されるようになってきた。というのも、SBCDに代表されるようなカリキュラム開発では、その学校のカリキュラム開発に実際に携わっている教員（教師）たちが創意工夫を凝らしながら、実質的なリーダーのもとで意思決定を行う必要が生じるからである。

　ただし、ここでいうリーダーとは、「校長」をはじめとする「スクール・リーダー（school leader）」だけを指すものではない。なぜなら、実際の学校現場では、スクール・リーダーだけにカリキュラム開発上の意思決定の責務が求められるものではないからである。むしろ、（授業を担当しているか否かにかかわらず）教室での授業と密接に関わっている立場にある教師が実質的なリーダー、すなわち、「カリキュラム・リーダー（curriculum leader）」が中心になってカリキュラム開発に携わり、学校のカリキュラムに関して意思決定を行っている。

　わが国の場合、こうした立場にいる教員（教師）とは、例えば教務主任や研究主任といったミドルリーダーの立場にある教員（教師）があげられるだろう。その上で、「リーダーシップ」が機能したカリキュラム実践のプロセスや、そこでの「カリキュラム・リーダー」に求められる役割などに関する研究が盛んとなっている。

第2章 教育課程編成の思想と構造

　例えば，あなたが国の教育政策を立案する立場になったら，どのような教育を実現したいだろうか。あるいは，あなたの思い通りに新しい学校をつくることができるとしたら，どのような学校にしたいだろうか。子どもが笑顔でいられる学校にしたいだろうか，一人ひとりの教師の裁量に任せるだろうか，それとも社会経済などに貢献できる「人材」を養成しようと考えるだろうか。それに続けて，教育を始める準備として，具体的な教育の目標，教えるべき内容とその順序，学習環境などを考えなければならない。実際に教育が始まったあとも，実際の子どもの学ぶ姿と発達，そしてその評価と教育実践の改善といったことも考えなければならない。これらすべてが「教育課程の編成」を考えるということである。

　本章では，編成する立場から教育課程を考える手がかりとして，いくつかの教育課程の類型とその思想的な背景を示したい。

1節　系統主義と経験主義

1．系統主義と経験主義の特徴

　まずは現在の教育学で共有されている「カリキュラムの類型」（図2-1）を確認しよう。この類型は「経験主義」と「系統主義」を2つの極として，以下のように位置づけられるのが一般的である。

　系統主義とは，教科の内容の系統性を重視し，かつ教科をそれぞれ独立したものと考えてカリキュラムを編成する立場である。国語，算数・数学，理科といった教科は，文学・数学・物理学といった学問（discipline）がモデルとなっている。現在の中学校や高校では教科担任制が採用され，教員免許取得のためには教科に関わる学問の単位を一定数修得しなければならないが，これらも学問・教科の独自性を前提にした系統主義が背景にある。

	経験主義		系統主義				
経験カリキュラム	コア・カリキュラム	広域カリキュラム	融合カリキュラム	横断カリキュラム	関連カリキュラム	教科分立型カリキュラム

図2-1　さまざまなカリキュラムの類型

　経験主義とは，学習者の生活経験を最も重視してカリキュラムを編成する立場である。例えば「お店やさんごっこ」は，国語・算数・社会・道徳など複数の教科や領域に関わる学びの機会でもある。また現在の幼稚園では，遊びを通して学ぶ子どもの生活の実態に合わせ，教科の区別を設けず，「5領域（健康・人間関係・環境・言葉・表現）」という視点から教育課程を編成することとなっている。

　一般的に日本の学校教育の教育課程編成は，年齢が上がるにつれ，経験主義的から系統主義的に移るものとなっている。それぞれの主義の背景にはどのような考えがあるだろうか。詳しくみてみよう。

2．経験主義の教育観

　経験主義を代表する思想としてアメリカの哲学者・教育学者で進歩主義教育の父といわれるデューイ（Dewey, J.）の教育思想があげられる。彼は当時の20世紀初頭の学校教育に対して，子どもの日常生活とはかけ離れ，反復による読み・書き・算の暗記に終始した，集団的で一方向的な学校教育だと批判した。そして子ども以外の教師や教材に重心が置かれていた教育を改め，「子どもが中心となり，そのまわりに教育についての装置が組織される」学校教育が必要だと唱え，シカゴ大学附属小学校（実験学校）の教育課程を構想した（Column 2参照）。受け身ではない子どもの能動的な活動を尊重し，そこでの学びを組織しようとする彼の教育観が経験主義として大きな影響力を持った。

　経験主義的な教育課程の考え方は，例えば日本の小学校生活科と社会科の繋がりにみることができる。小学生は成長するにつれ，家庭や学校から，通学圏，近隣の地域，そして日本，世界へと，その興味関心を広げていく。それに合わせて教育内容も広げていく考え方は，同心円的拡大法（図2-2）（同心円拡大方式，同心円的環境拡大原理ともいう）として知られている。

第2章　教育課程編成の思想と構造

図2-2　経験主義のカリキュラムのイメージ（同心円的拡大法）

図2-3　コア・カリキュラムのイメージ

　また経験カリキュラム的に教科の関係を位置づけたものが「コア・カリキュラム」（図2-3）である。代表的なのは、1930〜40年代のヴァージニア州の「ヴァージニア・プラン」や、日本の第二次世界大戦直後の「コア・カリキュラム運動」である。ヴァージニア州教育委員会は、子どもの生活経験に即した中心課程とそこから派生する周辺課程という教科間の区分を導入していた。また日本のコア・カリキュラム運動は、戦後に新しく導入された社会科や課外活動をコア科目と定め、子どもの生活に即した問題解決学習などを中心としながら、他の教科を周辺的な科目として位置づけていた。代表的なものとしては桜田プラン、明石プラン、川口プラン、本郷プランなどがあった。

3．系統主義の教育観

　系統主義を代表する教育課程の考え方は、学問の領域に対応した教科・科目を設定しそれらを対等に扱う「教科分立型カリキュラム」（図2-4）である。
　デューイが批判するように、このような教育課程観は大人からの一方的な教育に

図 2-4　教科分立型カリキュラム

陥りやすいのかもしれない。しかし1950〜60年代のアメリカと日本では，経験主義に対する批判とともに，それぞれの教科に固有の特性を踏まえた系統主義の意義が確認されていった。

　1950年代後半のアメリカでは，スプートニク・ショックをきっかけに科学技術教育への関心が高まる中，教育の方法を議論したウッズホール会議の成果を議長のブルーナー（Bruner, J. S.）がまとめた『教育の過程』（Bruner, 1960）が注目を集めた。ブルーナーは「どの教科でも，知的性格をそのままにもって，発達のどの段階のどの子どもにも効果的に教えることができる」という仮説から議論を展開した。ブルーナーによれば，それぞれの学問の基礎には，基本的な観念から構成された「構造」がある。例えば数学においては代数の基礎となる交換・配分・結合の法則，アメリカ史ではフロンティア精神，文学における悲劇の観念などである。こうした観念は知的性格を保ちながら早期に教えることが可能であり，後の学年でもより複雑で特殊な内容を伴いながら繰り返し教えることで生徒は理解を深めていく。さらに単なる暗記ではない発見的な理解には知的な興奮が伴うため，生徒の学習の動機づけとしても望ましい——このようにブルーナーは唱えた。

　ほぼ同じころ，日本では遠山啓をはじめとする民間教育サークルの数学教育協議会の「水道方式」（図2-5）が注目を集めつつあった。当時の数え主義的で暗算にかたよっていた計算指導を彼らは批判し，数学的な原理に基づいた効果的な指導方法を提示しようとした。例えば計算問題の解法は，基礎的で単純な「素過程」とそれを複数組み合わせた「複合過程」に大きく分類され，さらに後者は「典型的な複合過程」「特殊な複合過程」「より特殊な複合過程」「退化した複合過程」に分類される。そして「素過程の学習→典型的な複合過程の学習→その他の複合過程の学習」という順序で学ばせることで，足し算における繰り上がりなどを正しく効果的に学ぶことができるとした。

　こうした系統主義は，けっして子どもを無視した一方的な押し付けではなく，学習者にとっての楽しさや学習それ自体の効率性などにも配慮していたことは忘れられてはならないだろう。

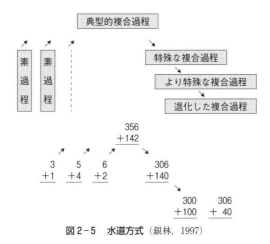

図2-5　水道方式（銀林，1997）

2節　教科の関係を考える

　系統主義的に教科が並置されている場合，個々の教科の特性を尊重する一方で，やはり教科間の関係が希薄になりやすく，学習者からみると授業ごとに学ぶ内容がバラバラで，教科を横断・統合するような学びが得られにくい。続いて，教科を関連づけていく教育課程の編成の考え方として，「関連（相関）カリキュラム」「横断カリキュラム」「融合カリキュラム」「広域カリキュラム」についてそれぞれ確認しよう。

1．関連（相関）カリキュラム

　複数の教科で類似した内容を同時期に学習させることで，教科間の関連づけを図るのが「関連（相関）カリキュラム」（図2-6）である。例えば「平和学習」というテーマを掲げ，国語では戦争文学，社会では太平洋戦争と原子爆弾投下，理科では原子について同時期に学習させる。このカリキュラム観を導入することで，生徒

図2-6　関連（相関）カリキュラム

が1つのテーマを多角的に考えたり，苦手だった教科への関心や取り組もうとする意欲を高めることなどが期待される。

2．横断カリキュラムとクロス・カリキュラム

一般的な「横断カリキュラム」（図2-7）は，関連（相関）カリキュラムの考え方を拡張し，より多くの教科で教育内容を共有するカリキュラム観である。例えば小・中学校では週1回の「特別の教科　道徳（道徳科）」が設けられているが，他の教科で道徳的な内容を扱うことも多く，さらに学校の校門での「あいさつ運動」なども道徳教育的な活動といえる。そのため学習指導要領では，「学校における道徳教育」は，道徳科を要（かなめ）としながらも，「学校の教育活動全体を通じて行うもの」（第1章総則第1）と定めている。

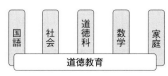

図2-7　横断カリキュラム

ところで，こうしたカリキュラムは現在「クロス・カリキュラム」とよばれることもある。そのきっかけとなったのが，1998年の「総合的な学習の時間」の導入時に注目されたイギリスの「クロス・カリキュラー・エレメント」である。イギリスでは1988年の教育改革法によって，各教科の教育目標や内容が「ナショナル・カリキュラム」として定められたが，その際に多くの教科にまたがる子どものスキル（コミュニケーション，数，問題解決など）や主題（市民性，環境，キャリアなど）も，教科ではなく領域として設定された（中野，1999）。この教科横断的な観点が，教科横断的で統合的な学びをめざした総合的な学習の時間のモデルのひとつとなった。クロス・カリキュラムと言う場合は，横断カリキュラムに比べ，学習者の側に焦点が当てられ，身につけるスキルや学ぶテーマがより意識されることが多い。

3．融合カリキュラムと広域カリキュラム

「融合カリキュラム」とは，複数の教科や科目を新しく1つの教科に融合する考えであり，例えば1989年改訂の小学校学習指導要領における生活科の導入があげら

図2-8　広域カリキュラム

れる。かつては小学校低学年でも理科と社会の教科が設けられていたが、2つの教科を統合した生活科の導入は、子ども自身の生活環境をとらえる視点を尊重したものとして評価される。

　また現在の国語科も融合の産物である。日本の学校制度の最初期、「小学教則」(1872年)では、「綴字」「習字」「単語読方」「単語諳誦」「会話読方」「単語書取」「読本読方」「会話諳誦」「地理読方」「会話書取」「読本輪講」「文法」などの教科があり、これらの国語的内容が後に国語科にまとめられたのだった。

　複数の教科を包括的な領域にまとめるのが「広域カリキュラム」(図2-8)である。大学の一般教養科目を「人文科学」「社会科学」「自然科学」に区分するのも一例である。学校で学ぶべき内容の整理や履修する科目の選択の指針となる。

　系統主義的に考え、教科・科目を細分化するメリットとしては、その背景となる学問との繋がりや教育内容・教育計画などが明確になることがあげられよう。他方で学習者の生活、興味関心、発達、学びの実態といった学習者の視点を考慮する中で、様々なカリキュラムの類型が生まれてきたといえる。学校の置かれた状況やニーズに対応しながら教育課程を検討する指針として、今後もこうしたカリキュラムの類型を参照することができるだろう。

3節　合理的な教育課程編成の意義と問題

　これまでみてきたように教育課程の編成は、学問の構造や教科の特性、学習者の生活環境や興味関心、学習意欲、学ばせようとするスキルなど、重視するものによって様々である。ここで、「まずは明確な教育の目標を決め、それに合った手段としての教育課程を決めるという、順序立った議論をしたい」と思う人も少なくないだろう。続いて、こうした合理的な教育課程編成の意義と問題を考えてみよう。

1．合理的な教育課程編成

アメリカの教育行政学者ボビット（Bobbitt, J. F.）は，工場などの効率的な管理方法を援用した「科学的」な教育課程編成を提唱した。それは質的・量的に明確な「教育目標」を最初に設定し，続いて最も効果的・能率的にそれを達成できる教育課程を編成して教育実践を行い，最後に子どもの教育目標の達成度を測定し，教師と教育課程を評価するというものだった。この教育目標という言葉は，これまでよく用いられてきた「教育目的」とは異なり，手段としての教育に直結するものとされており，彼の合理的な考えをよく表している。

またタイラー（Tyler, R. W.）は，大学生向けのテキストを検討する中で，具体的で評価可能な教育目標を明確にすることで，効果的な教育実践と具体的な教育評価が可能になると考えた。それを実現するための4つの問いかけが「タイラーの原理」（表2-1）とよばれる。タイラーによって，ボビットの着想は教育課程編成の明確な論理として体系化されたのだった。

表2-1　タイラーの原理（Tyler, 1949）

1．どのような教育目標を達成することが学校には求められるのか
2．それを達成するためには，どのような教育的経験が提供されうるのか
3．その経験は，どのようにすれば効果的に組織されうるのか
4．その目標が達成されているかどうかは，どのように評価できるのか

彼らの考えから，「PDCAサイクル」を連想する人もいるだろう。PDCAサイクルは，Plan（計画）→ Do（実行）→ Check（評価）→ Action（改善）を繰り返すという業務管理のモデルであり，今や教育の様々な場面で導入されている。首尾一貫して合理的・効率的であり，常に改善を求めることができる点で，PDCAサイクルを教育の実践の中で運用しようとするならば，彼らの考えは非常に参考になるだろう。

また，一般的に教育をめぐる議論はムードに流されたり，単なるスローガンの提唱にとどまり，冷静な現状分析や教育改革に伴うリスクの認識が乏しいことも少なくない（例えば岡本，2006）。ボビットらの合理的な教育課程の考え方は，そうした問題を避けるためにも有効であろう。

2．羅生門的アプローチ

しかし教育課程を合理的に編成することで，かえって見失われるものはないだろ

表2-2　2つのアプローチの一般的な手続き（文部省, 1975）

工学的アプローチ	羅生門的アプローチ
一般的目標 ↓ 特殊目標 ↓ 行動的目標 ↓ 教材 ↓ 教授-学習過程 ↓ 行動的目標に照らした評価	一般的目標 ↓ 創造的教授-学習活動 ↓ 記述 ↓ 一般的目標に照らした評価

うか。そうした批判の1つを「羅生門的アプローチ」にみることができる。

1974年に文部省とOECD教育研究革新センター（CERI）の共同開催「カリキュラム開発に関する国際セミナー」において，アトキン（Atkin, J. M.）はタイラーの原理のような「工学的アプローチ」と対比しながら「羅生門的アプローチ」の意義を唱えた（表2-2）。1つの出来事から多様な現実が浮かび上がることを描き出した黒澤明監督の映画「羅生門」（1950年）の名を借りたこのアプローチは，教師による授業内での即興や教育目標にはとらわれない学習者の多様な学びの姿を尊重し，その様子を学習者へのテストではなく学習場面の詳細な記述によって評価することで，教育の改善のためにフィードバックするものであった。

「授業はナマモノ」とよく言われる。予想外の子どもの反応や数値では表現できない生き生きとした学びが生まれ，計画を脱線してでも伝えたいことが教師の頭に浮かぶこともある。羅生門的アプローチはこうした授業のダイナミズムを肯定しようとするものといえる。

4節　社会と教育課程の様々な関係

最後に，社会と教育課程の関係をとりあげたい。学校は子どもの社会化を担う存在ではあるが，それにとどまらず，未来の社会が今よりよくなることを期待して教育が行われることもある。社会とその学校への影響や関係づけによって異なる教育課程編成の思想をいくつかみてみよう。

1. 社会効率主義と社会改造主義

ボビットは合理的な教育課程の出発点となる教育目標を,大人の社会生活に役立つ有用性を基準に定めるべきだと考え,「教育は何よりもまず,子どもの生活のためではなく,大人の生活のためのものである」(Bobbitt, 1924) と述べながら,職業での有用性や市民性などを育てるべきだとしていた。このような社会的有用性から演繹的に教育を考える思想は「社会効率主義」とよばれるが,現存する社会への適応のみを目標とする教育観には批判も向けられる。

その1つとしてアメリカの進歩主義教育学者カウンツ (Counts, G. S.) の「社会改造主義」があげられる。彼は1929年に始まる世界恐慌の中,資本主義経済を支えてきた人々の利己性や科学技術を問題視し,デモクラシーの歴史的発展に裏づけられた共同性を理想とした。しかしデモクラシーを促進する手段として,当時の進歩主義教育の主流だった子ども中心主義的な教育ではなく,「強要と教化」が必要であると唱えた (Counts, 1932)。教育目標が社会への適応ではなく社会の改造である点は異なるが,ある教育目標から最も効果的な教育課程を演繹的に導き出そうとする点では,ボビットに近いといえる。

2. 抵抗と連帯の場としての学校

続いて,学校の中で働く細かな力関係に注目したアップル (Apple, M. W.) の議論を紹介しよう。彼によるとタイラーの原理のような科学的手法は,価値中立的に見えながら,実は社会の中の様々な価値観の対立などから目を背けさせるイデオロギー的機能を備えている (Apple, 1979)。またマルクス主義的な再生産論やグラムシ (Gramsci, A.) のヘゲモニー論を踏まえながら,学校の教育課程には特定の階層・人種・ジェンダーを優遇するような構造が見いだせるとして,タイラー的な原理を学校で採用することは効率性を重視する産業社会の論理に従うことに繋がり,教師の自律的な教育実践や学習者の多様な学びを阻むことになると批判した (Apple, 1982)。だがアップルは単なる批判にとどまることはない。教育の現場では,教師からの一方的な教え込みが成功するとは限らない。学校で伝達される知識を拒絶することもあれば,教師の権威に対抗することもある。教育の現場は学校的な知や文化に対する学習者の抵抗の場でもある。ここで教師は単なる上位階層の代理人ではなく労働者として連帯し学習者の味方となることもできる。こうした学校現場での抵抗と連帯にアップルは学校での教育の可能性を見いだしていた。

3．多様な学びと教育課程

　急激に変化する現代社会では，今の時点でよいと信じられていることも，子どもたちが大人になり年老いたときには変わっているかもしれない。今ある職業もその多くがいずれ消え去るという説もある。あまりに現状肯定的な教育目標を掲げ，それを徹底しようとする教育には，危うさが伴っているようにも思われよう。学習指導要領にうかがえるように，現在の日本の学校教育では，思考力・判断力・表現力，あるいはコミュニケーションスキル・課題発見能力・問題解決力など，汎用性の高い能力の養成がめざされている。単なる既存の知識の詰め込みではない教育課程の編成が今の日本の教育の課題となっており，例えば教育者と学習者のダイナミズムがそうした能力の養成には必要となってくるだろう。

　最後に，そうした「～力」という言葉にとどまらない，より全体的で人格にも関わる概念に言及しておきたい。それは「教養」という言葉である。英語で「リベラル・アーツ」，ドイツ語で「ビルドゥング」ともいわれる教養は，その言葉の伝統と用法の多様さのために，例えばコミュニケーションスキルなどを現代的な教養とよぶこともある。しかし教養はスキルないし「～力」という言葉にとどまらず，個人の人格や世界観や人生と結びつけて語られることも多い。例えば苅部は次のような「心の習慣」としての教養観を唱えている。「人が，世界をとらえ，しかもその世界が独自の原則にのっとって動いていることを，深く認めながら，それを理解し，世界とのおりあいをつけてゆくこと。他者が，自分とはまったく異なる志向をもった人間であることを了解しながら，ともに関係を保持し，新たに作りあげてゆくこと。そうした一連の営みを通じて，自分自身が変わってゆくこと」（苅部，2007）。

　こうした教養は，ボビットの言う「教育目標」にはなり得ない。むしろ子ども自身の生活全体と長い人生の中で少しずつ育まれていくものだろう。しかし学校の中での経験が，このような教養のきっかけとなることもある。こうした学びは測定や評価が難しく，学校の内部にもとどまっていないため，いわば教育課程編成の限界ともいえるものであるが，しかしそれを忘れず尊重する視点も，子どもと向き合う教育者には必要であろう。

デューイの実験学校のカリキュラム

　子どもを太陽のように教育の中心として考えるデューイ（Dewey, J.）の思想は、どのように実験学校の教育課程に反映されたのだろうか。実験学校の実際のカリキュラム・イメージをみてみよう。

　当時の学校教育への批判から、デューイは教育課程の課題を4つ見いだした。それは、①家庭や近隣の生活との関連づけ、②歴史・科学・芸術等の教材の意義づけ、③読み・書き・算の学習法の改善、④子ども一人ひとりへの配慮、である。（Dewey, 1900／1976）。例えば家庭で料理し、裁縫し、日曜大工などの工作に励む親の姿は、子どもにとっても関心の的であり、その手伝いを通して子どもの成長も促される。また子どもは成長とともに、家庭にとどまらず、近隣、地域社会、国家へとその関心を広げていく。読み・書き・算も、この日常経験の広がりと結びつけられることで、単なる暗記ではない学習になるだろう。そして家庭が多様なように子どもの能力やニーズも多様である以上、教師も個々の子どもに配慮する必要がある。——このような子ども理解と教育観から、デューイは次のようにコア・カリキュラム的な教育課程を考えていた。

図　開校直後の実験学校のカリキュラム・イメージ（森，2007）

　中心的な科目のまわりにいくつかの科目を置く——この図式自体は、デューイ以前に、ドイツのヘルバルト派の「中心統合法」として知られていた。しかし中心統合法の場合、中心に文学や歴史という教科を位置づけていたのに対して、デューイは「料理」「裁縫」「工作」を位置づけた。単なる生活手段としての労働ではない、子どもに親しみがありながら、子どもの将来にも繋がる「仕事（occupation）」が、中心だとされたのである。

近代・現代日本の教育課程の歩み

　本章では日本のおもに小学校における教育課程の歴史を概観する。教育課程は教育の方針を体現したものであり、その歴史を概観することは近代日本の教育の方針がどのように変化してきたのかをみることでもある。そこで本章では明治以降の日本の学校教育の基本方針との関係で教育課程を整理してみる。

　注目するのは、文明開化による近代化の基盤を形成する教育の方針を述べた「学制序文」、そうした方針から転換して儒教的な価値観に基づき復古主義を教育の目標に据えた「教学聖旨」、戦時体制へと移行する中で国家主義を徹底した国民学校令、そして第二次世界大戦敗戦後の平和的で民主的な国家・社会へと向かう憲法・教育基本法のもとでの教育課程である。

1節　「学制」のもとでの小学校教育課程

　近代日本の学校教育の始まりは1872（明治5）年の「学制」発布による。それまでにもすでに京都では町の人たちの力で番組小学校が1869（明治2）年にいち早く設立されていたが、全国を大学区・中学区・小学区に分けて、各小学区に「小学◆1」を設けることを定めた「学制」には「学事奨励ニ関スル被仰出書」という序文があり、国民皆学の方針を掲げ、「邑に不学の戸なく家に不学の人なからしめんことを期す」と、子どもを全国に設立される「小学」へ通わせなければならないと説いた。その中では「学問は身を立るの財本」であって、身分に関係なく誰にとっても必要であり、その内容は「詩章記誦」や「空理虚談◆2」ではなく、人間が世の中で働き生活を営むことに関わる「実学」でなければならないとした。

　こうした「実学」重視の考え方は、江戸時代の寺子屋の読・書の学習とは異なり、小学校の教育課程に西洋に関する知識を広く取り入れるという傾向となって表れた。「学制」発布の翌月、文部省が公布した「小学教則」では、小学は上下二等に分けられ、それぞれがまた6か月ずつの8級に分けられて、下等八級から上等一級にい

たる16級からなる課程が示された。「小学教則」では，1日5時間ずつの授業を週6日行うとされていたが，翌年には早くも改正され，より現実的な「小学教則」とされた。表3-1がそれであるが，これを見ると，1日5時間ずつの授業が週4日行われることになっている。また，内容も読・書・算の教育だけでなく，地理学や物理学といった教科が下等小学の段階から入れられていたことがわかる。上等小学では「罫画」（図画），幾何，博物，化学，生理といった教科が並んでおり，教育を通して文明開化・欧化を進めるという意図が教育課程にも反映されていた。

2節　欧化主義からの転換──「教学聖旨」

　教育の普及とともに，教育によって文明開化を進めるという方針は1880（明治13）年の改正教育令以降，儒教的道徳を基調とした復古主義的な国民精神を強調した教育へと方針が大きく転換する。その転機となったのが「教学聖旨」である。これは1879（明治12）年に出された教育令が自由主義的な特徴を持っていたことに批判的で，「仁義忠孝」の精神を教育の基本に据えることを願った元田永孚が起草し，天皇の名において出された文書である。その主要な部分は次の通り。

　　教学ノ要仁義忠孝ヲ明カニシテ智識才藝ヲ究メ以テ人道ヲ盡スハ我祖訓國典ノ大旨上下一般ノ教トスル所ナリ然ルニ輓近專ラ智識才藝ノミヲ尚トヒ文明開化ノ末ニ馳セ品行ヲ破リ風俗ヲ傷フ者少ナカラス然ル所以ノ者ハ維新ノ始首トシテ陋習ヲ破リ知識ヲ世界ニ廣ムルノ卓見ヲ以テ一時西洋ノ所長ヲ取リ日新ノ效ヲ奏スト雖トモ其流弊仁義忠孝ヲ後ニシ徒ニ洋風是競フニ於テハ將來ノ恐ルル所終ニ君臣父子ノ大義ヲ知ラサルニ至ランモ測可カラス是我邦教学ノ本意ニ非サル也故ニ自今以往祖宗ノ訓典ニ基ヅキ專ラ仁義忠孝ヲ明カニシ道徳ノ学ハ孔子ヲ主トシテ人々誠實品行ヲ尚トヒ然ル上各科ノ学ハ其才器ニ隨テ益々長長シ道徳才藝本末全備シテ大中至正ノ教学天下ニ布滿セシメハ我邦獨立ノ精紳ニ於テ宇内ニ恥ルコト無カル可シ

　それまでの欧化主義と文明開化の方向に流れることをよしとせず，「仁義忠孝」の精神と「孔子の学」を柱にした道徳教育の基本的重要性を説くものであった。しかし，それまで強調されてきた才芸の教育をすっかり否定したわけではなく，儒教的道徳をしっかりと身に付けた上で，「農商ニハ農商ノ学科ヲ設ケ」「実地ニ基ツ

表 3-1　小学教則概表（文部省，1872）

生理学	化学	博物	幾何	罫画	細字速写	史学講	書牘作文	細字習字	各科温習	書牘習字	物理学輪講	地理輪講	文法	読本輪講	会話書取	養生口授	地理読方	会話諳誦	読本読方	単語書取	会話読方	単語諳誦	修身口授	国体学口授	算術	単語読方	習字	級	一週間四十二時	年齢	毎級六ヶ月	小学
																						二	一	一	四	四	四	四	時	六歳	八級	下等
																					二	二	一	一	四	二	四	四	時	六歳半	七級	下等
																		四	二	四		二			四		四	四	時	七歳	六級	下等
																一	二	四	二	二		一			四		四	四	時	七歳半	五級	下等
															欠	四	二	二	四						四		四	四	時	八歳	四級	下等
													一	一	四	欠	四		二						四		四	四	時	八歳半	三級	下等
												二	二	四	欠	四									四		二	四	時	九歳	二級	下等
											二	四	四	二	欠	二									四		二	四	時	九歳半	一級	下等
									四	二			四	四	欠	二									四			四	時	十歳	八級	上等
								二	四	二			四	四	欠										四			四	時	十歳半	七級	上等
					二	二	二	四					四	二	欠										四			四	時	十一歳	六級	上等
				二	二	二	四						二	二	二	欠									四			四	時	十一歳半	五級	上等
			二	二	二	二	二						二	二	二	欠									四			四	時	十二歳	四級	上等
	二	一	二	一	二	二	二						二	二	二	欠									四			四	時	十二歳半	三級	上等
二	二	二	二	二	二	二	二						二	二	二	欠									四			四	時	十三歳	二級	上等
一	一	二	四	二	二	一							一	一	二	欠									四			四	時	十三歳半	一級	上等

キ」とあるように,「実学」を学んでいくとする考え方は「学制序文」を継承したものでもあった。すなわち「教学聖旨」には,儒教的道徳観に基づく復古主義的な国民思想の確立という側面と,人間の感覚を重視し実生活のための教育を基本とする西洋的な実学主義の側面の両方がみられる。こうした趣旨を踏まえて1880(明治13)年には改正小学校令が出され,「小学校教則綱領」がつくられた。それにより教科では,修身が第一の教科とされ,修身・読書・習字・算術は必ず設けるべきものとされた。「小学校教則綱領」においては,特に修身と歴史が国民の精神を育成するものとして重視された。

3節　国家主義の教育

　「教学聖旨」以降,1890(明治23)年には「教育に関する勅語」が渙発され,その謄本が文部大臣を介して全国の学校に下賜された。これがいわゆる教育勅語である。天皇の言葉によって語られた国民の道徳であり,日本の教育の根本精神を示すものであった。これは,主として祝祭日をはじめとする学校行事を通して浸透が図られていった。小学校では修身や日本歴史が重要な教科と位置づけられ,教育勅語の精神を教育内容の面から体現するものとなった。それとともに,国家主義の教育体制が強化されていくことになる。

　欧米の新教育(児童中心主義)の影響を受けて,1920年代には大正自由教育(大正新教育)とよばれる教育の思想と実践が一時的にみられたが,教育は全体として国家主義,さらには軍国主義の色彩を強め,1930年代後半になると国家総動員法が制定され,教育も戦時体制へと組み込まれていった。1941(昭和16)年,小学校令が改正(国民学校令)されたのは象徴的な出来事である。

　小学校は初等科(6年)と高等科(2年)からなる国民学校となり,皇国民の基礎的錬成が教育目標とされるとともに教科の編成も改められた。初等科では国民科,理数科,体練科,芸能科という4つの大くくりの教科,高等科ではそれに実業科が加えられた。これらの教科はいくつかの科目を含むものであり,例えば国民科の中には修身,国語,地理,歴史が入れられた。こうした科目の内容は使用された国定教科書からうかがうことができるが,戦時体制の色彩を色濃く帯びたものであった。なお国定教科書の中身について知るには,例えば『日本教科書大系　近代編』(講談社　1961～1967年)などの資料集成がある。また復刻版も出されており,地域の図書館などにあるので参照することができる。

以上のような明治初期から第二次世界大戦終了までの，およそ70年あまりの期間の小学校における教育課程の変遷を教科に注目してまとめると，表3-2のようになる。綴字や単語読方など，当初は授業の区分としての学習活動がそのまま配置されていたが，それらはしだいに教科らしい呼称となり，1900（明治33）年になると，それまでの読書や作文，習字といった教科は国語に統合された。ちなみに国語は今日も教科名の1つとして残っている。このように，教育課程の歩みは授業の区分として成立したものが教科へと編成されていく過程であったということができる。

また，小学校の下級段階において歴史や地理，理科が教えられるようになるのは1941（昭和16）年になってからである。それまでは上級段階（高等科，高等小学校）のみの教科として教えられていたのである。

また，上級段階では職業教育の教科が早くから入れられていたことがわかる。日本の小学校教育は近代化を支える人材を育てるという役割を受け持って，子どもた

表3-2　小学校で教えられる教科の変遷

	命令・規則	下級段階（下等または尋常小学校）	上級段階（上等または高等小学校）
1873（明治6）年	小学教則改正	4年〈8級〉綴字，習字，単語読方，算術，修身口授，国体学口授，単語諳誦	4年〈8級〉細字習字，書牘作文，史学輪講，算術，読本輪講，地理輪講，物理学輪講
1880（明治13）年	改正教育令小学校教則綱領	4年修身，読書，習字，算術ノ初歩，唱歌，体操	4年修身，読書，習字，算術ノ初歩，唱歌，体操，地理，歴史，図画，博物，物理ノ初歩，裁縫（女子）
1886（明治19）年	小学校令小学校ノ学科及其程度	4年修身，読書，作文，習字，算術，体操土地の情況により図画，唱歌も	4年修身，読書，作文，習字，算術，地理，歴史，理科，図画，唱歌，体操，裁縫（女子）土地の情況により英語，農業，手工，商業も
1900（明治33）年	小学校令改正	4年修身，国語，算術，体操土地の状況により，図画，唱歌，手工，裁縫（女子）も	2～4年修身，国語，算術，日本歴史，地理，理科，図画，唱歌，体操，裁縫（女子）4年制では英語も
1941（昭和16）年	国民学校令	6年国民科（修身・国語・国史・地理），理数科（算数・理科），体錬科（体操・武道），芸能科（音楽・習字・図画・工作・女子には裁縫）	2年国民科（修身・国語・国史・地理），理数科（算数・理科），体錬科（体操・武道），芸能科（音楽・習字・図画・工作・女子に関しては裁縫と家事），実業科（農業・工業・商業・水産の中から1つ）

ちに幅広い知識・技能を授けていたのである。

4節　平和で民主的な国家社会の形成者を育てる教育

　第二次世界大戦における敗戦により，日本の教育はアメリカ合衆国による占領下で，極端な国家主義，軍国主義の排除をはじめとする改革が進められた。教育基本法が制定され，6・3制の導入など大きな学制改革が行われたのである。教育内容については，占領軍の指令により修身・地理・歴史の授業が停止され，戦時中使用されていた教科書の回収が行われた。教科書も国定制から検定制へと移行させることに伴い，教科書の検定や，学習の指導のためには教育内容の指針となるものが必要だと考えられた。そこで，教育内容については，学習指導要領によることと定められ，新学制による学校教育が始まる時期に合わせて学習指導要領がつくられた。

　1947（昭和22）年3月に刊行され配布された学習指導要領一般編（試案）の冒頭の書き出しは「なぜこの書はつくられたのか」と題して，次のように述べられている。

　　これまでの教育では，その内容を中央できめると，それをどんなところでも，どんな児童にも一様にあてはめて行こうとした。だからどうしてもいわゆる画一的になって，教育の実際の場での創意や工夫がなされる余地がなかった。このようなことは，教育の実際にいろいろな不合理をもたらし，教育の生気をそぐようなことになった。たとえば，四月のはじめには，どこでも桜の花のことをおしえるようにきめられたために，あるところでは花はとっくに散ってしまったのに，それをおしえなくてはならないし，あるところではまだつぼみのかたい桜の木をながめながら花のことをおしえなくてはならない，といったようなことさえあった。また都会の児童も，山の中の児童も，そのまわりの状態のちがいなどにおかまいなく同じことを教えられるといった不合理なこともあった。しかもそのようなやり方は，教育の現場で指導にあたる教師の立場を，機械的なものにしてしまって，自分の創意や工夫の力を失わせ，ために教育に生き生きした動きを少なくするようなことになり，時には教師の考えを，あてがわれたことを型どおりにおしえておけばよい，といった気持におとしいれ，ほんとうに生きた指導をしようとする心持を失わせるようなこともあったのである。

　同じ内容を画一的に教えることをよしとせず，地域や児童生徒の実態に合わせて，

教師の創意工夫により指導する必要性を強調している。新しく児童の要求と社会の要求とに応じて生まれた教科課程をどんなふうにして生かしていくかを教師自身が自分で研究していく手引きとして書かれたものであり，教師の創意と工夫の重要性を強調している。この「創意と工夫」はその後の学習指導要領の改訂においても用いられているフレーズである。

「学習指導要領一般編（試案）」によって，修身・地理・歴史に代わり，社会科・家庭科・自由研究が新たに設けられた。続いて各教科別の学習指導要領が順次つくられていった。初めての学習指導要領は，アメリカの州レベルで作成されていたコース・オブ・スタディを参考にして文部省により急きょ作成されたもので，1949（昭和24）年にはその改訂のために教育課程審議会が設置され，教育内容編成の基本方針と教育課程のあり方について審議が始められた。学習指導要領は，今日まで8回の改訂があったが（表3-3），教育課程審議会（2008年の改訂からは中央教育審議会初等中等教育分科会教育課程部会）での審議と答申を踏まえて行われてきた。

「試案」として配布された学習指導要領は，1951（昭和26）年に大幅に改訂された。さらに小・中学校の部分が1958（昭和33）年に全面的に改訂され，新たに文部省告示として出され，それまでの「試案」という性格から法令的根拠に基づいた教育課程の国家基準としての性格を持つようになった。

表3-3は戦後の学習指導要領とその改訂によって小学校と中学校の教育課程がどのように変遷してきたのかをまとめたものである。この中で注目したいのは，教科の変化とともに教育課程の領域の変化である。

最初の学習指導要領で設けられた「自由研究」はその時間に，「ある児童は，工作に，ある児童は理科の実験に，ある児童は書道に，ある児童は絵画にというふうに，きわめて多様な活動がこの時間に営まれるようになろう」と，児童の自発的な学習が行われることを想定した教科であったが，それが学年を超えて展開される同好会的なクラブ活動として行うこともありうるとされた。「自由研究」はその後，1951（昭和26）年の学習指導要領改訂によって「教科以外の活動」とされ，さらに1958（昭和33）年の改訂によって特別教育活動へと繋がっていく。この年の改訂では同時に学校行事も教育課程の中に位置づけられたのである。「自由研究」は今日の特別活動の始まりであったといえるが，特別教育活動がそのまま特別活動となったのではなく，特別教育活動と学校行事という，2つの別個の教育課程領域が1968・1969年の改訂により一体化された結果であった。

教育課程の領域について注目すると，最初の学習指導要領では教育課程は教科の

表3-3　学習指導要領の変遷と教育課程の領域

1947年	(小)	国語　社会　算数　理科　音楽　図画工作　家庭　体育　自由研究
	(中)	必修教科(国語　社会　数学　理科　音楽　図画工作　家庭　体育　職業) 選択教科(外国語　習字　職業　自由研究)
1951年	(小)	教科(国語・算数　社会・理科　音楽・図画工作・家庭　体育)　教科以外の活動
	(中)	必修教科(国語　社会　数学　理科　音楽　図画工作　家庭　保健体育　職業・家庭) 選択教科(外国語　職業・家庭　その他の教科) 特別教育活動(ホーム・ルーム　生徒会　クラブ活動　生徒集会)
1958年	(小)	各教科(国語　社会　算数　理科　音楽　図画工作　家庭　体育)　道徳 特別教育活動(児童会活動　学級会活動　クラブ活動)　学校行事
	(中)	必修教科(国語　社会　数学　理科　音楽　美術　保健体育　技術・家庭) 選択教科(外国語　農業　工業　商業　水産　家庭　数学　音楽　美術)　道徳 特別教育活動(生徒会活動　学級会活動　クラブ活動)　学校行事
1968年	(小)	各教科(国語　社会　算数　理科　音楽　図画工作　家庭　体育)　道徳 特別活動(児童活動　学級指導　学校行事)
1969年	(中)	必修教科(国語　社会　数学　理科　音楽　美術　保健体育　技術・家庭) 選択教科(外国語　農業　工業　商業　水産　家庭　その他特に必要な教科)　道徳 特別活動(生徒活動　学級指導　学校行事)
1977年	(小)	各教科(国語　社会　算数　理科　音楽　図画工作　家庭　体育)　道徳 特別活動(児童活動〈学級会活動　児童会活動　クラブ活動〉　学級指導　学校行事)
	(中)	必修教科(国語　社会　数学　理科　音楽　美術　保健体育　技術・家庭) 選択教科(外国語　農業　工業　商業　水産　家庭　その他特に必要な教科)　道徳 特別活動(生徒活動〈学級会活動　生徒会活動　クラブ活動〉　学級指導　学校行事)
1989年	(小)	各教科(国語　社会　算数　理科　生活　音楽　図画工作　家庭　体育)　道徳 特別活動(学級活動　児童会活動　クラブ活動　学校行事)
	(中)	必修教科(国語　社会　数学　理科　音楽　美術　保健体育　技術・家庭) 選択教科(国語　社会　数学　理科　音楽　美術　保健体育　技術・家庭　外国語) 道徳 特別活動(学級活動　生徒会活動　クラブ活動　学校行事)
1998年	(小)	各教科(国語　社会　算数　理科　生活　音楽　図画工作　家庭　体育)　道徳 総合的な学習の時間　特別活動(学級活動　児童会活動　クラブ活動　学校行事)
	(中)	必修教科(国語　社会　数学　理科　音楽　美術　保健体育　技術・家庭) 選択教科(国語　社会　数学　理科　音楽　美術　保健体育　技術・家庭　外国語) 道徳 総合的な学習の時間　特別活動(学級活動　生徒会活動　学校行事)
2008年	(小)	各教科(国語　社会　算数　理科　生活　音楽　図画工作　家庭　体育)　道徳　外国語活動　総合的な学習の時間　特別活動(学級活動　児童会活動　クラブ活動　学校行事)
	(中)	各教科(国語　社会　数学　理科　音楽　美術　保健体育　技術・家庭　外国語)　道徳 総合的な学習の時間　特別活動(学級活動　生徒会活動　学校行事)
2017年	(小)	各教科(国語　社会　算数　理科　生活　音楽　図画工作　家庭　体育　外国語) 特別の教科である道徳　外国語活動　総合的な学習の時間　特別活動(学級活動　児童会活動　クラブ活動　学校行事)
	(中)	各教科(国語　社会　数学　理科　音楽　美術　保健体育　技術・家庭　外国語)　特別の教科である道徳　総合的な学習の時間　特別活動(学級活動　生徒会活動　学校行事)

集まりであったものが，1958（昭和33）年からは教科（「各教科」とよばれるようになった）に加えて道徳，特別教育活動，学校行事という4領域となり，小学校では1968年から，中学校では1969年から各教科，道徳，特別活動の3領域からなる教育課程となった。その後，1998（平成10）年には小学校，中学校ともに「総合的な学習の時間」という新たな領域が教育課程に加わることとなり，さらに2008（平成20）年には小学校に「外国語活動」という領域が設けられた。2017年には小学校の第5・6学年の各教科に外国語が加わることとなった。こうして現在は，各教科に加えて小学校では4領域，中学校では3領域からなる教育課程が編成されている。

　教科についていえば，社会，家庭といった戦前・戦中にはなかった教科が戦後すぐに新たに設けられたことは特筆に値する。この2つの教科はとりわけ，平和で民主的な国家・社会の形成者として必要なものの見方や態度，知識・技能を育てることに深く関わるものであると考えられてきた。また，1989（平成元）年の改訂によって生活科が小学校第1・第2学年に設けられたことも戦後の教育課程の歩みの中で重要な出来事であった。生活科は，「具体的な活動や体験を通して，自分と身近な人々，社会及び自然との関わりに関心をもち，自分自身や自分の生活について考えさせるとともに，その過程において生活上必要な習慣や技能を身に付けさせ，自立への基礎を養う」教科であるとされている。

　中学校では，当初から教科は必修教科と選択教科の2つに分けられてきた。選択教科は学校があらかじめ特定の教科（例えば外国語）を選択して教育課程に入れるという方式（いわゆる学校選択）で行われることが多かったが，1989（平成元）年の改訂以降，教育課程の中で生徒に選択をゆだねるという方式が望ましいとされて，選択履修の拡大が図られてきた。しかし，2008（平成20）年の学習指導要領改訂では，教科に充てる授業時数の増大を図ることを優先して，選択教科をあえておかなくてもよいとされた。これは中学校の教育課程編成の考え方をめぐる大きな変化であった。

　また，1958年の学習指導要領改訂によって教育課程の一領域として設けられた道徳が，2015年3月の学校教育法施行規則改正および小・中学校学習指導要領の一部改正により，「特別の教科」として位置づけられることになったのも，戦後の教育課程の歩みの中での1つの大きな転機といえる変化である。

注
◆1　最初は小学校ではなく，小学とよばれた。
◆2　「詩章記誦」は詩歌や文章の暗記・暗誦，「空理虚談」はむだな理屈のおしゃべりのこと。

大正自由教育

　19世紀末から20世紀初頭にかけて，欧米で新しい教育思想が生まれてきた。その代表格のエレン・ケイ（スウェーデンの女性思想家）は『児童の世紀』（key, 1900）を出し，「児童の世紀」であるべき20世紀には，「教育は子どもが，そのうちにあって成長し得る美しい世界を外面的にもまた精神的に作り出す務めを有する。このような世界のうちに，子どもをして，他人の権利の永久不変の境界を侵さないかぎり，自由に動作させるのが今後の教育の目的であろう」と述べた。この書は世界中で広く翻訳され読まれたという。

　こうした考え方は欧米では当時の「旧教育」の注入主義に対して「新教育」とよばれ，子どもの自己活動や自学など自主性を重視する児童中心主義教育の思想と実践として明治末期から大正期にかけて日本にも紹介された。日本では，大正デモクラシーを背景に大正自由教育とよばれる実践として展開された。

　大正自由教育には様々な実践があったが，ここでは，その1つとしてドルトン・プランに注目する。ヘレン・パーカーストがマサチューセッツ州ドルトンのハイスクールで1920年に試みたドルトン・プランは，自由と協同を原理とした自学自習により，生徒が学びたい科目を学びたい時間に学びたいだけ学ぶのが最も効率のよい学習であるという考え方に基づくものであった。その方法は沢柳政太郎らによって日本にも紹介され，成城小学校や各地の師範学校附属小学校に導入された。

　ドルトン・プランは児童・生徒と教師の「契約」（contract）に基づく課題（assignment）に従って国語，算数・数学，歴史，地理，理科，外国語といった教科はそれぞれ専門の教室（laboratory）において午前中に自主的かつ自由に学習するというものである。教師はその間，質問に答えるために待機している。それ以外の教科，音楽，美術，家事，手芸，体操などは午後に，学級における一斉の授業として行われる。

　1917年に実験学校として沢柳政太郎を校長に発足した成城小学校は，子どもの自由な学習を尊び，30名という小規模学級を単位として，個性尊重の教育（能率の高き教育），自然と親しむ教育，心情の教育，科学的研究を基礎とする教育を進め，子どもの自学を重視して一般の教科に加えて「特別研究」を教育課程に取り入れていた。ドルトン・プランはこの「特別研究」に代わるものとして導入された。

第4章 教育課程の編成と諸要因

1節 教育課程の編成

1. 教育課程を編成するのは誰か

(1) 教育課程編成の責任者

1998年教育課程審議会答申では「各学校において創意工夫を生かした特色ある教育課程を編成・実施し，特色ある学校づくりを進めていくことが特に求められる」と示された。現行の学習導指導要領でも，これまでの流れを受け一層創意工夫を生かし特色ある教育活動を進めることが求められている。

教育課程の編成については，小学校学習指導要領（2017），第1章総則第1の1において，「各学校において」編成するものとされている。学校教育法第37条第4項には，「校長は，校務をつかさどり◆1，所属職員を監督する」とある。それゆえ，教育課程を編成することは校務であり，最終責任者は校長となる。

これは，校長1人が編成作業を行うということではなく，権限の所在を示したものである。教育課程の編成作業は，校長の責任のもと，全教職員がそれぞれの分担に応じて十分研究を重ねるとともに，教育課程全体のバランスに配慮しながら創意工夫を加えて編成することが重要である。

実際の編成に関しては，教頭や教務主任などが連絡調整を行うことになるが，学校教育法の改訂により，主幹教諭が設置されている都道府県では，主幹教諭が連絡調整を行う場合もある。

(2) 教育課程の編成と教育委員会

教育課程の基準となるのが学習指導要領である。学習指導要領は，学校教育の一定の水準を確保するために法令に基づいて国が定めた教育課程の基準であるので，

各学校は，これに従って教育課程を編成しなければならない。

また，「地方教育行政の組織及び運営に関する法律」により，教育委員会は，学校の教育課程に関する事務を管理，執行し，法令又は条例に違反しない限度において教育課程について必要な教育委員会規則を定めるものとされている。この規定に基づいて，教育委員会が教育課程についての規則などを設けている場合は，学校はそれに従って教育課程を編成しなければない。

このように，各学校で編成される教育課程は，法律で定められた教育の目的や目標などを基盤としながら，地域や学校の実態及び児童生徒の心身の発達の段階と特性を考慮して編成していくことになる。

教育課程の編成に関して教育委員会と学校の関係をみてみると，これまで，あまり教育委員会が関わることが少なかった。しかし，最近では横浜市教育委員会の「横浜版学習指導要領」や新潟県上越市教育委員会の「上越カリキュラム」のように，教育委員会が地域の教育の統一性・共通性を重視した教育課程を提案する取り組みもみられる。さらには，0歳から高校卒業までの18年間の校種間連携を重視した福井県教育委員会が提案する「福井型18年教育」を基にした教育課程を編成する取り組みもある。このように，教育委員会が教育課程の編成に関して積極的に関わろうとする取り組みもみられるようになっている。

2．教育課程の編成の方法・手順

各学校が教育課程を編成する要素として，①学校の教育目標の設定，②指導内容の組織及，③授業時数の配当が必要となる。また，それらをどのような手順に従って設定していくかがよりよい教育課程を編成できるかどうかの鍵となる。

学習指導要領では，各学校が創意工夫を生かして特色ある教育課程を編成，実施することを求めている。そもそも教育課程は学校の教育目標を達成するための内容や方法を計画することである。以下に，その手順を示す。

手順①　教育課程の編成に対する学校の基本方針を明確にする。

先に示したように，校長の責任のもと，全教職員が参画して編成していかなければならない。そのためには，全教職員が教育課程の意義や編成の原則など基本的事項を明確化し，共通理解することが必要となる。そのために，編成に関わる作業内容と編成のための組織と日程の基本的な方針に関して全教師が共通理解をする必要がある。

手順②　教育課程の編成のための具体的な組織と日程を決める。

　学校は校務分掌によって学校が運営されていく。例えば，学年部会や教科部会，保健部会，生徒指導部会などである。それぞれの部には，主任が任命されている場合が多い。教育課程を編成する際には教務部会という教務主任を中心とした部会が連絡調整を行うが，学校内のすべての部会が教育課程編成に対してどのように関わるかを決定し，それぞれの担当部会がどのような日程で教育課程を編成していくかの作業日程を決定する必要がある。

手順③　教育課程の編成のための事前の研究や調査をする。

　先に示したように，各学校で作成する教育課程の基準として学習指導要領が示されている。それを基に，教育課程についての国の基準や教育委員会の規則などを研究し理解をしておく必要がある。さらに，特色ある学校づくりを行うためには，地域や学校の実態及び児童の心身の発達段階や特性を把握しておくことが必要である。特に，地域に根ざした教育活動を展開していく場合には，地域の社会環境や自然環境，地域の人材など教育資源について調査しておく必要がある。さらに，地域や保護者の願いを理解しておかなければならない。

　計画する教育課程は次年度の4月から実施されることになるので，編成と実施が同時に行われることになる。現在実施中の教育課程を検討し評価して，その改善点を明確にしておかなければならない。

手順④　学校の教育目標など教育課程の編成の基本となる事項を定める。

　ここまでの調査研究を基に，教育課題を明らかにし，自校の学校教育目標を設定する。教育課程編成において最も重要なものは「学校教育目標」の設定である。なぜなら，教育課程はその目標を達成するための計画であり，目標が明確で実践的，具体的である必要がある。また，地域に根ざした特色ある教育活動を展開していくためには，家庭や地域との連携がなくては実現できない。目標の実現を図るためにも，家庭や地域との連携を深める中で学校教育目標について関心を深めていくことは重要なことである。

手順⑤　教育課程を編成する

　学校教育目標を受け，指導内容を選択，組織し，授業時数を配当する。

手順⑥　年間指導計画を作成する。

　年間指導計画は各校務分掌において作成していくことになるが，その際，担当者は他の校務分掌担当者と連絡・調整を密に行わなければならない。特に，教科や学年間の連携を行い，教育活動のそれぞれの場面が系統的，発展的に連続する

指導を計画することが重要である。また，児童の実態等を考慮し，指導の効果を高めるため，合科的・関連的な指導を取り入れることも考慮しなければならない。つまり，教育活動を系統性という縦の繋がりと関連性という横の繋がりを見ながら立体的に計画していく必要がある。

3．学校教育目標

（1）学校教育目標と学年・学級目標

　学校教育目標は設定することに意味があるわけではなく，児童生徒への成果として表れなければならない。学校の教育活動は，学年や学級を基本として行われる。したがって，学年経営案や学級経営案における目標は，学年や学級の実態に即しながら学校教育目標と関連が意識されたものでなければならない。学級目標などは，学級の児童生徒が設定することが多くみられるが，そのような場合にも，教師が学校教育目標との関連を強く意識しておく必要がある。また，児童生徒にも学校教育目標との関連性を意識させることも重要である。

（2）学校教育目標と授業づくり

　児童生徒にとっての学校生活のほとんどは授業である。授業は学校教育目標を達成するための最前線となる。つまり，学校教育目標を達成するため具体的方法が授業という教育活動の中に展開されなければならない。
　現行の学習指導要領では教科指導における言語活動が重視されている。文部科学省でも，「言語活動充実に関する指導事例集」（図4-1）をあげ具体的な授業プランを示している。これらを受け，各学校においては，授業の中で，児童生徒自らが考え，感じ，発見する活動を重視し，学習過程や学習形態，学習課題，発問等を工夫するとともに，教材・教具，特にICTを利用した効果的な取り組みがみられる。例えば，東京都武蔵村山市教育委員会（2014）では，小中連携による言語活動を育成する授業づくりが行われている。

4．学校教育目標の現状

（1）どのような学校教育目標が設定されているのか

　ベネッセ総合研究所初等教育研究室（2010）が行った全国の公立小学校・中学校の校長および教員を対象にした第5回学習指導基本調査によると，小学校では，「心の教育・豊かな心」「思いやり」「健康・体力」「自ら学ぶ力・自己学習力」「生

思考力・判断力・表現力等をはぐくむ言語活動の充実

中央教育審議会答申・・・思考力，判断力，表現力等をはぐくむためには，例えば以下の①～⑥のような学習活動が重要である。これらの学習活動の基盤となるものは，数式などを含む広い意味での言語である。このため，各教科の教育内容として，これらの記録，要約，説明，論述といった学習活動に取り組む必要がある。

① <u>体験から感じ取ったことを表現する</u>
　（例）・日常生活や体験的な学習活動の中で感じ取ったことを言葉や歌，絵，身体などを用いて表現する
② <u>事実を正確に理解し伝達する</u>
　（例）・身近な動植物の観察や地域の公共施設等の見学の結果を記述・報告する
③ <u>概念・法則・意図などを解釈し，説明したり活用したりする</u>
　（例）・需要，供給などの概念で価格の変動をとらえて生産活動や消費活動に生かす
　　　・衣食住や健康・安全に関する知識を活用して自分の生活を管理する
④ <u>情報を分析・評価し，論述する</u>
　（例）・学習や生活上の課題について，事柄を比較する，分類する，関連付けるなど考えるための技法を活用し，課題を整理する
　　　・文章や資料を読んだ上で，自分の知識や経験に照らし合わせて，自分なりの考えをまとめて，A4・1枚（1000字程度）といった所与の条件の中で表現する
　　　・自然事象や社会的事象に関する様々な情報や意見をグラフや図表などから読み取ったり，これらを用いて分かりやすく表現したりする
　　　・自国や他国の歴史・文化・社会などについて調べ，分析したことを論述する
⑤ <u>課題について，構想を立て実践し，評価・改善する</u>
　（例）・理科の調査研究において，仮説を立てて，観察・実験を行い，その結果を整理し，考察し，まとめ，表現したり改善したりする
　　　・芸術表現やものづくり等において，構想を練り，創作活動を行い，その結果を評価し，工夫・改善する
⑥ <u>互いの考えを伝え合い，自らの考えや集団の考えを発展させる</u>
　（例）・予想や仮説の検証方法を考察する場面で，予想や仮説と検証方法を討論しながら考えを深め合う
　　　・将来の予測に関する問題などにおいて，問答やディベートの形式を用いて議論を深め，より高次の解決策に至る経験をさせる

図4-1　言語活動充実に関する具体的指導例（文部科学省，2011）

きる力」が上位の5項目であり，2002年に行った調査と比較すると順位は異なるが同じ項目があがっている。特に，上位3つは全体の6割を超えていて小学校の普遍的学校教育目標である。中学校をみてみると，上位3位までは同じ項目で，「自立・自主・主体性」「自ら学ぶ力・自己学習力」が続く。2010年度の調査の特徴として，小・中学校とも，「学力向上・学力定着」「学習習慣」を目標に掲げる学校が増加している。このことから，学力を重視している傾向がうかがえる。

　「生きる力」に代表される変化の激しいこれからの社会を生きる子どもたちに身に付けさせたい「確かな学力」「豊かな人間性」「健康と体力」の3つの要素からな

る力からの影響も強い。学校教育目標は，施行されている学習指導要領のねらいが色濃く表れていることがわかる。

　このようにみていくと，日本の小・中学校の学校教育目標が似ていることに気がつく。教育目標は，教育基本法及び学校教育法に示されており，学習指導要領は具現化するために作成されている。そもそも，教育課程の基準は学習指導要領として示されているが，学習指導要領の目的は，全国的に一定の教育水準を確保し，全国どこにおいても同水準の教育を受けることのできる機会を国民に保障することである。確かに，それに沿っていれば，基準的な教育課程を編成することはできる。「心の教育・豊かな心」「思いやり」などは，各学校に共通する基本的なものであるが，児童・生徒の実態や学校の置かれている各種の条件を分析・検討し，それぞれの学校特有の教育課題をとらえ，それに応じた具体的な強調点や留意点を明らかにしたより具体的な教育目標を設定することが重要である。その学校固有で独自の教育目標を設定することが，特色ある教育活動を展開するための鍵となる。

（2）学校教育目標を設定する上で誰がイニシャチブを発揮しているのか

　先の教育課程の編成の手順で示したように，編成に際しては全教職員の関与が重要であること示したが実際はどうであろうか。過去の調査であるが前掲の初等教育研究室が2002年に行った第3回学習指導基本調査によれば，学校教育目標に関しては「校長，教頭，教務主任などがもっぱら提案した」と応えた学校は，小学校で83.3％，中学校で86.0％と圧倒的に多い。逆に，「管理職や主任以外の教員から提案された」という学校は，小・中学校とも25％程度にすぎない。管理職主導であるという結果がみられる。また，教育課程を編成する上では地域との連携が必要であるが，「保護者の意見をたずねる機会を持った」のは2割前後，「地域住民の意見をたずねる機会」や「保護者や地域住民等による外部評価委員の意見をたずねる機会」「児童・生徒の意見をたずねる機会」を持ったのは，いずれも1割以下であった。当時と現在では，学校の置かれている状況が変化しているため同じ調査を行った場合同様の結果が得られるかどうかは疑問であるが，このような傾向があることは予想に難くない。

2節　教育課程と学校組織（校務分掌）

1．教育課程を実施する学校組織

（1）校務分掌

　教育課程を編成したり円滑に運営したりして，成果を上げていくためには教育課程を実行していく組織が必要となる。教科指導や生徒指導などはすべての教員が行うものであるが，より組織的系統的に行うために校務分掌という制度がある。校務分掌とは，学校における経営・運営上必要な業務を分担して担当することをいう。また，そのために編制された組織系統を指すこともある。
　この校務分掌に関して「学校教育法施行規則」では，第43条「小学校においては，調和のとれた学校運営が行われるためにふさわしい校務分掌の仕組みを整えるものとする」と明記されている。

（2）主任制度

　学校における制度の歴史は古く，歴史をたどれば明治までさかのぼることができる。特に戦後，教育に対する要望の強まりや学校の大規模化が進むことに対応して，学校を組織的に運用することが必要となり法整備する以前から全国的に普及していた。
　図4-2の学校組織（校務分掌）の例をみてもわかるように，学校には細分化された分掌制度がある。各分掌を束ねる形で「部」が置かれている。それぞれの部には，部長もしくは主事・主任が置かれている。また，図4-2には明記されていないが「学年部」がある。学校は学年単位での活動が多く，実際，学年部が中心となって日々の教育活動が行われている。学年部には学年主任が置かれている。
　小学校の主任制度に関して「学校教育法施行規則」をみてみると，第44条では「教務主任及び学年主任を置くものとする」とされている。第45条では，保健主事を，第46条で事務主任の設置が明記されている。また，第47条では，教務主任，学年主任，保健主事及び事務主任のほか，必要に応じ，校務を分担する主任等を置くことができるとされている。例えば，理科主任や特別活動主任などである。
　中学校では，小学校に加え，第70条で生徒指導主事を，第71条で進路指導主事の設置が明記されている。中学校において特徴的なのは，教務主任，学年主任，保健主事，生徒指導主事は特別の事情があれば置かないことができるが，中学校の進路

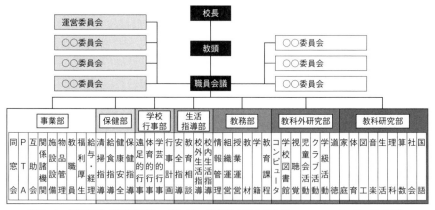

図4-2 学校組織（校務分掌）の例（内田洋行教育総合研究所ホームページより一部改変）

指導主事は必ず置かなければならないということである（表4-1）。

（3）主幹教諭・指導教諭の設置と学校組織

中央教育審議会答申「今後の地方教育行政の在り方について」（1998（平成10）年）では，主任制度に関して，一部の地域においては適切な運用が行われず，主任制が形骸化している例があることや，主任の種類やその設置の在り方が一律のものとなっており，学校教育をめぐる状況の変化に十分対応することができなくなってきている，などの問題点が指摘された。

そこで，審議会では，学校運営組織に，経営層である校長・教頭と，実践層である教諭等との調整的役割を行い，自らの経験を生かして教諭等をリードしていく指導・監督層を設置する必要があるとした。兵庫県においては従来から「主幹教諭」（校長の監督を受け，円滑な学校運営の推進，教員等の資質及び能力の向上をつかさどる）を，東京都においては「主幹」（上司の命を受け，担当する校務を統括処理する）（図4-3）を，大阪府においては「首席」（校長の命を受け，一定の校務について，教職員を指導・総括する）（図4-4）を置いていた。

このような状況の中，国は2007（平成19）年「学校教育法」を改正し，第37条（小学校），第27条（幼稚園），第49条（中学校準用規定）の新たな規定を受けて，新たな職として，副校長，主幹教諭，指導教諭を置くことができるとした。また，学校教育法改正を受け，学校教育法施行規則では，主幹教諭や指導教諭を置く場合には，教務主任，学年主任，保健主事を置かないことができるとした。

表4-1　各主任の職務と設置義務（中央教育審議会，教職員給与の在り方に関するワーキンググループ　配付資料より一部改変）

	職務	小学校	中学校	高等学校	中等教育学校	盲・聾・養護学校
教務主任	・校長の監督を受け，教育計画の立案その他の教務に関する事項（教育計画の立案・実施，時間割の総合調整，教科書・教材の取扱い等教務に関する事項）について連絡調整および指導・助言	○	○	○	○	○
学年主任	・校長の監督を受け，当該学年の教育活動に関する事項（学年の経営方針の設定，学年行事の計画・実施等当該学年の教育活動に関する事項）について連絡調整および指導・助言	○	○	○	○	○
保健主事	・校長の監督を受け，保健に関する事項の管理（学校保健計画の立案・実施，学校における保健管理と保健教育の調整，学校保健委員会の組織・運営等学校における保健管理の総括責任者）	○	○	○	○	○
生徒指導主事	・校長の監督を受け，生徒指導に関する事項をつかさどり，当該事項について連絡調整および指導・助言		○	○	○	○
進路指導主事	・校長の監督を受け，生徒の職業選択の指導その他の進路の指導に関する事項をつかさどり，当該事項について連絡調整および指導・助言		◎	◎	◎	◎
事務主任	・校長の監督を受け，事務をつかさどる（事務の総括的責任者である立場を明らかにしたもの）	△	△			

◎…必置　○…置くものとされているが，特別の事情がある場合は置かなくてもよい　△…任意設置

　副校長とは，これまでの教頭との違いをみてみると，教頭は，校長を助け（補佐すること），校務を整理し，及び必要に応じ児童の教育をつかさどる職であったが，副校長は，校長を助け，命を受けて校務をつかさどる職である。つまり，副校長は，校長と同様に学校運営を含めた公務に関して直接，管理下にあり責任のある職である。副校長を置くときは教頭を置かないこともできる。

　主幹教諭とは校長（副校長を置く小学校にあっては，校長及び副校長）及び教頭を助け，命を受けて校務の一部を整理し，並びに児童の教育をつかさどる職である。つまり，担当校務分掌の状況把握と各主任の統括等を通じた学年間や校務分掌間の調整を行ったり，教諭等への適切な指導・助言を行ったりする役割や，大規模校や

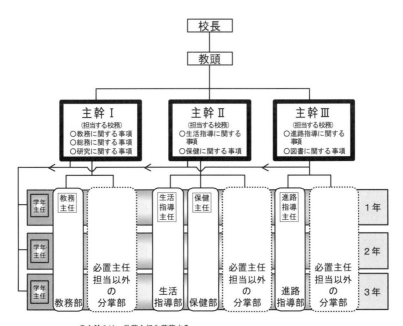

図4-3 主幹教諭(主幹)を置いた学校組織(東京都の場合)(主任制度に関する検討委員会,2002)

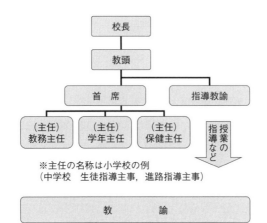

図4-4 主幹教諭(首席)を置いた学校組織(大阪府の場合)(大阪府教育委員会,2008)

学校課題を集中的に解決しようとする学校において，組織運営を活性化させるとともに，調整能力を発揮することが求められている。つまり，主幹教諭を設置する目的は，図4-3の東京都の例のようにピラミッド型の組織をつくり，校長が学校経営に関してリーダーシップが発揮できるよう，権限が校長に集中するようにした組織において，学校組織のライン（階層化された組織構成員間での命令系統）機能を強化するものということができる。

一方，指導教諭とは児童に教育をつかさどり，並びに教諭その他の職員に対して，教育指導の改善及び充実のために必要な指導及び助言を行う職である。つまり，校内での指導主事的な立場として，校内研修の企画・運営を行ったり，個別に教員に対して授業方法や学級経営の改善を指導したりして当該校の教員の指導力を向上させるラインを補佐するスタッフ機能が求められている。

2．学校組織と組織マネジメント

（1）自主・自律的学校経営と組織マネジメント

これまで教育や学校に関する法整備は，学校が独自の教育目標の達成や教育課題の克服に自主的・自律的に運営できるようにするという方向性で進められてきた。具体的には学校や校長の裁量権限の拡大が行われてきた。しかし，教育課程という計画を実行するためには，それを実行するための学校の運営体制の機能強化が必要となる。学校の権限拡大を進めるのであれば，学校が自らの判断と責任においてその権限を活用できるよう，組織的な学校運営が行われなければならない。そのためには，その権限移譲の受け皿となる運営体制の整備が必要となる。

しかし，図4-2にもあるように，これまでの学校における校務分掌の状況をみてみると，学校組織は，校長，教頭以外は横一線に並んでいる，いわゆる「なべぶた」組織といわれ，かつ，「一人一役」の考え方のもと，担当が細かく分けられ，かえってわかりにくく連携もとりにくい状況がある。分掌とは関係なくその場で気がついた者が処理することがあるなど，組織が実態と必ずしも合っておらず，責任をあいまいにしていることもある。そこで，近年の学校組織改革は，学校に組織マネジメントを導入しようとする取り組みを行っている。先に示した，主幹教諭や指導教諭の導入もその流れに沿って行われている。

現在ではよく耳にする「組織マネジメント」が教育界で語られるようになったのは，2000年に発表された「教育改革国民会議報告：教育を変える17の提案」以降である。その中の第4節「新しい時代に新しい学校づくりを」に「③学校や教育委員

会に組織マネジメントの発想を取り入れる」と明記されている。現在の学校教育改革の流れをみてみればまさにこの時点がスタートであると考えてもよい。

(2) 学校の組織マネジメント

　学校における組織マネジメントは一般の企業や自治体等のように容易ではない。学校の教育活動は,「子どものため」という共通認識により,コストや時間を度外視してでもよいものをめざす「効果性」を重視している。一方,企業は,「効率性」を重視し,成果の上がらない部分などを切り捨てるなどスリム化を図ることもある。また,企業の価値は同業他社と相対的価値を争うものであるが,学校は他の学校より競争的によい教育活動を展開していくことをめざすのではなく,学校単独ではなく,他の学校とも連携してすべての学校がよくなることをめざす絶対的価値をめざしている。

　そもそも組織マネジメントの対象は,「人的資源」「物的資源」「資金的資源」といわれるが学校の裁量権はさほど多くない。しかし,企業においては内部のものを使うが,学校は,内部の資源に加え,働きかけしだいで外部の資源(地域や保護者,他の教育機関等)を活用することもできる。

　学校における組織マネジメントは,学校内外の能力や資源を開発・活用し,学校に関与する人たちのニーズと適応させながら,学校教育目標を達成していくことである。そしてその目的は,教育活動をこれまでの教職員個人の力量だけに頼るのではなく,組織力を向上させることで課題解決を図ろうとすることにある。また,教職員の学校経営への参画意識を促し,目標を共有することによって見通しを持って校務にあたるようにすることである。

(3) カリキュラム・マネジメント

　学校においては,特色ある学校づくりを行うために独自の教育課程がつくられ,それに基づいて教育が行われている。この教育課程は,編成が適切であったかどうかや,教育課程の目ざしている教育目標が,どの程度に実現されることができるかどうかを点検・評価しなければならない。また,先に示した教育課程編成の手順にもあるように,学校では次年度の教育課程の編成の資料として,当該年度の教育課程を実施しながら評価し編成するという手続きが必要となる。つまり,教育課程の編成(Plan)と実施(Do),評価(Check)は,次の改善(Action)された新たな教育課程の編成に資するという一連の活動(PDCAサイクル)としてとらえ,切

り離して考えることはできない。カリキュラムをマネジメントすることは，教育目標を達成していくためには必要不可欠である。

　教育課程を評価していく際には，全教職員の共通理解を図りながら，教職員各個人が行うのではなく学校組織の下で協力して評価することが重要である。具体的には，学校教育計画の年間計画等に評価の方法や時期を明確に位置づけておく必要がある。特に，学校行事等については，実施後すぐに評価を行うことが次年度の改善を行う上で効果的である。また，児童生徒の学習の取組の姿や変容の状況，学習の成果など，多様な評価資料をもとに教育活動の状況を客観的に把握することが必要である。

　得られた評価資料を基に，教育改善に取り組む際には，改善が短期で実現可能なのか長期にわたるのか，また，改善は容易に取り組めるのが実施に困難が伴うのか，効果的かどうかなど多くの視点からの検討が必要である。それを検討した上で，次年度の教育課程編成に生かすようにする。

注
　◆1　管理下に置くということ。

校長の職務

　経済協力開発機構（OECD）が2014年に発表した「国際教員指導環境調査（TALIS）」によれば，国際的にみて日本の教育現場の過酷な勤務状況が明らかとなったが，この調査では，もう1つ気になる数値が上げられていた。校長の職務に関する事項である。報告書によれば，日本の校長の仕事に対する満足度は，「現在の学校での自分の仕事の成果に満足している」が33位で59.8％であった。参加国平均は94.5％であり，1位はデンマークの99.1％。日本より1つ上位のエストニアは87.1％で日本は突出して低い。

　10年ぐらい前であるが，アメリカのある小学校を訪れたことがある。玄関を入ると，廊下の壁面に企業からの寄付のプレートが多く掲げられていた。なぜ，これだけ多くの企業が寄付をしてくれるのかと聞くと「校長が企業を訪問して寄付を集めてくるから」という答えであった。また，それが校長の評価に繋がるということでもあった。日本なら，学校を訪問すると，校長室に通されてソファーに座り学校の様子を聞くことになるのだが，まずは，ということで校内を案内され最後に，校長室を見せてくれた。その学校は，幼稚園と小学校が併設されたその地域では大きい小学校だと説明されたが，校長室は，とても小さく10畳ほどの広いとはいえない空間であった。机や書庫でいっぱいという感じである。

　校長に聞くと，「この部屋は事務をする部屋なのでこの広さで十分である。日中は学校の中を動いているのでここに戻ることはほとんどない」と言っていた。一日その学校に滞在したのだが，確かに校長は校長室にはあまり戻っていなかった。教師が困っているときは，その教室に出向いて教師を援助し，子どもの学習の支援を行っていた。子どもに接するときは終始和やかであった。この校長は，州内小学校の優秀校長ランキングの上位にランキングされていた。

　この校長の前歴は，ある有名なホテルの支配人だったそうである。それまではまったく教育関係の仕事に就いたことがなかったようである。日本と諸外国の校長に求められる役割や機能にはほとんど差がないと考えられるが実際の行動には違いがあるようである。

第5章 小学校学習指導要領と教育課程編成の実際

1節　小学校の教育課程

1．小学校教育課程は何をめざしているのか：小学校教育の目的

　わが国で近代公教育制度が導入されたのは1872（明治5）年のこと（「学制」発布）である。1人の教師が多数の子どもたちを教えるという私たちにとってなじみ深い学校教育のあり方は，西洋で発明されたものであり，日本の近代学校は，19世紀後半の西洋の学校を模範としている。西洋から近代学校システムを輸入した当初，人々にとって学校は得体の知れない空間であった。児童は翻訳版の教科書を通じて，実生活に直接役に立たないことがらを学ばされ，その上，「授業料」の支払いを命じられたのである。こうした状況に対する反発から，全国各地で「学校焼き討ち事件」が起きるほどであった。そして，就学率も1887（明治20）年の時点で45％にとどまり，1907（明治40）年になってようやく90％を超えた。

　さて，「学制」発布からおよそ140年の歳月を経て，私たちにとって学校に通うことは「あたりまえ」となったわけだが，小学校教育の目的は時代とともに移り変わっている。「学制」が発布された明治初期においては，富国強兵のために国民教育制度が確立され，近代化をめざすために近代自然科学の内容が重視された。大正から昭和20年までにかけては，皇国民を練成すべく軍国主義教育が行われた。すなわち，時代の要請に応じて教育の目的が設定され，教育課程が編成されるのである。では，現代の小学校教育においてはどのような現状認識のもと，何がめざされているのか。本章では，まず第一に小学校教育の目的・目標を明らかにすることで，わが国の小学校教育課程がゴールをどこに見定め，何をめざして設計されているのかを理解しておくことにしたい。小学校教育の目的は端的に「心身の発達に応じて，義務教育として行われる普通教育のうち基礎的なものを施すことを目的とする」と

学校教育法第29条において定められているが，この目的を実現するために，以下にあげる10の目標が〔義務教育として行われる普通教育の目標〕として掲げられている（学校教育法第21条）。ここではその要点のみ列挙しておく。

①学校内外における社会的活動を促進し，主体的に社会の形成に参画し，その発展に寄与する態度を養うこと。
②学校内外における自然体験活動を促進し，生命及び自然を尊重する精神並びに環境の保全に寄与する態度を養うこと。
③伝統と文化を尊重し，我が国と郷土を愛する態度を養うとともに，他国を尊重し，国際社会の平和と発展に寄与する態度を養うこと。
④衣，食，住，情報，産業等について基礎的な理解と技能を養うこと。
⑤国語を正しく理解し，使用する基礎的な能力を養うこと。
⑥数量的な関係を正しく理解し，処理する基礎的な能力を養うこと。
⑦自然現象について，科学的に理解し，処理する基礎的な能力を養うこと。
⑧健康，安全で幸福な生活のために必要な習慣を養うとともに，運動を通じて体力を養い，心身の調和的発達を図ること。
⑨音楽，美術，文芸その他の芸術について基礎的な理解と技能を養うこと。
⑩職業についての基礎的な知識と技能，勤労を重んずる態度及び個性に応じて将来の進路を選択する能力を養うこと。

2．「社会に開かれた教育課程」を実現する：資質・能力の育成をめざす「主体的・対話的で深い学び」，カリキュラム・マネジメント

さて，学校教育法において掲げられた目的・目標を達成するために，各学校が教育課程編成とその具体的な実施に際して基準とすべきものが学習指導要領である。

改訂された学習指導要領（2017年版）では，「社会に開かれた教育課程」の実現が掲げられている。そこでは，変化の激しい現代社会にあって，子どもたちが新しい時代に求められる資質・能力をはぐくむことがめざされている。学習指導要領は，学校，家庭，地域の関係者が幅広く共有し活用できる「学びの地図」として位置づけられるのだ。

2005年の中央教育審議会答申（「我が国の高等教育の将来像」）に示されている通り，21世紀は「知識基盤社会（knowledge-based society）」の時代である。新しい知識や技術，情報が社会のあらゆる場面で重要となり，グローバル化の進行と絶え

ざる技術革新により，私たちは幅広い知識と柔軟な思考を土台とした判断が求められることになる。そこで，学習指導要領（2017年版）では，児童が「何ができるようになるか」が重視されており，学校教育を通じて育成されるべき資質・能力が「知識及び技能」，「思考力，判断力，表現力等」，「学びに向かう力，人間性等」に整理され，それらを子どもたちがバランスよく身に付けてゆくことがめざされている。これらの資質・能力の育成にあたっては，「主体的・対話的で深い学び」の実現が求められることとなり，次の3つの視点に立って授業改善を行ってゆかねばならない。

①学ぶことに興味や関心を持ち，自己のキャリア形成の方向性と関連付けながら，見通しを持って粘り強く取り組み，自己の学習活動を振り返って次に繋げる「主体的な学び」が実現できているか。
②子ども同士の協働，教職員や地域の人との対話，先哲の考え方を手がかりに考えること等を通じ，自己の考えを広げ深める「対話的な学び」が実現できているか。
③習得・活用・探究という学びの過程の中で，各教科等の特質に応じた「見方・考え方」を働かせながら，知識を相互に関連付けてより深く理解したり，情報を精査して考えを形成したり，問題を見いだして解決策を考えたり，思いや考えを基に創造したりすることに向かう「深い学び」が実現できているか。

さらに，教育課程に基づく教育活動を効果的に行うべく，組織運営を行っていくことも重要となる（カリキュラム・マネジメント）。

①児童や学校，地域の実態を適切に把握し，教育の目的や目標の実現に必要な教育の内容等を教科等横断的な視点で組み立てていくこと
②教育課程の実施状況を評価してその改善を図っていくこと
③教育課程の実施に必要な人的又は物的な体制を確保するとともにその改善を図っていくこと

などを通して，教育課程に基づき組織的かつ計画的に各学校の教育活動の質の向上を図っていくことが必要なのだ。

2節　小学校教育課程の実際

1. 小学校の教育課程について

（1）小学校教育課程の編成領域

　次に小学校教育課程の編成領域を確認しておくことにしよう。小学校の教育課程の編成は「学校教育法施行規則（第50条）」（2016年3月に部分改正）に基づき，各教科，道徳科，外国語活動，総合的な学習の時間，特別活動の各領域で編成されることとなっている。なお，道徳は教科外活動（領域）として扱われてきたが，2015（平成27）年3月に省令の学校教育法施行規則の改正により「特別の教科　道徳」（以下，道徳科）に改められ，教科へ組み入れられることになった。小学校では2018（平成30）年度より実施されている。中学校では2019（平成31）年度から完全実施される。また，2017（平成29）年の学習指導要領改訂により，小学校高学年において，外国語を教科として導入することが決まった。小学校における外国語活動の導入に際しては，背景としてグローバル化の急速な進行，国際競争の加速，異文化同士の共存や持続可能な発展に向けての国際協力の必要性の高まりなどの状況があげられる。こうした背景をふまえて，小学校段階から外国語にふれ，コミュニケーション能力を育成することが求められているのである。

　また，教育課程は，顕在的カリキュラム（manifest curriculum）と隠れたカリキュラム（hidden curriculum）に大別することができる（第1章1節参照）。小学校教育段階においては，顕在的カリキュラムのみならず，教師からの無意識的な働きかけに基づく隠れたカリキュラムも子どもたちにとってきわめて重要な意味を持つ。

（2）授業時数について

　先に示した教育課程の編成領域について，教育課程を編成するにあたっては授業時数に留意する必要がある。

　授業時数に関しては，小学校学習指導要領総則（第3の（2）「授業時数等の取扱い」）において，表5-1のように定められており，年間の授業週数は年間週35週（第1学年については34週）以上と決められている。表5-1中の総授業時数が第1学年は34の倍数，第2学年から第6学年は35の倍数になっていることに注目してほしい。

なお，総則第3の2において特別活動については次のように定められている。「特別活動の授業のうち，児童会活動，クラブ活動及び学校行事については，それらの内容に応じ，年間，学期ごと，月ごとなどに適切な授業時数を充てるものとする」。つまり，児童会活動，クラブ活動，学校行事については授業時数に具体的な制限はない。これらの活動については，全国一律に授業時数を規定するのに適してはいないので，学校ごとに特色を持たせて，学校の実態に合わせて授業時数を定める必要がある。

表5-1　小学校教育課程における授業時数（小学校学習指導要領，2017）

区　　　分		第1学年	第2学年	第3学年	第4学年	第5学年	第6学年
各教科の授業時数	国　語	306	315	245	245	175	175
	社　会			70	90	100	105
	算　数	136	175	175	175	175	175
	理　科			90	105	105	105
	生　活	102	105				
	音　楽	68	70	60	60	50	50
	図画工作	68	70	60	60	50	50
	家　庭					60	55
	体　育	102	105	105	105	90	90
	外 国 語					70	70
特別の教科である道徳の授業時数		34	35	35	35	35	35
外国語活動の授業時数				35	35		
総合的な学習の時間の授業時数				70	70	70	70
特別活動の授業時数		34	35	35	35	35	35
総授業時数		850	910	980	1015	1015	1015

備考
一　この表の授業時数の一単位時間は，四十五分とする。
二　特別活動の授業時数は，小学校学習指導要領で定める学級活動（学校給食に係るものを除く。）に充てるものとする。
三　第五十条第二校の場合において，特別の教科である道徳のほかに宗教を加えるときは，宗教の授業時数をもってこの表の特別の教科である道徳の授業時数の一部に代えることができる。（別表第二及び別表第四の場合においても同様とする）

(3) 授業の1単位時間について

さて，授業の1単位時間については，学校教育法において「1単位時間は，45分とする」と定められている。だが，小学校学習指導要領総則第2の（2）において「各教科等のそれぞれの授業の1単位時間は，各学校において，各教科等の年間授業時数を確保しつつ，児童の発達の段階及び各教科等や学習活動の特質を考慮して適切に定めること」と記されている。つまり，これら2つの記述を総合的に読み解くならば，1単位時間を45分とした年間授業時数を確保できていれば，授業の1単位時間を学校側が決めることが許されているということである。この点については，「15分の短時間を活用した授業や，45分と15分の組み合わせによる60分授業など，児童の発達の段階及び学習内容に応じて特定の教科等の指導を行う場合には，教師が単元や題材など内容や時間のまとまりを見通した中で，その指導内容の決定や指導の成果の把握と活用等を行う校内体制が整備されているときは，当該時間を当該教科等の年間授業時数に含めることができる」としている（文部科学省，2017）。

2．指導計画について

(1) 指導計画とは何か

教育課程を具体的に編成するにあたって必要となるのが指導計画である。指導計画とは，各学校で学年ごと，学級ごとに指導目標，指導内容，指導方法，使用教材，指導の時間配当などを具体的に定めたものである。なお，指導計画作成にあたっての配慮事項については，小学校学習指導要領第3章第2の（3）に次のように示されている。

- ア 各教科等の指導内容については，単元や題材など内容や時間のまとまりを見通しながら，そのまとめ方や重点の置き方に適切な工夫を加え，第3の1に示す主体的・対話的で深い学びの実現に向けた授業改善を通して資質・能力を育む効果的な指導ができるようにすること。
- イ 各教科等及び各学年相互間の関連を図り，系統的，発展的な指導ができるようにすること。
- ウ 学年の内容を2学年まとめて示した教科及び外国語活動については，当該学年間を見通して，児童や学校，地域の実態に応じ，児童の発達の段階を考慮しつつ，効果的，段階的に指導するようにすること。
- エ 児童の実態等を考慮し，指導の効果を高めるため，児童の発達の段階や指導

内容の関連性等を踏まえつつ，合科的・関連的な指導を進めること。

　エの「合科的」という表現について補足しておくならば，これは1998年の教育課程審議会答申での「低学年においては生活科を中核とした合科的・関連的な指導を一層推進するとともに，中学年以上においても合科的・関連的な指導」を求めるとの記述を受けて記されたものといえる。すなわち，「合科的」な指導とは，複数の教科を統合して各教科を関連させながら児童を全人的に育成する指導法であるが，小学校低学年では「生活科」を基盤とした指導を行うことが求められる。これは幼児教育段階から初等教育段階に進んだ児童に対して，突然，各教科に学習内容を分けて指導するのではなく，徐々に児童を系統的な学習に慣れさせようという意図が込められている。

3．教科等を横断して改善すべき事項

(1) 道徳教育について

　2015年（平成27年）3月における，学校教育法施行規則の一部を改正する省令および道徳教育に係わる小学校・中学校の学習指導要領の一部を改正する告示によって，「特別の教科　道徳（道徳科）」の設置が決定した。道徳教育はこれを要として学校の教育活動全体を通じて行うものであり，各教科，外国語活動，総合的な学習の時間および特別活動のそれぞれの特質に応じて，指導が行われるべきものである。

　また，道徳教育推進教師を中心としてチームを組織し，協働的な指導体制の下で道徳教育が行われる必要がある。道徳科の授業は児童・生徒が自ら考え，対話し，自己の生き方を深めることがめざされるべきである。

　道徳科における評価については，児童・生徒の学習状況や道徳性に関わる成長の様子を継続的に把握し，指導に生かすよう努める必要があると述べられており，数値などによる評価は行わないと規定されている。道徳科の評価は，個々の児童生徒の道徳性に関わる成長を促すとともに，学校における指導の改善を図ることを目的としており，他者と比較するためのものではないことが強調されているのだ。

(2) 情報活用能力の育成について

　小学校学習指導要領総則第3章第3節では，「各学校において，コンピュータや情報通信ネットワークなどの情報手段を活用するために必要な環境を整え，これらを適切に活用した学習活動の充実を図ること。また，各種の統計資料や新聞，視聴

覚教材や教育機器などの教材・教具の適切な活用を図ること」と定められている。あわせて，各教科等の特質に応じて，次の学習活動を計画的に実施するよう示されている。

　ア　児童がコンピュータで文字を入力するなどの学習の基盤として必要となる情報手段の基本的な操作を習得するための学習活動
　イ　児童がプログラミングを体験しながら，コンピュータに意図した処理を行わせるために必要な論理的思考力を身に付けるための学習活動

　小学生のスマートフォンの所有率が29.9％（内閣府，2018）となっている現代の状況において，小学生段階から情報教育を徹底していく必要がある。とりわけ，「ネットいじめ」（インターネット上のいじめのこと）とよばれる新たなタイプのいじめが深刻化している状況を受けて，小学生段階から情報モラルを身に付けることが求められているのである。
　また情報化が進む現代において，ICT（Information and Communication Technology）を活用した実践も学校現場において推進されている（反転学習や協働学習など）。ICT を活用し，画像や動画などの視覚的な教材を用いることで，児童の興味関心が引き起こされ，意欲的に学習に望むことができたり，電子黒板に児童の考えを一覧として表示することで自分の考えと他者の考えの比較が容易になったりするなどの効果が報告されている（文部科学省，2014）。
　とりわけ，タブレット PC を用いた実践については，特別支援教育において成果が出ているといわれている。例えば，発達障害のある子どもたちへの指導を充実させるために ICT を活用することで，子どもたちの情報収集の幅が広がったり，気持ちを他者に伝えやすくなったりする効果が期待できるというのである（文部科学省，2013）。
　さらに学習指導要領では，各教科等においてプログラミング教育を行うことが示されている。プログラミング教育を通じて，子どものうちに「プログラミング的思考」をはぐくむことがめざされているのだ。小学校段階におけるプログラミング教育で育成が図られる資質・能力は以下の通りである。

【知識・技能】
　身近な生活でコンピュータが活用されていることや，問題の解決には必要な手順

があることに気付くこと。
【思考力・判断力・表現力等】
　発達の段階に即して,「プログラミング的思考」を育成すること。
【学びに向かう力・人間性等】
　発達の段階に即して，コンピュータの働きを，よりよい人生や社会づくりに生かそうとする態度を涵養すること。

　「小学校段階におけるプログラミング教育の在り方について」(2016年)によれば，各教科の中でプログラミング教育を行うべく様々な例が提示されている。例えば，理科の授業において，電気製品にはプログラムが活用され条件に応じて動作していることに気づく学びを行ったり，音楽の授業において，創作用のICTツールを活用しながら，音の長さや高さの組み合わせなどを試行錯誤し，音楽をつくる学びを行うなどの例があげられている。

(3) キャリア教育の充実について
　また，フリーターやニートの増加が社会問題となっている現状において，学校教育段階におけるキャリア教育が重んじられている。キャリア教育とは，「一人一人の社会的・職業的自立に向け，必要な基盤となる能力や態度を育てることを通して，キャリア発達を促す教育」とされているのだが，現代においてキャリア教育は中学・高校段階での課題ではなく，小学校段階から取り組むべきものと見なされている。文部科学省が2006年に示した「小学校・中学校・高等学校　キャリア教育推進の手引き」では，小学校段階におけるキャリア教育が図5-1のようなイメージで図式化されている。そして小学校教育においては，とりわけ道徳の時間，総合的な学習の時間，特別活動などにおいて，社会性を育成したり，自己の生き方に関する認識を深めてゆくことが求められている。

(4) 食育について
　さらに，現代においては子どもの食生活が乱れる(「個食」や「孤食」など)ことで，健康に対する悪影響が懸念されている。すなわち，食習慣及び基本的な生活習慣が身に付いていないことが問題視されている。そうした状況を踏まえて，現在「食育」の重要性が叫ばれているのである。では「食育」とは何か。食育基本法では「食育は，食に関する適切な判断力を養い，生涯にわたって健全な食生活を実現

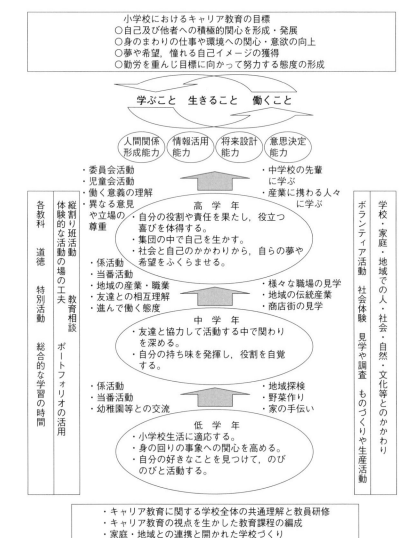

図5-1 小学校段階におけるキャリア教育 (文部科学省, 2006)

することにより，国民の心身の健康の増進と豊かな人間形成に資することを旨として，行われなければならない」(第1章総則第2条) とされている。そしてとりわけ小学校段階における「食育」に関しては，子どもが食についての正しい知識を身に付け，望ましい食習慣を実践することが必要とされている。そこで給食の時間をはじめ，各教科，総合的な学習の時間等において食育指導が行われることが求められているのである。

こうした流れと呼応する形で「食育」についてユニークな実践も広がりつつある。ここではその一例として「弁当の日」(竹下和男氏が考案) の実践について紹介しておく。「弁当の日」とは，子どもが自分で弁当をつくり，それを学校に持参して食べるという実践である。小学校5,6年生を対象としたこの実践では，家庭科の授業で弁当をつくるのに必要な知識・技術があらかじめ児童に教えてられており，子どもたちは親の助けを借りることなく自力で弁当をつくることがきまりとなっている。献立，買出し，調理，弁当箱詰め，かたづけすべてを子ども1人で行うのだ。こうした「弁当の日」の実践は食に対する興味関心，そして感謝の気持ちを子どもたちのうちにはぐくむ実践として全国的に広がりをみせている (実践校は全国で1,000校を超える)。

3節　幼小連携，小中連携，小中一貫教育について

1．幼小連携について

次に学校種間の連携についてみていくことにしよう。小学校教育課程のあり方を考えるためには，小学校教育課程のみならず，その前後の教育課程 (幼稚園教育課程と中学校教育課程) との連関を視野に入れる必要がある。というのも，現在，学校種間の接続をスムーズにすることが課題となっているからである。そこで，ここではまずはじめに幼小の連携についてみていくことにする。幼稚園教育要領 (2018 (平成30) 年) には，第1章第3節において「幼稚園教育において育まれた資質・能力を踏まえ，小学校教育が円滑に行われるよう，小学校の教師との意見交換や合同の研究の機会などを設け，「幼児期の終わりまでに育ってほしい姿」を共有するなど連携を図り，幼稚園教育と小学校教育との円滑な接続を図るよう努めるものとする」と記されており，また，小学校学習指導要領においても，第3章第2節で「特に，小学校入学当初においては，幼児期において自発的な活動としての遊びを

通して育まれてきたことが，各教科等における学習に円滑に接続されるよう，生活科を中心に，合科的・関連的な指導や弾力的な時間割の設定など，指導の工夫や指導計画の作成を行うこと」と記されている。

　こうした幼小連携促進の背景の1つに，現在，小学校現場で問題視されている「小1プロブレム」があげられる。これは，小学校入学直後に小学生になったばかりの子どもが教師の話を聞けなかったり，集団行動がとれずに授業を妨害したりする状態を指す。例えば，幼稚園は一日を単位として生活が展開してゆくが，小学校では基本的に45分を単位として生活が展開してゆく。また，幼稚園では遊びを中心としているが，小学校は座学を中心としている。こうした生活リズムの変化，環境の変化に順応できずに問題行動をとる子が増加しているのである。そのような状況を受け，幼稚園と小学校が連携し，一貫した流れの中で教育を営んでいくことが必要とされているのである。つまり，幼稚園・小学校のおのおのが固有の課題を持ちつつ，大局的な流れの中で相互に連携していくことが求められる。幼小が連携することで，それぞれの教員が交流の場を持つこととなり，相乗効果がもたらされるのである。

　このような状況において，文部科学省と厚生労働省は2009年3月に「保育所や幼稚園等と小学校における連携事例集」を公開し，11の事例を示した。その事例の1つ，滋賀県大津市を中心として行われている「5・5交流」の事例は，幼稚園・保育所の5歳児と小学校5年生が交流する場を設けるという試みで，次年度に向けて，5歳児には「小学校入学への期待」を，5年生には「最上級生としての自覚」をはぐくむことがめざされ，成果を上げている。また，文部科学省は小学校入学直後の児童を対象として「スタートカリキュラム」を実施することを求めている。「スタートカリキュラム」とは，小学校入学直後の児童が小学校生活にスムーズに適応していけるよう配慮して編成されたカリキュラムのことである。具体的には「生活科」を中心として，国語，音楽，図工などの活動を取り入れつつ，合科的に他教科の学びへと子どもたちを導いたり，子どもの集中できる時間に合わせて授業時間を15分，20分などの単位に切りわけたり，低学年を複数担任制，あるいは少人数学級にするといった取り組みがなされている。

2．小中連携・小中一貫教育について

　先に幼稚園から小学校へと移行するにあたって「小1プロブレム」が問題化していると述べたが，小学校から中学校へと移行するにあたっては「中1ギャップ」が

問題となっている。つまり，2つの移行期それぞれに大きな段差が生じているということになる。「中1ギャップ」とは，中学校に入学した生徒が中学校の学習内容や生活リズムになじむことができず，結果としていじめや不登校などの問題行動を招いてしまう現象である。

　こうした「中1ギャップ」の解消に加えて9年間を見通した教育課程の編成を図るべく，現在，小中連携，小中一貫教育の必要性が高まっている。小中連携については，全国の学校，市町村において独自の取り組みが進められているのだが，例えば，小・中学校の教員が合同研修会を開催したり，互いの授業を見学しあうといった活動がなされている。2012年の中央教育審議会初等中等教育分科会の「小中連携，一貫教育に関するおもな意見等の整理」によれば，小中連携を推進することで，校種間の情報交換により問題行動の減少に繋がったり，特別な支援が必要な児童や家庭についての情報を共有することができたと報告されている。さらには小中連携により，小中それぞれのPTA活動や地域での行事が共同で進められ，地域の連帯感が強まり，学校への協力体制の強化にも繋がったとされている。

　次に小中一貫教育についてだが，小中一貫教育の要請は現在の新自由主義的な教育改革の流れとも呼応している。新自由主義とは，市場（自由競争）を活用することで経済発展を促そうとする政策方針であるのだが，その方針が教育改革においても基底となっているのである。新自由主義に基づく教育改革においては，教育をサービスととらえ，選択肢を増やし，その選択肢の中で互いに競い合わせることにより，全体的にサービスを向上させることがめざされている。2012年末に誕生した安倍政権下では「教育再生実行会議」が発足し，現在の6・3制を見直して9年間一貫した「義務教育学校」制度の法律が2015（平成27）年，国会で成立した。2016（平成28）年4月から，現行の小・中学校に加え，小学校から中学校までの義務教育を一貫して行う「義務教育学校」が新たに加えられた。また，学校選択制や「中等教育学校」という学校種の登場などもこうした流れのもとでのことである。

　以上みてきたように，小学校の教育課程は現在大きな転機を迎えており，その状況は今後，刻一刻と変わっていくだろう。私たちはそうした動向に常に目を向け，状況に対応していくことが求められている。

オルタナティブ教育における教育課程
シュタイナー教育の事例

　本コラムでは私たちの常識を突き崩すような一風変わった教育(オルタナティブ教育)について紹介する。オルタナティブ教育とは従来の学校教育の枠に捉われない「もう1つの教育」を指すものであるが,ここでは特に,オルタナティブ教育の代表格であるシュタイナー教育について取り上げることにする。シュタイナー教育とは,思想家であるシュタイナー(Steiner, R. 1861-1925年)が提唱した教育で,彼の教育思想に基づくシュタイナー学校(ヴァルドルフ学校)では独特の教育実践が行われている。近年,シュタイナー学校は世界規模(ヨーロッパ,北米,中近東,アジア,アフリカ,中南米,オーストラリアなど)で急増しており,その数は世界60か国で1000校を数える。

　さて,そうしたシュタイナー学校のカリキュラムの柱となるのが,エポック授業である。エポック授業とは午前中の約100分間,同じ1つの科目を集中的に3〜4週間学び続ける授業である(ただし,体育,音楽,外国語などはエポック授業の対象にならない。それらの科目は毎日少しずつ学ぶ)。例えば国語のエポックの期間に理科や算数を学ぶことはない。3〜4週間,1つの教科をじっくりと学ぶのである。1つのエポックが終わったら次のエポックへ,そのエポックが終わったらさらに次のエポックへと学習が展開してゆく。このカリキュラムだと,例えば国語のエポックが終わった後,次にまた国語のエポックが回ってくるのは数か月後ということになる。また,シュタイナー学校では教科書を使用しない。指定された教科書はなく,エポックノート(エポック授業で使用されるノート)が教科書代わりとなる。つまり,子どもたち自身が授業中,自らの手で教科書をつくってゆくのである。こうしたシュタイナーのカリキュラムを支えるのが8年間一貫担任制である。シュタイナー学校では,1年生から8年生まで,同じ1人の教師がクラスの子どもたちを一貫して担当する。その期間担任が変わることはない。同じ教師が連続してエポック授業を担当することで初めて,エポックの一貫性が重要な意味を持つのである。

　世界にはシュタイナー教育以外にも私たちの常識的な学校イメージを超える教育が数多く存在する。現代日本の教育を相対化し,その本質を問い直すためにも世界のユニークな教育カリキュラムに目を向けてみてほしい。

中学校学習指導要領と教育課程編成の実際

1節 「学びの地図」という道しるべ

　これからのわが国は，人口減少，グローバル化の進展や技術革新（AIの進化）等による社会構造等の急速な変化により，予測が困難な時代になると考えられている。そのため，厳しい挑戦の時代を迎えると予想されているが，その際に重要かつ求められる大切な能力は，人間のもつ思考力や判断力である。

　また，学校教育の中では，子どもたちが様々な変化に向き合い，積極的に他者と協働して課題解決をすること，いろいろな情報を見極め知識の概念的な理解を実現して情報を再構成するなどして新たな価値につなげていくこと，複雑な状況変化の中で目的を再構築できるようにすることなどが重要になると考えれられている。

　こうした状況から，学習指導要領では，子どもたちが未来社会を切り拓くために必要な「社会に開かれた教育課程」が重視されることになる。この「社会に開かれた教育課程」を実現させるためには，よりよい学校教育を通じてよりよい社会をつくるという目標を共有し，社会と連携・協働しながら，未来のつくり手となるために必要な資質・能力を育成していくことが求められている（図6-1）。

　これからの教育課程は，学習指導要領の理念のもと，学校が創意工夫を行い，子どもたちの多様で質の高い学びを引き出すため，学校教育を通じて子どもたちが身に付けるべき内容の全体像をわかりやすく見渡せる「学びの地図」として，教科等や学校段階を超えて教育関係者間で共有したり，子ども自身が学びの意義を自覚する手がかりを見いだしたり，家庭や地域，社会の関係者が幅広く活用したりできるものとしていくことが重要である。

　こうしたことにより，教育課程が，学校と社会との接点となり，さらには，子どもたちの成長を通じて過去，現在，未来をつなぐ役割を果たしていくことが期待されている。

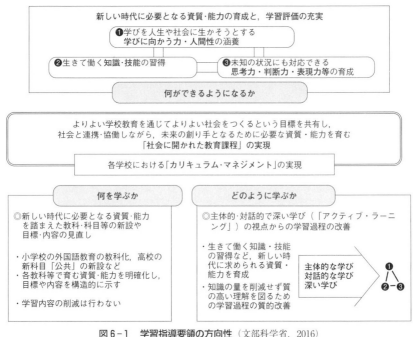

図 6-1　学習指導要領の方向性（文部科学省，2016）

2節　中学校の目的と中学校教育の目標（義務教育学校を含む）

　中学校教育は，義務教育9年間の仕上げの期間であり，小学校教育をより深化させ，学力の定着や人格形成の基礎を作る大切な3年間である。

　教育基本法（第5条第2項）に，義務教育として行われる普通教育の目的は，「各個人の有する能力を伸ばしつつ社会において自立的に生きる基礎を培い，また，国家及び社会の形成者として必要とされる基本的な資質を養うこと」と明記されている。

　また，この目的を実現するため，学校教育法第21条の中で，義務教育として行われる普通教育の目標①〜⑩（巻末付録❻参照）を達成するように求めている。

　教育基本法の目標とこれらの目的から，学校教育法では，中学校の目的と中学校教育の目標を，次のように明記している（義務教育学校もほぼ同様）。

〈中学校の目的〉（学校教育法第45条）
　中学校は，小学校における教育の基礎の上に，心身の発達に応じて，義務教育として行われる普通教育を施すことを目的とする。
〈中学校教育の目標〉（学校教育法第46条）
　中学校における教育は，前条に規定する目的を実現するため，第21条各号に掲げる目標を達成するよう行われるものとする。

　小学校教育と中学校教育及び義務教育学校での目標①〜⑩は同じだが，小学校と中学校及び高等学校の取り組み方の違いを「キャリア発達」の視点から考えてみよう。発達段階に応じたキャリア発達の課題の一覧表（表6-1）からわかるように，12年間という長期的な視点に立って，児童生徒の発達段階を理解し，学校間の連携を行うことが大切である。目標が同じでも心身の発達に応じて課題が異なるので，発達段階に応じたきめ細やかな取り組みが極めて重要になってくることは言うまでもない。

表6-1　発達段階に応じたキャリア発達の課題の一覧表（文部科学省，2006）

小学校・中学校・高等学校におけるキャリア発達		
小学校	中学校	高等学校
進路の探索・選択にかかる基盤形成の時期	現実的探索と暫定的選択の時期	現実的探索・試行と社会的移行準備の時期
小学校段階のキャリア発達課題	中学校段階のキャリア発達課題	高等学校段階のキャリア発達課題
・自己及び他者への積極的関心の形成・発展 ・身のまわりの仕事や環境への関心・意欲の向上 ・夢や希望，憧れる自己のイメージの獲得 ・勤労を重んじ目標に向かって努力する態度の形成	・肯定的自己理解と自己有用感の獲得 ・興味・関心等に基づく職業観，勤労観の形成 ・進路計画の立案と暫定的選択 ・生き方や進路に関する現実的探索	・自己理解の深化と自己受容 ・選択基準としての勤労観・職業観の確立 ・将来設計の立案と社会的移行の準備 ・進路の現実吟味と試行的参加

　また，表6-2からわかるように，小6から中1までの1年間の間に，実に16,261人の不登校生徒が増加している。中3から高1をみてみると，一見減少しているようにみえるが，単位制の不登校生徒の人数や中途退学者の数からみて，大きく減少しているとは言いがたい。「中1ギャップ」の問題や「高等学校での中途退学者」の問題等，取り組まなければならない課題が山積している。さらに高等学校（平成28年）において進路変更が理由の中途退学者は15,968人（41.5％）で，学校生活・

学業不適応が理由の中途退学者は19,605人（33.8％）であり、見過ごせない人数である。これらのことから、中学校教育（キャリア教育）の大切さや中学校教育の責任の重さがわかる。

表6-2　平成26〜28年度の小学校・中学校・高等学校の不登校児童生徒等の状況（文部科学省, 2016, 2017, 2018）

	小学校（平成26年）		中学校（平成27年）			高等学校（平成28年）					合計
不登校児童生徒数	小1〜小5 17,351	小6 8,515	中1 24,776	中2 36,249	中3 37,383	高1 12,275	高2 10,747	高3 7,674	高4 361	単位制 17,508	48,565
中途退学者数						15,830	10,247	3,619	250	17,303	47,249
合計人数	25,866		98,408			95,814					

　中学校教育及び義務教育学校（後期課程）は、小学校教育の基礎の上に立ち、心身の発達に応じて深化させながら義務教育として行われる普通教育の目標の達成に努めなければならない。また、高等学校では、中学校における教育の基礎（巻末付録❻の10項目参照）の上に立ち、これらを継承しながらさらに発展させていくことになる（巻末付録❼の学校教育法第50条，学校の目的）。つまり、中学校教育は、初等普通教育を受け継ぎ、それを後期中等学校としての高校教育及び専門教育につなげていくという大きな役割を担っているわけである。

3節　中学校教育における教育課程編成の基本的な考え方

　小学校教育及び中学校教育における教育課程（カリキュラム）の編成においては、教育基本法、学校教育法及び学習指導要領等の法令に従い、地域や学校の実態及び生徒の心身の発達の段階や特性、さらに保護者の要望等を十分考慮して編成する必要がある。また学校長を中心に校内で十分審議してカリキュラムを作成し、学習指導要領等が掲げる目標を達成するための教育を実践していく必要がある。

　特に教育課程編成上、学習指導要領は基準としての役割がきわめて大きく、熟知する必要がある。中学校における教育課程編成の原則は、「児童」と「生徒」という成長過程での表現の違い、発達段階に応じた内容や教科名等に違いがあるが、ほぼ小学校の原則と同じである。つまり「中学校学習指導要領の前文及び第1章総則」は「小学校学習指導要領の前文及び第1章総則」とほぼ同様な内容である。

　特に教育課程編成という意味で2017年版中学校学習指導要領の中で重要と思われ

る箇所を以下に示しておく。

〈中学校学習指導要領　前文〉
…これからの学校には，こうした教育の目的及び目標の達成を目指しつつ，一人一人の生徒が，自分のよさや可能性を認識するとともに，あらゆる他者を価値のある存在として尊重し，多様な人々と協働しながら様々な社会的変化を乗り越え，豊かな人生を切り拓き，持続可能な社会の創り手となることができるようにすることが求められる。このために必要な教育の在り方を具体化するのが，各学校において教育の内容等を組織的かつ計画的に組み立てた教育課程である。
　教育課程を通して，これからの時代に求められる教育を実現していくためには，よりよい学校教育を通してよりよい社会を創るという理念を学校と社会とが共有し，それぞれの学校において，必要な学習内容をどのように学び，どのような資質・能力を身に付けられるようにするのかを教育課程において明確にしながら，社会との連携及び協働によりその実現を図っていくという，社会に開かれた教育課程の実現が重要となる。

（中略）

　生徒が学ぶことの意義を実感できる環境を整え，一人一人の資質・能力を伸ばせるようにしていくことは，教職員をはじめとする学校関係者はもとより，家庭や地域の人々も含め，様々な立場から生徒や学校に関わる全ての大人に期待される役割である。幼児期の教育及び小学校教育の基礎の上に，高等学校以降の教育や生涯にわたる学習とのつながりを見通しながら，生徒の学習の在り方を展望していくために広く活用されるものとなることを期待して，ここに中学校学習指導要領を定める。

〈中学校学習指導要領第1章総則〉
（第1章総則の第1の3）
　2の（1）から（3）までに掲げる事項の実現を図り，豊かな創造性を備え持続可能な社会の創り手となることが期待される生徒に，生きる力を育むことを目指すに当たっては，学校教育全体並びに各教科，道徳科，総合的な学習の時間及び特別活動（以下「各教科等」という。ただし，第2の3の（2）のア及びウにおいて，特別活動については学級活動（学校給食に係るものを除く。）に限る。）の指導を通してどのような資質・能力の育成を目指すのかを明確にしながら，教育活動の充実を図るものとする。その際，生徒の発達の段階や特性等を踏まえつつ，次に掲げる

ことが偏りなく実現できるようにするものとする。
　（1）知識及び技能が習得されるようにすること。
　（2）思考力，判断力，表現力等を育成すること。
　（3）学びに向かう力，人間性等を涵養すること。

（第1章総則の第1の4）
　各学校においては，生徒や学校，地域の実態を適切に把握し，教育の目的や目標の実現に必要な教育の内容等を教科等横断的な視点で組み立てていくこと，教育課程の実施状況を評価してその改善を図っていくこと，教育課程の実施に必要な人的又は物的な体制を確保するとともにその改善を図っていくことなどを通して，教育課程に基づき組織的かつ計画的に各学校の教育活動の質の向上を図っていくこと（以下「カリキュラム・マネジメント」という。）に努めるものとする。

（第1章総則の第2の3の（2）のウの（イ））
　各教科等の特質に応じ，10分から15分程度の短い時間を活用して特定の教科等の指導を行う場合において，当該教科等を担当する教師が，単元や題材など内容や時間のまとまりを見通した中で，その指導内容の決定や指導の成果の把握と活用等を責任を持って行う体制が整備されているときは，その時間を当該教科等の年間授業時数に含めることができること。

（第1章総則の第2の3の（2）のエ）
　総合的な学習の時間における学習活動により，特別活動の学校行事に掲げる各行事の実施と同様の成果が期待できる場合においては，総合的な学習の時間における学習活動をもって相当する特別活動の学校行事に掲げる各行事の実施に替えることができる。

（第1章総則の第2の4の（1））
　小学校学習指導要領を踏まえ，小学校教育までの学習の成果が中学校教育に円滑に接続され，義務教育段階の終わりまでに育成することを目指す資質・能力を，生徒が確実に身に付けることができるよう工夫すること。特に，義務教育学校，小学校連携型中学校及び小学校併設型中学校においては，義務教育9年間を見通した計画的かつ継続的な教育課程を編成すること。

(第1章総則の第2の4の(2))
　高等学校学習指導要領を踏まえ，高等学校教育及びその後の教育との円滑な接続が可能となるよう工夫すること。特に，中等教育学校，連携型中学校及び併設型中学校においては，中等教育6年間を見通した計画的かつ継続的な教育課程を編成すること。

(第1章総則の第4の1の(1))
　学習や生活の基盤として，教師と生徒との信頼関係及び生徒相互のよりよい人間関係を育てるため，日頃から学級経営の充実を図ること。また，主に集団の場面で必要な指導や援助を行うガイダンスと，個々の生徒の多様な実態を踏まえ，一人一人が抱える課題に個別に対応した指導を行うカウンセリングの双方により，生徒の発達を支援すること。

(第1章総則の第4の1の(2))
　生徒が，自己の存在感を実感しながら，よりよい人間関係を形成し，有意義で充実した学校生活を送る中で，現在及び将来における自己実現を図っていくことができるよう，生徒理解を深め，学習指導と関連付けながら，生徒指導の充実を図ること。

　学習指導要領は，知・徳・体にわたる「生きる力」(図6-2)を子どもたちに育むため，「何のために学ぶのか」という学習の意義を共有しながらすべての教科を「知識及び技能」，「思考力，判断力，表現力等」，「学びに向かう力，人間性等」という「資質・能力の3つの柱」(図6-1)という考え方で再整理している。以下，学習指導要領のポイントを紹介する。

　①教育基本法等を踏まえた学習指導要領改訂の実施
　　教育基本法等において，公共の精神，生命や自然を尊重する態度，伝統や文化を尊重し，わが国と郷土を愛するとともに，国際社会の平和と発展に寄与する態度を養うことなどが，教育の目標として新たに規定されたことを踏まえ，各教科等の教育内容が改善された。
　②「生きる力」という理念の共有
　　「生きる力」をはぐくむことの必要性やその内容の共有及び保護者等への積極的な情報発信が必要である。

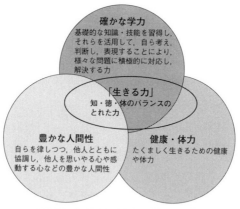

図6-2　生きる力（文部科学省，2008）

③基礎的・基本的な知識・技能を習得

　指導内容の増加は，社会的自立の観点から必要な知識・技能や学年間で反復することが効果的な知識・技能等に限ることが適当である。

④思考力・判断力・表現力等の育成

　思考力・判断力・表現力をはぐくむためには，観察・実験，レポートの作成，論述など知識・技能を活用する学習活動を発達の段階に応じて充実させる必要がある。

⑤確かな学力を確立するために必要な授業時数の確保

　基礎的・基本的な知識・技能の習得とともに，それらを活用する学習活動を充実することができるよう，3年間で国語（＋35），社会（＋55），数学（＋70），理科（＋95），保健体育（＋105），外国語（＋105）と授業時間数を大幅に増加させている（ただし，旧学習指導要領から変わっていない）。

⑥「学びに向かう力」と人間性の育成

・どのように社会・世界と関わり，よりよい人生を送るか」を着地点とする。
・つまずきやすい内容をはじめとした基礎的・基本的な知識・技能の確実な定着を図り，わかる喜びを実感させることが重要である。
・体験的な学習やキャリア教育などを通じ，学ぶ意義を認識することが必要である。

⑦豊かな心や健やかな体の育成のための指導の充実

・国語をはじめとする言語の能力の重視や体験活動の充実により，他者，社会，

自然・環境と関わるなかで，これらとともに生きる自分への自信をもたせる必要がある。
- 基本的な生活習慣を確立させるとともに，社会生活を送る上で人間としてもつべき最低限の規範意識を身に付けさせる観点から，道徳教育の改善・充実が必要である。
- 運動を通じて体力を養うとともに，望ましい食習慣など健康的な生活習慣を形成することが必要である。

さらに，教育内容に関する2017年版の学習指導要領のおもな改善事項は以下の通りである。

- 主体的・対話的で深い学びの視点からの学習過程の改善を行う。
- 知的活動（論理や思考）やコミュニケーション，感性・情緒の基盤である言語活動を充実させる。
- 近年の学術研究や科学技術の世界的な競争の激化の中で，理数教育の質・量両面を充実させる。また，知識・技能の定着のための繰り返し学習や，思考力や表現力等の育成のための観察・実験，レポートの作成や論述などを行うために必要な時間を確保させる。
- 国際社会で活躍する日本人の育成を図るため，我が国や郷土の伝統や文化を受け止め，それを継承・発展させるための教育を充実させる。
- 基本的な生活習慣や最低限の規範意識，自分への信頼感や思いやりなどの道徳性を養い，法やルールの意義や遵守について理解し，主体的に判断し，適切に行動できる人間を育てるために，道徳教育を充実させる。
- 子ども達の社会性や豊かな人間性をはぐくむために職場体験等の体験活動を充実させる。
- 社会の変化への対応の観点から教科等を横断して，情報教育，環境教育，ものづくり，キャリア教育，食育，安全教育，心身の成長発達についての正しい理解などを改善させる。

4節　「学校教育目標」の具現化

学習指導要領等から設定されるのが「学校教育目標」（学校教育目標具現化の重

点）である（図6-3）。

　各学校で設定される「学校教育目標」はその学校の基本となる指標で，これは長期的な「教育目標・校訓」，中期的な「生徒像」「教師像」「学校像」及び短期的な「学校教育の重点目標」等から成り立っている。また個々の中学校の地域性，生徒の実態，保護者の期待や願いを考慮した独自の取り組みが必要になってくる。この「学校教育目標」から各学年の学年経営案や学級経営案，「総務」「教務」「生徒指導」「研修」各部や各係の具体的な運営方針や年間運営計画等が提案されていく。

　以下，A中学校の実践例で説明する（図6-3）。

　図6-3の「学校教育の重点目標」は「学校教育目標」を具現化させる重要な目標である。以下，めざす生徒像と具体的な重点目標の例である。学習指導要領の方針を具現化していることがよくわかる。

〈めざす生徒像〉
・他人のよさに気づき，人を愛する生徒
・切磋琢磨し，豊かな知性を身に付けた生徒
・礼節を重んじ，慈しみの心を持った生徒
・基本的な生活習慣を身に付けた生徒

〈学校教育の重点目標〉
①確かな学力の育成（学力の向上）
・基礎的・基本的な内容の確実な定着を図り，個性を生かす教育の充実に努める。
・生徒の興味・関心を生かし，自主的，自発的な学習ができるようにする。

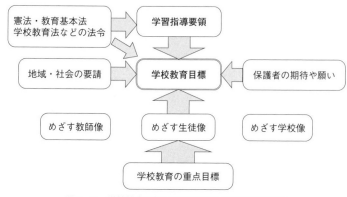

図6-3　学校教育目標具現化の重点（学校教育目標）

- 各教科の指導にあたっては，生徒が学習内容を確実に身に付けることができるよう，生徒の実態に応じ，指導方法や指導体制を工夫改善し，個に応じた指導の充実を図る。
- 生徒のよい点や進歩の状況等を積極的に評価する。また指導の過程や成果を評価し，指導の改善を行い，学習意欲の向上につながるようにする。

②豊かな心の育成（人権教育の推進等）
- 人間尊重の精神と生命に対する畏敬の念を家庭，学校，地域における具体的な生活の中に生かす。
- 生徒が学校や学級での生活によりよく適応するとともに，現在及び将来の生き方を考え，行動する態度や能力を育成する。
- 障がいのある生徒等については，生徒の実態に応じ，指導内容や指導方法を工夫し，教師間の連携に努め，効果的な指導を行う。
- 開かれた学校経営を進めるため，家庭や地域社会との連携を深める。また，学校だよりを通して，学校の情報を発信する。

③健やかな健康・体力の育成（生徒指導の充実）
- 生涯を通じて健康・安全で活力ある生活を送るための基礎を培う。
- 言語活動を整え，挨拶等の生徒の言語活動が適正に行われるようにする。
- 教師と生徒の信頼関係及び生徒相互の好ましい人間関係を育てるとともに生徒理解を深める。
- 生徒会活動等を活性化させる。

④進路指導，キャリア教育の推進
- 生徒が自らの生き方を考え，主体的に進路を選択することができるようにする。
- 体験的な活動を取り入れるキャリア教育の推進を行う。
- コンピュータや図書館を積極的に活用させる。

5節 具体的な「教育計画」について

　中学校の教育課程は，各教科と道徳，総合的な学習の時間，特別活動の領域に分けられる。
　各教科とは9教科のことであり，道徳は「特別の教科　道徳」として全教育活動の中に位置づけられ，極めて重要な教科になった。また，特別活動は，中学校においては学級活動，生徒会活動，学校行事という内容で構成されている。

では，それぞれの領域について具体的な例を交えながら説明する。

1．教科活動について

教科では，習得する学習内容が決められているので，ほとんど内容の変更はできないが，学校や生徒の実態に即した授業計画を工夫する必要がある。教科活動は，学校教育のいちばん大切な教育活動なので，いろいろなアイデアを出しながら，生徒の理解が深まるように授業計画を立てなければならない。

また，計画の段階で授業時間数に少し余裕を持たせておくと，いろいろな場面に対応できる。例えば，週4時間授業で年間140時間の場合，＋3～4時間で年間計画を立てると，台風やインフルエンザ等による休校などに対応できる。最悪でも140時間を下回ることがないようにしたい。

さらに，1年次は入学式関係で3日程度，3年次は卒業式関係で10日程度授業日数が少ないので注意が必要である。学校行事が多いため授業時間確保に頭を悩ませている現状がある。ただ，なかなか割愛できない行事も多く，行事内容の見直しや

表6-3　各教科等の授業時間数（学校教育法施行規則一部改正　2017）

		第1学年	第2学年	第3学年
各教科の授業時数	国語	140	140	105
	社会	105	105	140
	数学	140	105	140
	理科	105	140	140
	音楽	45	35	35
	美術	45	35	35
	保健体育	105	105	105
	技術・家庭	70	70	35
	外国語	140	140	140
特別の教科である道徳の授業時数		35	35	35
総合的な学習の時間の授業時数		50	70	70
特別活動の授業時数		35	35	35
総授業時数		1015	1015	1015

備考
1．この表の授業時数の一単位時間は，50分とする。
2．特別活動の授業時数は，中学校学習指導要領で定める学級活動（学校給食に係るものを除く）にあてるものとする。

精選, 工夫を行うことによって授業時間の確保をしなければならない。ただ, 地域によっては夏休みを1週間短縮させたり, 1年間を前期・後期の2学期制にしたり, 月に1度土曜日に登校させたりして, 授業時間の確保に余裕を持たせることをしている。参考資料として, 中学校（表6-3）の各教科等の授業時間数の一覧表を示しておく。

2.「特別の教科　道徳」について

中学校学習指導要領第3章「特別の教科　道徳の目標」に, 以下のように示されている。

第1章総則の第1の2の（2）に示す道徳教育の目標に基づき, よりよく生きるための基盤となる道徳性を養うため, 道徳的諸価値についての理解を基に, 自己を見つめ, 物事を広い視野から多面的・多角的に考え, 人間としての生き方についての考えを深める学習を通して, 道徳的な判断力, 心情, 実践意欲と態度を育てる。

この「特別の教科　道徳の目標」の実現に向けて教育計画を作成していく。
まず, なぜ道徳を「特別の教科」として, 教科化しなければならなくなったかである。
道徳の教科化については, 10年以上前から提言されているものの, なかなか実現しなかった。それでも, 今になって教科化された背景には, 深刻ないじめ問題とそれに起因した自死の問題, 家庭・地域の教育力低下や規範意識の低下, 貧困と経済格差といった社会の変容がある。また, 現場では, 道徳教育の理念が共有されなかったり, 道徳の時間35時間の形骸化（他教科に振り替えられている実態）や教員の指導力の差（他教科と比較して軽んじられている実態）があったりしたことがその理由である。
つまり, 道徳教育は, 現代社会の様々な事件・出来事・変容などにより, これまで以上にその重要性を増している。したがって, 教育計画の作成にあたっては, 生徒や学校及び地域の実態を考慮して,「道徳教育の重点目標」を設定するとともに保護者や地域社会と連携して進めていかなければならない。
道徳に係る教育課程の改善の方策として, 次の5点が考えられる。

・目標を明確で理解しやすいものに変える。

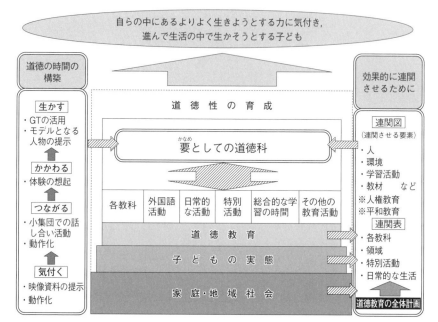

図6-4　全教育活動における道徳教育

・道徳の内容を発達の段階を踏まえた体系的なものにする。
・多様で効果的な指導法を考える。
・検定教科書を導入する（中学校は，2021年度から導入）。
・一人一人のよさを伸ばし，成長を促すための評価をする。

(中央教育審議会，2014)

　また学習指導要領解説にあるように，道徳教育は学校の教育全体を通して行い，各教科，総合的な学習の時間及び特別活動のそれぞれの特質に応じて，生徒の発達段階を考慮して，適切な指導を行わなければならない。
　道徳の時間は週1時間であるが，その時間だけでなく教育活動全体にわたって道徳性を育てる必要がある。また，道徳の時間の中に，人権教育や平和教育も組み入れて計画的に取り組むべきである（図6-4）。また，学校や生徒の実態を考慮しながら，心を育て，「生きる力」が身につく教育計画になる必要がある。
　以下に，ある学校の道徳教育の年間運営計画のうち「目標」と「活動の重点」の一部の内容を例として紹介しておこう。

図6-5　福岡市いじめゼロサミット

〈目標〉
①道徳の時間の確保を図り，充実した道徳教育を実施する。
②道徳の教材の研修を行い，よりよい道徳教育をめざす。
③人権教育の重要性を確認して人権教育を推進する。
④人権を尊重し，差別を許さない意志と行動力を持った生徒を育てる。
⑤お互いを認め合い，支え合い，きたえあう集団（学校・学級）をつくる。
⑥平和を愛し，個々の違いを認め，命を大切にする心を培う。（以下略）

〈活動の重点〉
①教師と生徒及び生徒相互間の人間的なふれあいを深め，それを基盤としながら日常生活に必要な行動の仕方を確実に身に付けるように指導する。
②学校・学級生活に関する諸問題の解決を図り，秩序ある集団を築く。
③学校行事，生徒会行事，道徳との関連を考慮し，日常の教育活動の中で道徳教育や人権教育を行う。
④人権尊重を基盤とした学級づくりを通じて，人の心の痛み，心の温かさ，優しさを共感・共有できる仲間づくりを推進する。（以下略）

○道徳教育の全市的な取り組みについて（紹介）
　福岡市では，いじめをなくす取り組みの一環として，いじめについて考える「福岡市いじめゼロサミット」を2013年度から行っている。筆者は，この事業のコーディネーターとして当初より係わってきた。（図6-5）
　この取り組みは，学級から学校全体へ，そして学校の枠を超え，地域や社会にまで広げていく取り組みである。このサミットのねらいは，①福岡市の児童生徒が主体的に企画・運営・参加する「いじめゼロサミット」を開催し，代表児童生徒によ

るシンポジウム,「福岡市いじめゼロ宣言」の採択などを通して全小中学校の児童生徒のいじめ撲滅に向けた意識を高める。②「いじめゼロサミット」を通して,広く市民を巻き込んで,いじめ撲滅の機運を高め,いじめを生まない都市をめざす,という2つになる。

　「福岡市いじめゼロ宣言」の採択を各学校に持ち帰り,道徳の時間,総合的な学習の時間などを使って,いじめのない学校・学級づくりを行っていく。道半ばではあるが,少しずつ成果がみられている。

　これまでの取り組みからみえてきたこと
・子どもたちが主体性をもって活動することで成長していくことが感じられた。また,これを継続することでさらに考えが深まっていくように思う。子ども自身に考えさせ,実行に移していくことが大事である。
・子ども・保護者・教職員が一緒になって,あるべき姿を探究していくことは喜びであり,このプロセスが大事である。
・年度を追うごとに「いじめゼロ」に向けての取組が,「主体的・対話的で深い学び」,つまり具体的なものになってきている。

　サポーターとして毎年参加している大学生は,「本番の舞台袖からみる子どもたちの堂々とした姿からは,「いじめをゼロにする」という強い意志が伝わってきた」「このようなすばらしい子どもたちが私の地元である福岡市にいて嬉しくも思うし,福岡市の大切な宝物であると思う」と感想をもらしていた。

3.「総合的な学習の時間」について

　中学校学習指導要領第4章「総合的な学習の時間の目標」に,以下のように示されている。

　　探究的な見方・考え方を働かせ,横断的・総合的な学習を行うことを通して,よりよく課題を解決し,自己の生き方を考えていくための資質・能力を次のとおり育成することを目指す。
　　①探究的な学習の過程において,課題の解決に必要な知識及び技能を身に付け,課題に関わる概念を形成し,探究的な学習のよさを理解するようにする。
　　②実社会や実生活の中から問いを見いだし,自分で課題を立て,情報を集め,

表6-4 「総合的な学習の時間」の評価の観点（育てたい能力の例）

①問題解決能力	ア 解決の過程や結果を自己評価できる イ 様々な生き方を知り，学び方，考え方を身に付け，自ら課題を見つけることができる。
②学び方やものの考え方	ア 多種多様な情報を収集することができる。 イ わかりやすく整理したり，まとめたりすることができる。
③コミュニケーション能力	ア 会話や発表が不十分でも身振り手振りで積極的に相手に理解させようと努めることができる。 イ 人との交流を大切にして，相手の話を受け止め，積極的に関わろうとすることができる。
④自己の生き方	ア 自分の好きなこと，やりたいことに進んで取り組むことができる。 イ 自分の不得意なことやつまずきなどを乗り越えようとすることができる。

表6-5 「総合的な学習の時間」の各学年での学習課題と単元名の例

学年	学習課題	単元名
1学年	学び方	「学習の仕方を学ぼう」
	生き方と進路	「学ぶことや学校生活について考えよう」
		「色々な職業について調べよう」
	伝統と文化	「昔のあそびをしてみよう」（自然教室）
	福祉	「福祉ボランティアを体験しよう」
2学年	生き方と進路	「職場体験に行こう」「私のライフプラン」（立志式）
	伝統と文化	「古都の伝統と文化を探る」（修学旅行）
3学年	生き方と進路	「高等学校を調べよう」「高校訪問をしよう」
		「自分史を作成しよう」「卒業の準備をしよう」
	ボランティア	「クリーン作戦をしよう」

整理・分析して，まとめ・表現することができるようにする。
③探究的な学習に主体的・協働的に取り組むとともに，互いのよさを生かしながら，積極的に社会に参画しようとする態度を養う。

　総合的な学習の時間は，旧学習指導要領では3年間で210～335時間であったが，現行の学習指導要領では3年間で190時間になった。したがって，限られた時間で目標を達成させるために，体験活動を積極的に取り入れた教育計画を立てたい。「総合的な学習の時間」で「育てたい能力＝生きる力」は何なのかを，まず論議しなければならない。そして，発達段階に応じた体験活動や学習活動を適切に位置づける必要がある。表6-4は「総合的な学習の時間」の評価の観点（育てたい能力の例），表6-5は「総合的な学習の時間」の各学年での学習課題と単元名の例であ

表6-6 探究課題の例

4つの課題	探究課題の例
横断的・総合的な課題（現代的な諸課題）	・地域に暮らす外国人とその人たちが大切にしている文化や価値観（国際理解） ・情報化の進展とそれに伴う日常生活や消費行動の変化（情報） ・地域の自然環境とそこに起きている環境問題（環境） ・身の回りの高齢者とその暮らしを支援する仕組みや人々（福祉） ・毎日の健康な生活とストレスのある社会（健康） ・自分たちの消費生活と資源やエネルギーの問題（資源エネルギー） ・安心・安全な町づくりへの地域の取り組みと支援する人々（安全） ・食をめぐる問題とそれに関わる地域の農業や生産者（食） ・科学技術の進歩と社会生活の変化（科学技術）　　など
地域や学校の特色に応じた課題	・町づくりや地域活性化のために取り組んでいる人々や組織（町づくり） ・地域の伝統や文化とその継承に力を注ぐ人々（伝統文化） ・商店街の再生に向けて努力する人々と地域社会（地域経済） ・防災のための安全な町づくりとその取り組み（防災）　　など
生徒の興味・関心に基づく課題	・ものづくりの面白さや工夫と生活の発展（ものづくり） ・生命現象の神秘や不思議さと，そのすばらしさ（生命）　　など
職業や自己の将来に関する課題	・職業の選択と社会への貢献（職業） ・働くことの意味や働く人の夢や願い（勤労）　　など

る。
　また，探究課題の例は，表6-6である。
○総合的な学習の取り組みの例として，いろいろな探求課題を含む「地域との交流」から「クリーン作戦」を紹介しよう。

クリーン作戦：毎年春・秋の2回，日曜日に実施されている。実施日は，地域の小中学校は登校日にして，学校，保護者，地域を上げてクリーン作戦に参加している。K中学校校区では，年間の地域行事への参加延べ人数が1,000名以上になっている。大学生も，昨年度からサポーターとして参加し小中学生や地域の方と交流を行っている。

K中学生の感想
　・自分が掃除をした場所がきれいになってよかった。
　・落ち葉が大量にあったけど，みんなと協力してきれいにできた。
　・自宅周辺をきれいにできた。目標をもって取り組めた。
　・「おつかれさま」の声をかけてもらい，充実感でいっぱいになった。
　・これからももっと地域に貢献したい。

・地域のために働くことは、とてもやりがいがあり、うれしかった。

学生サポーターの感想
　・到着するとすでに、たくさんの子どもたちが、家の周辺のゴミ拾いや草むしりをしていた。小さい子でも朝早くから参加して、掃除をしていたので素晴らしいと思った。
　・公園に着くと、私が思っていた以上にK中学校の生徒が集まっていたので驚いた。公園の草むしりや落ち葉集めをしたが、地域の方々と話をする機会があり、毎年クリーン作戦があること、地域の人々は必ず参加しなければならないことを知って、K中学校校区は地域の人や学生が一緒に町をきれいにしているから、ゴミや雑草がないのだと思った。
　・青空の下で、朝早くから公園の掃除ができ、とても気持ちがよく、短い時間だったが達成感を感じることができた。

　このように学校、家庭、地域が一体となって地域社会に貢献する取り組みは、上記の感想にあるように地域への愛着が増し、生徒の感性にとてもよい効果をもたらしている。

4．「特別活動」について

　「特別活動」は、学級活動・生徒会活動・学校行事に分けられる。また、中学校学習指導要領第6章「特別活動の目標」には、以下のように示されている。

〈特別活動で目指す3つの資質・能力の育成〉
　（1）多様な他者と協働する様々な集団活動の意義や活動を行う上で必要となることについて理解し、行動の仕方を身に付けるようにする。
　（2）集団や自己の生活、人間関係の課題を見いだし、解決するために話し合い、合意形成を図ったり、意思決定したりすることができるようにする。
　（3）自主的、実践的な集団活動を通して身に付けたことを生かして、集団や社会における生活及び人間関係をよりよく形成するとともに、自己の生き方についての考えを深め、自己実現を図ろうとする態度を養う。

　さらに、学級活動・生徒会活動・学校行事のそれぞれにおいて、上記の目標を育

表6-7 おもな学校行事年間計画の一覧表の例

月	儀式的行事	学芸的行事	健康安全・体育的行事	旅行・集団的行事	勤労生産・奉仕的行事	生徒会活動関係行事	その他
4	着任式 始業式 入学式		発育測定 校医検診 避難訓練	自然教室	大掃除 入学式準備	歓迎遠足 対面式 1年オリエンテーション	家庭訪問 学力テスト
5			体育会		体育会準備		PTA総会
6		先達に学ぶ会	薬物乱用防止教育			生徒総会	保護者会・期末考査
7	終業式		教育相談 救急救命講習		大掃除	選手激励会	進路説明会 3年個人面談
8	始業式	夏休み学習会					3年三者面談
9		補充学習会	避難訓練 心電図検査		大掃除 2年職場体験	立会演説会	課題テスト 中間考査
10		合唱コンクール	教育相談		1年福祉体験	生徒総会	3年実力テスト
11		スケッチ大会 補充学習					期末考査
12	終業式		持久走大会		大掃除		個人面談
1	始業式			修学旅行	大掃除		私立入試
2	立志式	補充学習		1,2年クラスマッチ			推薦入試・学年末考査・実力テスト
3	卒業式 修了式 離任式				卒業式準備 大掃除	3年生を送る会	公立入試 卒業式練習 保護者会

成するために以下のようにそれぞれ示されている。

〈学級活動〉

　学級や学校での生活をよりよくするための課題を見いだし，解決するために話し合い，合意形成し，役割を分担して協力して実践したり，学級での話合いを生かして自己の課題の解決及び将来の生き方を描くために意思決定して実践したりすることに，自主的，実践的に取り組むこと。

〈生徒会活動〉

　異年齢の生徒同士で協力し，学校生活の充実と向上を図るための諸問題の解決に向けて，計画を立て役割を分担し，協力して運営することに自主的，実践的に取り

組むこと。
〈学校行事〉
　全校又は学年の生徒で協力し，よりよい学校生活を築くための体験的な活動を通して，集団への所属感や連帯感を深め，公共の精神を養うこと。

　特別活動については，おもな学校行事年間計画一覧表の例（表6-7）を参照していただきたい。一覧表を見れば授業以外に多くの活動があることがわかる。入学式，卒業式などの絶対に省かれない行事，体育会や修学旅行などの大切な行事など割愛できない行事が多々ある。これらの時間数の合計は，年間50～70時間ほどである。学校教育現場の大変さは，実に行事の多さにあるのだが，なかなか精選できないのが現状である。授業時間の1,015時間を確保しながら学校行事を行わなければならないので，学校教育現場は創意工夫が必要になってくる。「生きる力」をはぐくむ行事・授業としては，特に体育会・合唱コンクール・自然教室・修学旅行・立志式・生徒会活動・職場体験・福祉体験・ボランティア活動などがある。これらの行事・授業を積極的に活用して生徒たちに「生きる力」をつけさせたい。

6節　「生きる力」をはぐくむ具体的な取り組み

1．確かな学力向上のための推進プラン

　「生きる力」の中で，重要な「知」（確かな学力）についてのS中学校の取り組みである。子どもたちの「わかりたい」をサポートし，学力の定着を図る指導を行い，きめ細やかな指導は確実に成果をあげた。

(1) 生徒の実態から
　S中学校では，生徒実態を調査した結果から，個に応じた指導を徹底するために，少人数指導を指導計画の中に位置づけていくとともに，生徒一人ひとりの実態を正確に把握し，基礎・基本の徹底を図る指導体制やきめ細やかな指導方法を工夫する必要があると考えた。

(2) 学力向上の基本方針と学力の到達目標
　S中学校では，「確かな学力」を知識や技能はもちろんのこと，これに加えて学

ぶ意欲や自分で課題を見つけ，自ら学び，主体的に判断し，よりよく問題を解決する資質や能力までを含めたものだという共通認識を持ち，学習規律を徹底させることを前提として，目標「自らの進路を切り拓くための確かな学力を育てる」を設定した。

また，到達目標として，各教科のすべての観点において正答率70％以上をめざした。以下に，その具体的な取り組みを紹介する。

● 学力向上をめざす学習指導の充実
①各教科，道徳，学級会活動の授業研究の柱となる「めざす生徒像」を作成し，学力向上の柱となる「わかる授業」の創造を図る。
②学力向上の全体計画を作成し，それを実践する。
③個に応じた学習指導を通して，「確かな学力を育てる学習指導法の研究」を行う。

● 学力の定着を図る指導の充実
①学校全体での指導
・帰りの会後，10分間の補充的な学習を行う。また，定期的に「帰りの会学習テスト」を実施し評価する。理解度に応じて発展的な学習を行う場合もある。
・毎朝10分間の読書タイムを実施する。
②教科等別に行う指導
・学力向上をめざす年間指導計画を作成する。
③個に応じた指導
・定期テスト前の質問教室や復習テスト，チャレンジテストなどのやり直し等での個別指導を通して学習意欲の向上を図る。
・1日1ページ学習や個人ノート（自学ノート）の提出により家庭学習の定着を図る。

● 国語力を高める読書活動の推進
　読書活動は，児童生徒の言語に関する知識や言語感覚，思考力，想像力，表現力などを啓発し，学力の基盤となる国語力を高めるので朝の読書活動を毎日実施する。

● 計画的・継続的な家庭学習の推進
①標準学力検査や学習・生活習慣実態調査で明らかになった家庭学習での不十分な課題を克服するために保護者会や地域懇談会などで実態の報告をし，家庭・地域での協力をお願いする。

②個人ノートに保護者の記入欄を設け，家庭と学校との連携を図り，家庭学習の定着を徹底する。また，授業で家庭学習の課題を与えた場合には，次の授業で確実に評価し，生徒の学習意欲を喚起する。
● **計画的な評価による指導の改善**
①到達度テストや基礎学力定着テストを実施し，評価する。
②生徒の自己評価・形成的評価や補助簿を充実させることにより，生徒の授業でのつまずきを明確にし，わかる授業づくりに取り組む。
● **教員研修の充実**
　学習・生活習慣実態調査や標準学力検査の結果から明らかになった生徒の実態と課題について共通理解をする。また，他校の優れた実践を学ぶために，研究発表会，授業公開等に組織的・積極的に参加する。

　以上がS中学校の取り組みをまとめたものである。学力を向上させ，そのことによって「生きる力」をつける，きめ細やかな取り組みが随所にみられる。特に毎日行われている，1限目の前の「朝読書」や放課後に実施される「10分間学習」は素晴らしい取り組みである。これは授業時間数にカウントされないし，学級担任には大きな負担になるが，その努力が報われるだけの大きな効果が期待できる。

2．特別活動（学校行事）から「生きる力」を考える

　中学校の学校行事の中で，重要な行事に体育会と合唱コンクールがある。この行事に，大学生が練習時から参加し，生徒たちが行事に取り組んでいる姿やアンケート等から「生きる力」を考えてみた。以下の内容は，本校の学生が，学校サポーターとして中学校の行事に参加し，生徒の行事への取り組みを記録したものである。

（1）K中学校の体育会に参加して

　体育会の調査で実施したことは，①体育会の練習中と本番の見学，②体育会後のアンケート調査（生徒・保護者）と分析，③教員へのインタビューの3点である。アンケート調査で1年生から3年生まで各1クラスずつに体育会に対してどのような意識を持っているのか，調査した。
　アンケートは，4とても楽しかった（とてもできた），3楽しかった（できた），2あまり楽しくなかった（あまりできなかった），1楽しくなかった（できなかった）の4段階の評価を行う項目を3つ設定した。

また，より多くの生徒の気持ちや考えを知るために記述式のアンケートも2つ行った。以下がアンケートの結果である。

		4	3	2	1
①体育会は楽しかったか	1年生	32	4	0	0
	2年生	22	12	1	1
	3年生	31	4	1	0
②体育会に積極的に参加できたか	1年生	23	13	0	0
	2年生	20	14	2	0
	3年生	29	5	2	0
③自ら進んで体育会に臨むことはできたか	1年生	21	13	2	0
	2年生	18	16	2	0
	3年生	28	6	2	0

　各学年の表を分析すると，①の「体育会は楽しかったか」という質問では1年生と3年生は体育会を大いに楽しんでいることがわかった。1年生は中学校での初めての体育会ということもあり，ほとんどの生徒が「とても楽しかった」と答えていた。また，3年生に関しては中学校最後の体育会を成功させたいという強い気持ちが数字に表れたように思う。3年生には体育会の練習中や本番で，2つの学年をまとめるリーダーが自ら進んで声を出している様子がうかがえた。このことから，3学年すべてに対して体育会を成功させたいという強い気持ちが伝わってきた。

　②の「積極的に参加できたか」という問いに対しては，3学年がほとんどできたと答えていた。体育会当日の様子を観察した時，すべての生徒が自分の競技以外にも応援に精を出している姿がみられた。また，係りの仕事がある生徒は休むことなくすばやく行動しており，生徒は積極的に体育会に参加できているように感じられた。

　③の「自ら進んで体育会に臨むことができたか」と聞いたところ，3学年のほとんどの生徒が「とてもできた」「できた」と回答していた。つまり，体育会に参加しようという強い意欲が感じられた。強い意欲を持っていたからなのか，競技中や全員で行う開会式等では1年生から3年生まで強い団結力を感じた。

　また，記述式アンケートでは，「いちばんがんばった競技は何か，またそれはなぜなのか」ということを聞いた。以下は学年ごとにいちばんがんばったという声が多かった競技の感想の抜粋とその考察である。

【1年生：大縄飛び】
・クラス全員で協力して，声をかけ合っていなければ達成できなかったから。
・みんなで協力して１つになったような気がするから。
〈まとめ〉
　１年生の感想を見ると，「みんなで協力する」ということが多く書かれていた。このことから，１年生の間では学校行事の「目標」にあげられている内容が達成できているように思われる。体育会で集団活動を通して所属感や連帯感が深まっていると思われる内容が多かった。

【２年生：タンブリング・ダンス・ラジオ体操】
・リーダーを中心に体育会で最高のものをつくり上げようと練習した。
・はじめはぜんぜんできなくて，怒られてばっかりだったけれど，練習していくうちにみんなとの団結力も深まって，感動できた体操がつくり上げられてきたから。
・体操リーダーをしていて大きな声で指示したから。
〈まとめ〉
　２年生のアンケートの中に「感動」という副主題でも取り上げているキーワードが書いてあった。K中学校の体育の担当であるN先生に話を伺ったところ，K中学校のダンスは，２年生の後期から練習を始め，厳しい指導をしている。厳しくすることで生徒自身に本番で成功したという達成感を持たせ，さらに感動を味わわせる。そうすることにより生徒自身の意欲が向上するという話を聞いた。N先生が言われていることが２年生の感想の中に現れており，教師の厳しい指導により生徒が体育会で感動するということに繋がっていることがアンケートでわかった。

【３年生：タンブリング】
・リーダーとして絶対に成功させたいと思っていたから。
・今までで最高の体育会をつくりたかったし，見ている方々を感動させようと思ったから。
〈まとめ〉
　３年生の感想では，リーダーという言葉が多く出ていた。最高学年という自覚がしっかりとあるようで，まとめようとする積極的な感想が多数あった。体育会

当日は，3年生のリーダーが他学年の生徒に声かけをしている姿がみられ，責任感を強く感じているようであった。

以上のアンケートの調査から，生徒たちから自分自身で何かを行うという自主性が感じられた。学校行事にあげられている「望ましい人間関係を形成し，集団への所属感や連帯感を深め，公共の精神を養い，協力してよりよい学校生活を築こうとする自主的，実践的な態度を育てる」という目標は，アンケートの結果から達成できていると考えられる。

（2）H中学校の合唱コンクールに参加して

　合唱コンクールで実施したことは，①合唱コンクールの練習と本番の見学，②合唱コンクール後の教員へのインタビューの2点である。合唱コンクールの研究調査はこの行事に深く関わっているH中学校の教職員1名，そして合唱コンクールの審査を行ったF大学の教授2名にインタビューを行い，生徒の行動の変化を分析した。

　N先生はH中学校の学年主任であり，今回の合唱コンクールで優勝した3年1組の学級担任である。普段の生徒の様子と合唱コンクール前後の生徒の様子についてインタビューを行った。以下は，N先生とのインタビューのやりとりである。

　　質問者「N先生は，合唱コンクールの練習のとき，生徒にどのような言葉かけや指導をしていらっしゃいますか」
　　N先生「私が1年生を受け持っていたときは，とにかく声を出しなさい，歌いなさい，というように自分自身が中心の教師指導型でした。今回3年生ということなので，パートリーダーたちに生徒を指導させました。私は生徒の歌い方を指導するのではなく，リーダーが一生懸命指導しているのにそれを聞いていない生徒の態度を注意しました。また，生徒がやる気になるように，わざと目の前でくす玉をつくってみたり，1年生を教室に連れてきて，その生徒たちの前で歌わせたりしました。そうすることで，歌わないといけないという意識をつけさせました。あと，注意したことは，指揮者や伴奏者もクラスと1つと感じられるように気をつけました」
　　質問者「先生の指導をした後生徒の練習中の様子はどんな感じでしたか」
　　N先生「先ほどの指導で，自然と生徒が自分たちで動くようになったんですよ。

指揮者，伴奏者，パートリーダーが私が何も言わなくても指導するようになったんです。リーダーたちにつられて他の生徒も大きな声になりました」
質問者「本番では，生徒はどのような様子でしたか」
N先生「10分休憩のときに皆で円陣を組みました。結果発表のとき，3年1組の生徒全員が目をつぶって手をつないでいたんです」
質問者「合唱コンクールが終わった後の生徒に変化はありましたか」
N先生「ありました。全体的に協力するようになりましたね。机を蹴っていた生徒が机を蹴らなくなりました。また，授業中に勉強ができない子がよく他の子にちょっかいを出してたのがなくなりました」

　N先生の話を聞くと，合唱コンクール前後で明らかに違いがある。生徒が協力的になり，他の生徒を尊重するようになったことがこのインタビュー調査でわかった。また，生徒が自ら動こうとする自主性がこの行事で養われることも明らかになった。「結果発表のときに3年1組が全員手をつないでいた」という言葉から練習の間に生徒間のチームワークも以前よりも増していることがわかった。このことから学校行事は生徒自身が大きく成長するにあたって必要なものだということが結果に出た。
　上記のアンケート調査などにより，体育会や合唱コンクールなどの特別活動の持つ役割の大きさがよくわかる。体育会や合唱コンクールを実施するだけで「生きる力」が養われるわけではなく，行事に対する取り組み方や行事の位置づけ，またはめざす目標等を明確にして取り組む姿勢があるからこそ，生徒に自主性・自立性，創意工夫や連帯感，達成感が生まれ「生きる力」が育成されると考える。

「学校だより・学年だより」による情報発信の大切さ

　教育基本法第13条にも述べられているように，学校，家庭及び地域の連携協力は，これからますます重要になってくる。学校・地域・保護者が手をつなぎ合って子どもたちを見守り，育てたいものである。「学校だより」は，その学校の鏡であるといわれる。「学校だより」は，学校の基本的な教育方針や姿勢を映し出すものである。校長をはじめとする教職員一人ひとりの共通した姿勢の中から教育活動が展開され，生徒や教職員のありのままの姿を記録して，家庭や地域社会へ知らせることになる。そうして学校教育に対する理解を深めたり，積極的な協力をお願いしたりするわけである。まさしく学校の顔であるともいえる（同様な意味において「学年だより」は学年の顔である）。

　また，ある人は「学校の顔というより，人間にたとえていえば，人柄みたいなものだ」といっている。それらは，まさしく，「社会に開かれた教育課程」の理念への第一歩である。

　それだけに発行の目的や役割を十分に理解し，常に一人ひとりの生徒，すべての保護者，地域の人々及び教職員を大切にする記事，紙面構成をめざさなくてはならない。

高等学校学習指導要領と教育課程編成の実際

1節　高等学校教育課程の前提

　高等学校の目的は学校教育法において,「高度な普通教育と専門教育を施すこと」とされ,専門教育をも行うとされている。高等学校は,中学校卒業後の約98%の者が進学し,社会で生きていくために必要となる力を共通して身に付ける,初等中等教育最後の教育機関であり,「その教育を通じて,一人一人の生徒の進路に応じた多様な可能性を伸ばし,その後の高等教育機関等や社会での活動へと接続させていくことが期待されて」いる（文部科学省,2016）。そして,高等学校は初等中等教育の総仕上げを行う教育機関として位置づけられている。

　高等学校の教育課程について論じる前提として,まず小中学校とは異なる高等学校教育を成り立たせている固有の仕組みについて知っておかなければならない。そうした仕組みとして,学科制,課程制と単位制,教科・科目,必履修科目・選択科目,学校選択教科・科目,中高一貫教育についてみることとする。

1．学科制

　高等学校では学科制がとられている。高等学校の学科は普通教育を主とする学科と専門教育を主とする学科に大別される。前者は普通科とよばれ,後者は専門学科とよばれる。また,両者のどちらでもない,総合学科とよばれる第3の学科が1994（平成6）年から設けられるようになった。総合学科は,幅広い選択科目の中から生徒が自分で科目を選択し学ぶことで,生徒の個性を生かした主体的な学習を重視することと,将来の職業選択を視野に入れた自己の進路への自覚を深めさせる学習を重視することという,2つの特徴を持つ学科であり,入学年次に原則履修科目である「産業社会と人間」を学ぶことになっている。総合学科の教育は広く普通教育と専門教育に及ぶ。2019（令和元）年度時点で全国の387校に置かれている。

専門学科は様々な名称を持つ多数の学科の総称であり、そこに含まれる学科の多くは職業教育を主とするものである。専門学科では専門教科・科目について、すべての生徒に履修させる単位数は25単位を下らないことと定められている。

2．課程制と単位制

高等学校には平日の午前・午後を教育の時間とする全日制課程のほかに、おもに夜間にのみ通学することを前提とする定時制課程、基本的に通学を前提とせずおもに通信教育によって学ぶ通信制課程、生徒の選択により履修する時間帯が異なる単位制課程といった、異なる課程を置くことができる。定時制課程や通信制課程を単位制課程の中に含める場合もある。このように異なる課程が併存しうるのは、高等学校では単位制が採用されているからである。どの課程を履修しても、所定の学修によって単位を修得し、その単位が累積されて所定の単位数に達すれば卒業とみなすのである。

大学の単位制が授業以外の一定以上の学習時間を含めて単位が計算されるのに対して、高等学校の単位制はもっぱら授業時間のみによって計算される。高等学校の現行の単位制は、1単位時間を50分とし、35単位時間の授業を1単位として計算することを標準としている。

なお、生徒の幅広いニーズに応えることを目的に、1988（昭和63）年に制度化された単位制高等学校は2019（令和元）年度に1248校を数える。

3．教科と科目

高等学校の教科は独立性が高く、その教科には複数の科目が含まれている。教科・科目は「各学科に共通する各教科・科目」（共通教科）と「主として専門学科において開設される各教科・科目」（専門教科）に分かれている。学習指導要領にあるとおり、各教科・科目等の内容及びその取り扱いは科目別に示されており、指導はそれに即して行われることになる。しかし、科目が教科はもとより教育課程の一環をなすものであることを踏まえるならば、各科目がそれぞれの目標に基づいて独立して指導されるよりも、複数の科目等が相互に関連しあって教育課程全体として、学校の教育目標の実現に関わるものとして指導されることが重要である。

相互の関連づけは、各教科・科目相互の間だけでなく、各教科・科目と特別活動、各教科・科目と総合的な探究の時間、特別活動と総合的な学習の時間の間において、あるいは3つの領域の間でも問われることになる。そうした関連づけによって、部

分的に行われる教育活動が学校の教育目標を実現する教育活動の全体の一部となる。また学校の指導計画を系統的かつ発展的なものとして作成するためにも，個々の教科・科目や教育課程領域がそれぞれに自己完結的に指導されるのではなく，指導計画の全体の中で相互に関連づけられ，位置づけられることが重要である。

4．必履修科目と選択科目

　高等学校の教育課程はすべての生徒に共通に学ばせる教育内容である必履修科目と選択科目によって構成されている。選択科目は生徒の自由な選択にゆだねられる場合と，学校によって課程修了上の要件として履修が義務づけられていて，必履修の扱いとなっている場合とがある。なお，高等学校では履修と修得が区別されており，必履修科目とは必ず履修しなければならない科目のことであり，その科目の単位を修得することまでが課せられているわけではない。

　高等学校における必履修科目とは幅広い分野にわたる基礎的，基本的内容をバランスよく身に付けるためのものだということである。したがって，必履修科目はすべての生徒に同一である必要はなく，選択必履修のようなかたちを取りうることになり，後に述べるように現在そのように定められている。

5．学校設定教科・科目

　高等学校教育では各学校が特色ある教育課程を編成することが政策的に奨励され，1999（平成11）年の学習指導要領改訂によって各学校が独自に学校設定教科，学校設定科目を設けることができるようになった。教育課程を編成する各学校が地域，学校及び生徒の実態，学科の特色等に応じ，特色ある教育課程の編成に資するよう，学習指導要領に掲げられた科目以外の科目を「学校設定科目」として設けることができると定められたのである。また，同様の趣旨から，各学校が普通教育と専門教育のいずれにおいても地域，学校・生徒の実態等に応じて「学校設定教科」も設けることができるようになった。そうした学校設定教科・科目は普通科の場合，20単位までを卒業に必要な単位数の中に含めることができるとされており，各学校の特色を打ち出すうえで重要な役割を果たしている。

6．中高一貫教育

　生徒の個性・能力をゆとりある教育の中ではぐくむとともに，生徒や保護者の選択の機会を広げることを目的として，1999年から中等教育学校が制度として設けら

れた。これは中高一貫教育の一形態であり，6年制で3年の前期課程と3年の後期課程とに分かれる。中等教育学校以外の中高一貫教育には，同一の設置者による中学校と高等学校が入学者選抜なしに接続する併設型，異なる中学校と高等学校が教育課程の編成や教員・生徒間交流等の連携を深めるかたちで中高一貫教育を実施する連携型がある。中高一貫教育は広がってきており，2019（令和元）年度時点で，中等教育学校54校，併設型496校，連携型90校で，総計640校を数える。

2節　高等学校教育課程の基本的枠組み

1．中央教育審議会の答申

　情報化やグローバル化の進展に伴う社会の変化が加速し，予測困難な時代を迎えている今日，これからの教育課程には，社会の変化に目を向け，教育が普遍的にめざす根幹を堅持しつつ，社会の変化を柔軟に受け止めていく「社会に開かれた教育課程」としての役割が期待されている。それについて，現行学習指導要領のベースとなった中央教育審議会答申「幼稚園，小学校，中学校，高等学校及び特別支援学校の学習指導要領等の改善及び必要な方策等について」（平成28年12月21日）では次のように説明されている。「社会や世界の状況を幅広く視野に入れ，よりよい学校教育を通じてよりよい社会を創るという目標を持ち，教育課程を介してその目標を社会と共有していくこと」が重要であり，そのためには地域の人的・物的資源を活用したり，社会教育との連携を図ることにとどまらず，「これからの社会を創り出していく子供たちが，社会や世界に向き合い関わり合い，自らの人生を切り拓いていくために求められる資質・能力とは何かを，教育課程において明確化し育んでいくこと」であるとされる。

　高等学校教育課程については，社会的な要請として求められていることを，「初等中等教育がその強みを発揮し，未来の創り手となるために必要な資質・能力を生徒に育み，大学教育など高等教育の在り方や，社会生活の在り方につなげていくこと」と表現している。社会への出口に近い高等学校が，「初等中等教育の総仕上げを行う学校段階」として，子どもたちに必要な資質・能力をはぐくむことが課題であると述べられている。そして，高等学校の教育課程のあり方について，各学校が，社会で生きていくために必要となる力を共通して身に付ける「共通性の確保」の観点とともに，一人ひとりの生徒の進路に応じた多様な可能性を伸ばす「多様性への

対応」の観点が重要だとされる。

　この点は現行の学習指導要領改訂の方針を示した中央教育審議会答申において，「特に高等学校においては，教科・科目選択の幅の広さを生かしながら，生徒に育成する資質・能力を明らかにし，具体的な教育課程を編成していくことが求められる。義務教育段階の学習内容の学び直しなど，生徒の多様な学習課題を踏まえながら，学校設定教科・科目を柔軟に活用していくことも求められる」と述べられている。

2．育成をめざす資質・能力：3つの柱

　同答申ではまた，教育課程全体を通して育成をめざす資質・能力が「3つの柱」として整理された。「3つの柱」とは，ア「何を理解しているか，何ができるか（生きて働く「知識・技能」の習得）」，イ「理解していること・できることをどう使うか（未知の状況にも対応できる「思考力・判断力・表現力等」の涵養）」，ウ「どのように社会・世界と関わり，よりよい人生を送るか（学びを人生や社会に生かそうとする「学びに向かう力・人間性等」の涵養）」である。そして各教科等の目標や内容はこの「3つの柱」，すなわち「知識及び技能」，「思考力，判断力，表現力等」，「学びに向かう力，人間性等」で整理することが提言されたのである。こうした資質・能力のとらえ方は，21世紀に入って国際的に顕著になってきた，学習成果（learningoutcome）に注目した教育目標の設定，学んだことをいかに使うのかという，「活用」に焦点化した学力を志向する動向に対応したものである。答申を受けて行われた2018（平成30）年の高等学校学習指導要領改訂でも，育成をめざす資質・能力がこの「3つの柱」で整理された。

　また，教育課程編成についての基本的な考え方は高等学校学習指導要領の総則において述べられている。そこでは，①資質・能力の育成をめざす主体的・対話的で深い学びの実現に向けた授業改善を進める，②カリキュラム・マネジメントの充実を図る，③生徒の発達の支援，家庭や地域との連携・協働等を重視する，といった基本的な考え方が示されている。

　高等学校教育課程編成の原則となるのは次の5点とされている。

　　①教育基本法及び学校教育法その他の法令並びに学習指導要領の示すところに従うこと
　　②生徒の人間として調和のとれた育成を目指すこと

③生徒の心身の発達の段階や特性を十分考慮すること
　④課程や学科の特色を十分考慮すること
　⑤学校や地域の実態を十分考慮すること

　このうち①②③⑤は小学校や中学校とも共通する原則である。高等学校に固有の原則は④である。課程についていえば，高等学校には全日制の課程，定時制の課程，通信制の課程に加えて単位制の課程があることに伴い，それぞれの課程が受け持つべき役割に即して教育課程編成が行われるべきであることが重要であるとされている。例えば，定時制の課程では生徒の実態が多様化していることを踏まえて，各学年への教科・科目の配当を弾力化するなどの工夫が望まれる。また学科についても，普通科のみならず，専門学科，総合学科があるが，それぞれの学科の特色に合わせて，例えば専門学科では，専門性の基礎・基本の教育に重点を置きつつ，体験的学習や産業界との連携を重視することが必要だとされている。

　学習指導要領では，教育課程の編成は「各」学校において行うものであること，またそれが教育基本法・学校教育法などの法令に掲げる目標を達成する教育を行うためであることが述べられている。また，これまでの学習指導要領よりも詳しく，高等学校が目指すべき教育の方向が示されている。それは，大きくは「生きる力」をはぐくむことと表現されるものであり，基礎的・基本的な知識・技能の確実な定着とともに，それらを活用して課題を解決するために必要な思考力，判断力，表現力その他の能力の育成，そして主体的に学習に取り組む態度の涵養を目指すことが明示されている。

　さらに，学校の教育活動の全体を通じて取り組むべきこととして道徳教育，体育・健康に関する指導，就業やボランティアに関わる体験的な学習の指導という3つについて言及されている。

　また，学習指導要領では部活動についても教育活動の一環としての性格をもつものとしてとらえ，部活動と教育課程との関連を図るように留意すべきであると述べられている。すなわち，部活動は教育課程の中には含まれないが，学校の教育活動には含まれているのである。

3．教育課程の領域

　2018年改訂の学習指導要領では，高等学校の教育課程に，各教科・科目の他に，総合的な探究の時間，特別活動という二つの領域が設けられている。注意すべきこ

との一つは,小中学校とは異なり道徳という領域がないということである。これは道徳教育が不要だとされているのではなく,高等学校の道徳教育は,人間としての在り方生き方に関する教育を学校の教育活動全体を通じて行うことにより,その充実を図ることとされているためである。高等学校の道徳教育は「人間としての在り方生き方」の教育として行われるのである。

また,それまでは「総合的な学習の時間」とされていた教育課程領域が,改訂により「総合的な探究の時間」に改められた。それは,「高等学校においては,小・中学校における総合的な学習の時間の取組の成果を生かしつつ,より探究的な活動を重視する視点から,位置付けを明確化し直すことが必要」との考えによるものであり,その目標は「探究の見方・考え方を働かせ,横断的・総合的な学習を行うことを通して,自己の在り方生き方を考えながら,よりよく課題を発見し解決していくための資質・能力を育成すること」とされている(文部科学省,2018a)。

4.普通教科と専門教科

前述したように,高等学校の目的には普通教育とともに専門教育を行うことが定められている。このことと関連して,高等学校の教科は「各学科に共通する各教科」と「主として専門学科において開設される各教科」に分けられている。前者は普通教科とよばれることもあり,それに属する教科には,国語,地理歴史,公民,数学,理科,保健体育,芸術,外国語,家庭,情報があり,その他に教科ではないが「総合的な探究の時間」がある。これらはすべての学科に共通の教科である。他方,後者は専門教科とよばれ,それに属する教科には,農業,工業,商業,水産,家庭,看護,情報,福祉,理数,体育,音楽,美術,英語がある。そしてそれぞれの教科には複数の,多様な科目が入れられている。これらをみると,家庭と情報は前者と後者のどちらにもあることがわかる。すなわち,教科・家庭と教科・情報は各学科に共通する教科であるとともに専門学科で開設される専門教科でもあることになる。教科名はまったく同じではないが,数学・理科と理数,保健体育と体育,芸術と音楽・美術,外国語と英語のように,前者と後者の間で類似した教科もあって,各学科共通の教科(普通教科)として提供される科目と専門教科として提供される科目とが同じ高等学校教育課程の中で並立している状況がみられるのである。

表7-1は「各学科に共通する教科・科目の名称とその単位数を示したものである。この表からうかがえるように,「高校生に社会で生きていくために必要となる力を共通して身に付ける」ことをねらいとした必履修教科・科目が11の科目・領域

にわたって設けられている。そのうち,「国語,地理歴史,公民,数学,保健体育,外国語及び情報の各教科については,選択的な履修を認めるのではなく,全ての高校生が共通に履修する共通必履修科目を設けることで,高等学校の教育課程の共通

表7-1 各学科に共通する教科・科目等及び標準単位数

教科	科目	標準単位数	必履修科目
国語	現代の国語 言語文化 論理国語 文学国語 国語表現 古典探究	2 2 4 4 4 4	○ ○
地理歴史	地理総合 地理探究 歴史総合 日本史探究 世界史探究	2 3 2 3 3	○ ○
公民	公共 倫理 政治・経済	2 2 2	○
数学	数学Ⅰ 数学Ⅱ 数学Ⅲ 数学A　数学B　数学C	3 4 3 各2	○（2単位まで減可）
理科	科学と人間生活 物理基礎　化学基礎　生物基礎　地学基礎 物理　化学　生物　地学	2 各2 各4	「科学と人間生活」を含む2科目又は基礎を付した科目を3科目　4～6単位
保健体育	体育 保健	7～8 2	○ ○
芸術	音楽Ⅰ　美術Ⅰ　工芸Ⅰ　書道Ⅰ 音楽Ⅱ　美術Ⅱ　工芸Ⅱ　書道Ⅱ 音楽Ⅲ　美術Ⅲ　工芸Ⅲ　書道Ⅲ	各2	「音楽Ⅰ」「美術Ⅰ」「工芸Ⅰ」「書道Ⅰ」から2単位
外国語	英語コミュニケーションⅠ 英語コミュニケーションⅡ 英語コミュニケーションⅢ 論理・表現Ⅰ　論理・表現Ⅱ　論理・表現Ⅲ	3 4 4 各2	○「英語コミュニケーションⅠ」（2単位まで減可）
家庭	家庭基礎 家庭総合	2 4	どれか1つ2～4単位
情報	情報Ⅰ 情報Ⅱ	2 2	○どちらか1つ2単位
理数	理数探究基礎 理数探究	1 2～5	
総合的な探究の時間		3～6	○（2単位まで減可）

性を高めることとした」(文部科学省, 2018b) と説明されているように,教育課程の共通性に力点が置かれている。

5．高等学校学習指導要領改訂の基本方針

『高等学校学習指導要領総則編　解説』では,2018年改訂の学習指導要領の基本方針がおよそ次のとおり示されている。

(1) 3点にわたる改訂の基本的な考え方
①生徒が未来社会を切り拓くための資質・能力をいっそう確実にすることをめざす
②知識・技能の習得と思考力,判断力,表現力等の育成とのバランスを重視しつつ,知識の理解の質をさらに高め,確かな学力を育成する
③道徳教育の充実や,体験活動の重視,体育・健康に関する指導の充実により,豊かな心や健やかな体を育成する

基本的な考え方として強調されているのは,社会との関わりでの資質・能力の育成,知識・理解の質を高めることもまた重要であること,それに加えて豊かな心,健やかな体という「生きる力」のうちの二つの要素の育成である。

(2) 育成をめざす資質・能力の明確化

予測困難な社会の変化の中で,どのような未来を創っていくか,どのように社会や人生をよりよいものにしていくのかを自ら考え,よりよい社会と幸福な人生の創り手となる力を,これまでめざしてきた「生きる力」を捉え直すことにより育てていくために,育成をめざす資質・能力を前述したように,「3つの柱」として再整理し,すべての教科等の目標や内容もその3つの柱により再整理が試みられた。

(3)「主体的・対話的で深い学び」の実現に向けた授業改善の推進

学習内容を人生や社会のあり方と結びつけて理解し,生涯にわたって能動的に学び続けることができるように,学習の質をいっそう高める授業改善を図る必要がある。そのために,大学入学者選抜や視角によって教育のあり方が規定されることから脱却し,高大接続改革と,キャリア教育の視点に立った学校と社会の接続により,これまでの授業のあり方の改善を進めることで,「主体的・対話的で深い学び」(active learning) の実現をめざすというのである。その際の留意点として強調さ

れていることは,「主体的・対話的で深い学び」が授業の方法や技術の改善のみをめざすものではなく,生徒の資質・能力をはぐくむための授業改善の視点であること,そして,深い学びの鍵となるのが,各教科等を学ぶ本質的な意義の中核となる「見方・考え方」を働かせることが重要になる,ということである。

6．探究的な学習の重視

表7-1をみればわかるように,「総合的な探究の時間」以外にも,「探究」という語を含む科目が新たに設けられている。「古典探究」「地理探究」「日本史探究」「世界史探究」「理数探究基礎」「理数探究」がそれである。探究的な学習の重視には,「探究」の過程の中で,生徒が実社会や実生活との関わりをもって,主体的・協働的に取り組むことから新たな価値の創造とよりよい社会の実現をめざすという期待が込められている。

同様の考え方は「理数探究」の目標についてもみられる。「様々な事象に関わり,数学的な見方・考え方や理科の見方・考え方を組み合わせるなどして働かせ,探究の過程を通して,課題を解決するために必要な資質・能力」を育成することとされている。知識や技能を総合的に活用して主体的な探究活動を行う科目なのである。

このように,「探究」という語の使用によって,生徒の主体的な活動による学習であることが強調されているとみることができる。

3節　学習指導要領と必履修教科・科目の変遷

学習指導要領の変遷みると,国語,社会,数学,理科,保健体育という5つの教科のうちの一定の科目が必履修とされてきた。ところが,芸術,外国語や家庭に注目すると,それぞれの学習指導要領において扱いが異なることがわかる。例えば,芸術のうちの1科目を必ず履修することとされたのは1955（昭和30）年改訂によってであり,それは今日にいたるまで変わっていない。外国語は高等学校発足当初より選択教科・科目とされてきたが,1960（昭和35）年改訂によって「英語A」「英語B」「ドイツ語」「フランス語」のうちの1科目が必履修とされた。ところが,その後の改訂によって外国語は選択教科の位置に戻されたが,1999（平成11）年改訂によって再び必履修教科とされた。

また,家庭については,1960年改訂によってはじめて「家庭一般」が普通科女子にのみ必修とされ,それが1970（昭和45）年改訂では全学科の女子生徒全体に及ぼ

されることになった。家庭が男女を問わず必履修の教科とされたのは，1989（平成元）年の改訂からである。

　高等学校の必履修教科・科目として1999年改訂によりまったく新しい教科として設けられたのが情報である。新しい教科を設けるためにはその教科の免許を新設し，その免許を取得するための制度を確立することが必要になるが，情報化する社会における必履修の教科として位置づけられたのである。

　このように，学習指導要領の改訂によって必修・選択という各教科・科目の教育課程上の位置に変更が加えられてきたいきさつは，社会の要請や時代に共有された考え方が高等学校教育課程に反映されてきたことの表れとみることができる。戦後の経済復興が進む中で大衆化を遂げた高等学校は，国民の共通教養を形成するという役割を期待され，発足当初の選択科目中心の教育課程からしだいに必修科目の比重を高めていった。1955年改訂による芸術や1960年改訂による外国語の必履修化はその表れであり，特に1960年改訂によって顕著になった必修科目の増大は，急速な経済成長を支える国民の知的水準を高等学校教育によって形成するという考えから合理化されたのである。

　1989年改訂による男女共修による家庭の必修化は，女子にのみ必修として課せられたそれまでの家庭の履修が，教育による男女の性別役割分業の固定化に繋がるという批判を受けて導入されたものであるが，それは男女共同参画社会をめざすというその後の政策的方向性とも合致するものとなっている。

　外国語におけるコミュニケーションに重点をおいた科目や新設された情報が99年改訂によって必履修とされたことは，知識経済への移行が進み，グローバル化した国際社会への対応を高等学校教育が迫られたことの表れとみることができる。

　表7-2のように，高等学校では，当初から課程や学科の別なく生徒が卒業までに修めるべき科目とその単位数が定められてきた。それは当初，「国民の共通の教養」という観点からであった。1951（昭和26）年の学習指導要領では，「青年に共通に必要とされる最低限度の教養を確保するため」と説明され，国語，「一般社会」「保健体育」，の他，社会，数学，理科から各一科目，合計38単位が必履修とされた。こうした考え方はその後，普通科への類型（コース）の導入に伴って変化を遂げ，普通科と職業学科とでは必履修科目の単位数が異なるようになった。

　1978年改訂以降の学習指導要領では多様な生徒の実態に合わせて各学校が教育活動を展開することを奨励するという考え方をとっており，そのために卒業に必要な単位数や必修科目の単位数を減らすこと，多様な教科・科目を設けてその履修を認

表7-2 必履修科目・領域をめぐる高等学校学習指導要領の変遷 (学習指導要領に基づき筆者作成)

		1948年	1951年	1955年	1960年	1970年	1978年	1989年	1999年	2009年	2018年
教育課程の領域数		1	1	2	2	2	2	2	3	3	3
卒業最低必要単位数		85	85	85	85	85	80	80	74	74	74
必履修科目数		5	6	9	12	11〜12	7	11〜12	13〜14	13〜14	13〜14
必履修科目単位数		29	38	64〜66	普60 職47	42〜44	27〜29	32〜42	36〜47	34〜43	35〜43
教科	国語	9	9	12	普12 職9	9	4	4	2〜4	4〜2	4〜2
	社会	10	10	13	普13 職9	10	4	地歴 4〜8 / 公民 4	地歴 4〜8 / 公民 2〜4	地歴 4〜8 / 公民 2〜4	地歴 4〜8 / 公民 2〜4
	数学	5	5	9	9	6	4	4	2〜3	3〜2	3〜2
	理科	5	5	12	普12 職6	6	4	4〜8	5	4〜6	4〜6
	保健体育		9	9〜11	9〜11	9〜11	9〜11	9〜11	9〜10	9〜10	9〜10
	芸術			2	2	2	2	2	2	2	2
	家庭				女子 2〜4	女子4	女子4	4	2〜4	2〜4	2〜4
	外国語			9	3				2〜3	3〜2	3〜2
	情報								2	2	2
総合的な探究の時間◆1									3〜6	3〜6	2〜6

めることなど,教育課程の基準をゆるめるという方向をとってきた。今日では,「必履修教科は,当該教科に属する複数の科目のうちから,いずれかの科目を所定の枠内で全ての生徒に必ず履修させ,高校生として必要な知識・技能と教養を身に付けさせるために設けられているもの」であり,「学習指導要領が示す必履修教科・科目等は,高等学校において全ての生徒が身に付けるべき『コア』の内容を,教科・科目等の形で示しているもの」ととらえられている(文部科学省,2015)。

必履修教科・科目や「コア」は,生徒に一定の水準を保った知識・技能を身に付けさせるという点で高等学校教育が果たすべき役割をどのように考えるのかという問題とからんでいる。

4節　高等学校教育課程の実際と改善の方向

1．特別活動の実際

　これまで述べてきたように，高等学校教育課程は小・中学校と比べるとはるかに多様であり，複雑である。ここではそうした中で学科の別を超えて高等学校に共通する特別活動に注目して，その実際をみることにする。

　学習指導要領によれば，高等学校の特別活動の目標は，「望ましい集団活動を通して，心身の調和のとれた発達と個性の伸長を図り，集団や社会の一員としてよりよい生活や人間関係を築こうとする自主的，実践的な態度を育てるとともに，人間としての在り方生き方についての自覚を深め，自己を生かす能力を養う」となっている。高等学校の特別活動は「人間としての在り方生き方」に関わる教育の領域である。ホームルーム活動，生徒会活動，学校行事という3つの活動からなる。このうち，学校行事には入学式・卒業式のような儀式的行事，文化祭，合唱コンクールなどの文化的行事，体育祭など健康安全・体育的行事，修学旅行など旅行・集団宿泊的行事，それに保育所や福祉施設で保育や介護を体験するなどの勤労生産・奉仕的行事がある。学校行事の実施においても，生徒の自主的，実践的な態度を育てることが重要である。

　またホームルーム活動では，「ホームルームや学校の生活づくり」「適応と成長及び健康安全」「学業と進路」という，3つの課題群に対応する活動を行うこととされている。「適応と成長及び健康安全」には，青年期の悩みや課題とその解決，社会生活における役割の自覚と自己責任，男女相互の理解と協力，コミュニケーション能力の育成と人間関係の確立，ボランティア活動の意義の理解と参画，国際理解と国際交流などが課題とされ，「学業と進路」では，学ぶことと働くことの意義の理解，教科・科目の適切な選択，進路適性の理解と進路情報の活用，望ましい勤労観・職業観の確立，主体的な進路の選択決定と将来設計などが課題とされている。

　学ぶことと働くことの意義の理解や，進路適性との理解と進路情報の活用，望ましい勤労観・職業観の確立などは，キャリア教育の内容であり，ホームルーム活動にはそうしたキャリア教育に関わる課題が並んでいることがわかる。

　データはやや古いが，国公私立学校を対象にした文部科学省が実施した「平成16年度特別活動実施状況調査」によると，高等学校（第1学年）で取り組まれる特別

105

活動は「進路適性の理解と進路情報の活用」(82.6%),「ホームルーム内の組織づくりと自主的な活動」(77.6%),「主体的な進路の選択決定と将来設計」(72.9%),「ホームルームや学校における生活上の諸問題の解決」(65.5%),「心身の健康と健全な生活態度や習慣の確立」(59.9%),「望ましい職業観・勤労観の確立」(59.6%)の順に多く,逆に少ない方では「国際理解と国際交流」(16.7%),「男女相互の理解と協力」(18.6%),「主体的な学習態度の確立と学校図書館の利用」(24.9%),「ボランティア活動の意義の理解」(27.3%)の順であった。高等学校のホームルーム活動はキャリア教育との関連と,生徒の自らの進路との関連を重視して行われていることがうかがえる。高等学校の特別活動においては,こうした活動の基本的な重要性は今日も変わっていない。

2．高等学校教育の改善の方向

(1) 社会の創り手を育てる教育

2018年改訂の学習指導要領では,「社会に開かれた教育課程」をめざすことが方針とされており,自然災害が多く,また人口減少社会に入ったわが国の地域が抱える様々な課題の解決のために,社会に開かれた学校での学びを実現することで,地域活性化の基盤をつくり出すとともに,地域の人的・物的資源を活用し,地域と学校,地域と生徒の学びの間に好循環をもたらすことが期待されている。ユネスコが提唱する「持続可能な開発のための教育」(ESD)という視点や,主権者教育の推進という視点が高等学校ではとりわけ重要性を増している。

「3つの柱」として示された資質・能力は明らかに,OECD（経済協力開発機構）DeSeCoプロジェクトのキー・コンピテンシー（人生の成功や社会の発展にとって有益なコンピテンシー),同じくOECDによるPISA国際学力調査のリテラシー（思慮深い市民として社会に参加する能力),さらに2003（平成15）年に内閣府の人間力戦略研究会が提案した「人間力」(社会を構成し運営するとともに,自立した一人の人間として力強く生きていくための総合的な力)や,2006（平成18）年に経済産業省が提唱した,3つの能力と12の能力要素からなる「社会人基礎力」(組織や地域社会の中で多様な人々とともに仕事を行っていくうえで必要な基礎的な能力)といった概念とも通じる能力であり,社会との関わりで整理されたものである。

初等中等教育の総仕上げとしての高等学校教育は,生徒が将来社会的に自立するための準備学習の最終段階としての性格をもっている。10代後半の高校生は今現実の社会においてすでに責任を負うことを求められている存在でもある。高等学校教

育は生徒を社会の一員として，社会の創り手として育てる教育でなければならない。

例えば選挙権に注目してみると，欧米のほとんどの国が今や18歳選挙権を実施しており，被選挙権も同じく18歳にしているところも多い。またわが国でも，18歳以上に選挙権を与えるようになった。さらに2024年からは成年年齢が18歳に引き下げられることになっている。そうした事情を考慮に入れれば，実社会から距離を置き，守られた教育的環境の中だけで高校生の教育を考えるというのでは不十分であろう。高校生には市民生活や職業生活を営む主体であり，政治的には主権者でもあるという自覚とともに，生活者として現実に遭遇する問題の解決を図るという経験が用意されなければならない。

(2) 高大接続と大学入試改革

新しい時代にふさわしい高大接続の実現のために，「高大接続改革実行プラン」（平成27年1月16日文部科学大臣決定）が出された。これは，すでに述べたように，「知識・技能」のみならず，「思考力・判断力・表現力」や「主体性・多様性・協働性」（主体性をもって多様な人々と協働する態度）など，学力の3要素からなる「真の学力」の育成と評価に取り組もうとするものであり，高等学校教育，大学教育のみならず大学入学者選抜のあり方をも改革することを視野に入れたプランである。

このプランは，各大学の個別選抜の改革，「高等学校基礎学力テスト」（2019年度から）および「大学入学希望者学力評価テスト」（2020年度から）の実施，高等学校教育の改革，大学教育の改革の4つを内容とするものである。2つのテストのうち，前者は「高校生のための学びの基礎診断」という名称になり，高等学校教育の質の確保・向上のため，高校生の基礎学力の定着に向けたPDCAサイクル構築に向けた施策として位置づけられ，文部科学省が示した要件に即して民間の試験等を認定することによって実施されるものである。各学校は，生徒の実情を踏まえて，必要と考える測定ツール（テスト）を選んで実施することになる。

大学入学共通テストは現在の大学入試センター試験に取って代わるものとして導入され，学力の3要素を，多面的・総合的に評価することをめざすものであり，テスト問題も択一式問題のみで構成するのではなく，記述式問題を導入するほか，英語でも「読む」「聞く」のみでなく，外部試験を活用し，4技能を評価する方法への転換を図ることになる。また，個別大学でのAO入試・推薦入試では，学力の3要素が評価できず，早期合格した高校生の学習意欲低下がみられるという認識に

基づき，小論文，プレゼンテーション，教科・科目のテスト，共通テストのいずれかを必ず課すことが求められる。

　2つのテストの導入を中心とした高大接続改革は，学習指導要領の改訂で示された高等学校教育の新しい方向性の成否にかかわる重要なものである。

注

◆1　1999年，2009年改訂時の名称は「総合的な学習の時間」。

高校生の頃にしてほしかったキャリア教育

　文部科学省の国立教育政策研究所生徒指導・進路指導研究センターから出された，「高校生の頃にしてほしかったキャリア教育って何？～卒業後に振り返って思うキャリア教育の意義～」（文部科学省，2017）では，同研究所が2012（平成24）年に実施した調査結果の分析に基づいて「高校生の頃を振り返って思う"もっと指導してほしかった"こと」が紹介されている。キャリア教育の意義は，それが行われてすぐに実感される意義と，後になって感じられる意義もあるとして，二つの観点からキャリア教育で学ぶことの意義を問題提起していて興味深い。

　「高校生のときに役立ったと感じられ，卒業後に振り返ると「もっと指導してほしかった」と思う学習内容として挙がっているのは，次のことである。
　・自分の個性や適性（向き・不向き）を考える学習
　・進学にかかる費用や奨学金についての情報
　・社会全体のグローバル化（国際化）についての学習

　キャリア教育の定番ともいえる，自分の個性や適性について考えるということに加えて，社会の動向についての学習も入っている。それとともに，進学に伴う経済的負担や奨学金制度といった具体的な情報をより詳しく求めていることがわかる。

　また，高校生のときには「役立たない」と感じたが，卒業後に振り返ると「もっと指導してほしかった」と思う学習内容として挙がっているのは，「社会人・職業人としての常識やマナーについての学習」である。高校生のときには社会人としての常識やマナーを教えられても，自分たちの日常生活とはあまり関連することがなく，それらの必要性は現実味を帯びないが，社会人・職業人となってはじめて，社会生活・職業生活で常識やマナーが重要な意味をもっていることに気づくのである。

　高校生のときには取り組んでいない（指導がなかった）が，卒業後に振り返って「もっと指導してほしかった」と思う学習内容としては，次のことが挙げられている。
　・就職後の離職・失業など，将来起こりうる人生上の諸リスクへの対応についての学習
　・転職希望者や再就職希望者などへの就職支援の仕組みについての学習

　これらをみると，キャリア教育の学習事項には，リスクへの対応や，転職・再就職への備えも含めるべきであることがみえてくる。

第8章 特別支援教育の学習指導要領と教育課程編成の実際

1節 特別支援教育の学習指導要領の変遷

1．特殊教育時代の教育課程

(1)「準ずる教育」と「合わせた指導」

　わが国で障害のある子どもの教育は，永らく「特殊教育」とよばれていた。その時代の教育課程を振り返ってみよう。まず，盲学校・聾学校の学習指導要領（1957（昭和32）年）に始まり，1960年代に「学習指導要領　精神薄弱教育編」（昭和37年度版）が示され，整えられていった。通常学校の教育課程（学習指導要領）に比べて遅れて編成されたことになる。特殊教育（養護学校）は，大きく①肢体不自由教育，②知的障害教育，③病弱教育に分類されてきたが，①と③の学習指導要領は，通常の教育に準じつつ，障害に配慮した内容（「体育・機能訓練」「養護・体育」等）になっていた。「準ずる教育」といわれるものである。

　一方，②の知的障害教育では，アメリカの経験主義教育を背景に，生活中心カリキュラムが編成された。教科別の指導も構想されたが，多くは「生活単元学習」「作業学習」を中心にした「領域・教科を合わせた指導」が教育課程の基本にされ，その考え方は今日まで続いている。当時は，例えば算数科は「精薄算数」（精神薄弱児のための算数）とよばれて，生活に役立つ実用的な計算の力を育てるなど，通常の算数科ではない教科指導が展開された。

(2) 障害の重度化・重複化への対応

　1971（昭和46）年に出された「盲・聾・養護学校学習指導要領」は，共通して障害の重度化・重複化に対応し，領域として「養護・訓練」を設けた。「心身の障害による学習上または生活上の困難を克服するために必要な知識・技能・態度及び習

慣を養う」という教育目標を具体化したものである。

養護学校の小学部に新しい教科として「生活科」が登場した。障害の重い子どもに対する教科指導が考えられたからである。通常学校の教育では，1989（平成元）年に生活科が設置されたが，それよりも早く生活科が登場したことになる。

（3）養護学校義務制からの学習指導要領

1979年に養護学校義務制が実施された。障害の重い子どもを含めて全員の就学が義務とされて，教育を受ける権利保障への道が開かれた。盲・聾・養護の特殊学校の学習指導要領が1つになり，「盲学校，聾学校，養護学校小学部・中学部学習指導要領」「盲学校，聾学校，養護学校高等部学習指導要領」として告示された。以下，その特徴を示そう。

①訪問教育：これまで就学が猶予・免除されていた子どもへの対応として，訪問教育（家庭に教員を派遣して指導する制度）の実施が学習指導要領に明記された。
②交流教育：障害の重度化への対応とともに，インテグレーション（統合教育）の展開という世界の動向に配慮して，交流教育（通常の学校の子どもと行事等を通じて交流する教育）の推進がめざされた。
③自立活動：続いて1989年の改訂を経て，1999（平成11）年の改訂では，それまで「養護・訓練」とよばれていた領域が，「自立活動」の名称に変更された。自立活動の5区分は，「健康の保持」「心理的な安定」「環境の把握」「身体の動き」「コミュニケーション」である。

障害に即した機能訓練という視点を残しつつ，子どもの自立を支援し，主体的に生きる力の形成を重点にした教育がめざされた。従来の「訓練」というやや受け身的な用語ではなく，障害のある子どもが主体的に自分の力を発揮することができる活動の場面を設定して，自立の力・生きる力の形成がめざされた。
④総合的な学習の時間・外国語科目：通常の学校の学習指導要領に「総合的な学習の時間」が新設されたのと同様に，障害のある子どもの教育においても，各教科を横断した領域が設定された。ただし，知的障害養護学校では中・高等部だけに設けられた。また，外国語も必修となり，中学部に設けられた。

（4）特別支援教育時代の学習指導要領

わが国の障害のある子どもの教育は，2007（平成19）年に，従来「特殊教育」と

よばれていた名称を「特別支援教育」に改めた。特殊教育諸学校・特殊学級だけではなく，通常の学校・学級において障害のある子どもの支援を推進する制度に大きく転換した。この改革に併せて，学校・学級の名称が，「特別支援学校」「特別支援学級」に改められた。

この時期に告示されたのが，2008（平成20）年の学習指導要領である。その特徴は，以下の点である。

① 「個別の指導計画」や「個別の教育支援計画」の作成を義務づけて，障害のある子ども一人ひとりの発達や障害に対応する教育を進めること。ここでは，特に教科指導と自立活動との関連を明確にした指導計画を作成することによって，個々の子どもの指導目標を具体化することがめざされた。また，医療・福祉関係等，教育以外の機関との連携を図ることが義務づけられたのも，一人ひとりの実態を把握しようとしたからである。
② キャリア教育を推進し，障害のある子どもの自立と社会参加を促すこと。通常の学校とともに，特別支援学校の教育においても幼児期からキャリア形成の視点を重視した教育課程の作成が求められるようになった。自立活動はもちろん，生活単元学習・作業学習，さらに教科指導においても将来の生活を見通したキャリア教育の推進が求められた。
③ 教育課程の領域である「自立活動」の中に「人間関係の形成」の項目を追加し，障害の特性や障害の重度化・多様化に対応したこと。特に自閉症等の障害に対応し，対人関係の困難さに対応するためのコミュニケーション指導が重視された。また，広汎性発達障害（PDD），学習障害（LD）や注意欠陥・多動性障害（AD/HD）等，通常の学校・学級や特別支援学校・学級での指導が求められるようになった状況を受けて，「人間関係」の指導を重視した項目が設定された。
④ 交流及び共同学習を推進し，小学校・中学校の学習指導要領に「特別支援学校などとの間の連携や交流を図るとともに，障害のある幼児児童生徒との交流及び共同学習や高齢者などとの交流の機会を設けること」が明記されたこと。
　　この視点は，特別支援教育の制度になる前から大切にされてきたものだが，通常学校と特別支援学校・学級との垣根を低くして，学校教育全体が，障害があるなしにかかわらず，子どもの自立を支援するという立場から，一層交流・共同を進めようとする観点が明確にされたものである。

その後10年を経て2018年（平成30年）に新しい学習指導要領が示された。その基本にあるのはおよそ以下の点である。①2016年の障害者差別解消法に沿って，障害のある子どもへの「合理的配慮や基礎的環境整備」を進めることが意識され，例えば，学校における教科の指導に関わって合理的配慮の進め方が問われていること，②カリキュラム・マネジメントを意識し，カリキュラムを明確に示すこと，③社会に開かれた教育課程をめざし，キャリア教育の充実を図ること，④幼児期から学齢期への接続・連続を意識すること，⑤インクルーシブ教育システムを推進し，幼稚園，小・中・高等学校の教育課程との連続性を重視すること。

　これらの視点には「共生社会の実現をめざす」とした中央教育審議会の答申（2012年）の考え方が流れ，インクルーシブ教育の推進が特別支援教育の課題としていっそう強調されているが，2008年の学習指導要領の考え方が引き継がれている。なお，新しい学習指導要領は，基本的に小・中学校の学習指導要領の改訂と同様の考え方に立ち，①自立的に生き，社会の形成に参加する資質・能力の育成，②社会に開かれた教育課程，③主体的・対話的で深い学びの実現，を要請している。

　特別支援学校の各教科の指導においては，〇何を理解しているか，何ができるかという生きて働く「知識・技能」の習得，〇理解していること，できることをどう使うかという「思考力・判断力・表現力等」の育成，〇どのように社会・世界と関わり，よりよい人生を送るかという「学びに向かう力・人間性等」の涵養が強調されている。そして，通常学校の学習指導要領と同じく，「特別の教科　道徳」が新設され，障害の自己理解，経験による豊かな道徳的心情の育成がめざされている。また，学習指導要領には，外国語活動の指導も盛り込まれている。

2．教育課程論を学ぶためのポイント

　以上のような学習指導要領の変遷を通して，学生時代に特別支援教育の教育課程論を学ぶためのポイントを示してみよう。

　ポイントの1つ目は，障害特性に配慮した教育課程から，主体的な生活を営むための力を育てることを基本にした教育課程に重点が移ってきたが，その背景には何があるのかを学ぶことである。

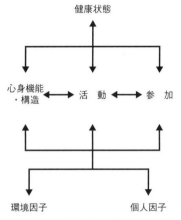

図8-1　ICFの相互作用モデル（茂木，2011）

　1975年の国連の「障害者権利宣言」，1981年の国際障害者年，2006年の「障害者権利条約」，そしてICFとよばれる生活の機能分類（図8-1）等，障害のある人の発達・権利保障の国際的な流れを振り返り，その流れから学習指導要領がどのような影響を受けて，作成されたのかを整理してみたい。

　ポイントの2つ目は，2007年からの特別支援教育の時代に入ってさかんに主張されているインクルーシブ教育の流れが，学習指導要領にどう反映されているかを学ぶことである。

　今日では，通常の学校・学級に数多くの障害のある子どもが在籍している（文部科学省によれば約7％弱）。障害のある子どものための教育課程が「特殊性」を持ちつつ，通常学校・学級の教育課程とどう連続しているのか，小学校・中学校・高等学校の学習指導要領の歴史を振り返りながら，それと比較することによって，障害のある子どものための教育課程の役割とそれが学校教育全体の中でどのような位置づけにあるかが明確になろう。こうした学びが，インクルーシブ教育の本格的な展開が期待される今日の教育課程論に必要である。

2節　特別支援学校・学級の教育課程

1．特別支援学校の教育課程

　特別支援学校には，視覚支援・聴覚支援の学校，さらに知的障害・肢体不自由・

病弱教育の支援学校といった種別がある。各学校を訪問すると幼稚部・小学部・中学部・高等部といった通常の学校と同じ段階で教育されていることに気づくことだろう。そして、いずれも発達と障害に即した教育課程が編成されている。以下では、すべての障害種や発達段階の教育課程を述べることはできないので、特別支援教育に特徴的にみられる教育課程編成について紹介してみよう。

(1) 教科等を合わせた指導

通常学校の教育は、「教科別・領域別の教育課程」で編成されているが、特別支援学校ではそれとともに第1節で紹介したように、障害のある子どもには、それを「合わせた教育」がなされてきた（学習指導要領では、「領域・教科を合わせた指導形態」とよんできた）。「二重構造の教育課程」（図8-2）といわれてきたものである。「領域・教科を合わせた指導」は、2018年の学習指導要領教科編では、「各教科等を合わせた指導」とよび、教科を統合した指導形態とされているが、以下に示す

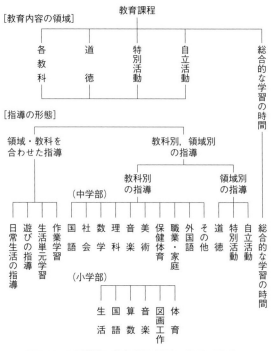

図8-2　二重構造の教育課程 (清水・藤本, 2005)

ようにその柱は変わっていない。

● 日常生活の指導

「各教科等を合わせた指導」のうち「日常生活の指導」は，身辺自立・基本的生活習慣の指導を内容にしている。小学部から高等部まで広く指導されている。通常の学校では，食事や着替えは教育課程の領域において，日常の営みである「生活指導」の一環として指導されているが，特別支援教育では，「日常生活を指導する」という言い方がされていることに留意したい。なぜだろうか。

本来，身辺自立の力は，日々の日常の生活が安定し，リズムのある生活を教師や仲間とともにつくり出す中で育つ。つまり，学校での安定した楽しい生活をつくることによって障害のある子どもたちが身辺を整えようと導かれるという意味での「生活が指導する営み」である。しかし，特別支援教育では，「日常生活を指導する」，つまり身辺自立等の生活のスキル等を指導するという意味で用いられている。この違いに注目して，いったい身辺自立の指導とは何かを再考してみたい。

● 生活単元学習

この用語は，わが国の教育課程論の一般的な歴史を学ぶときに必ず登場する。戦後の一時期にこの学習を軸にした教育実践がさかんに進められたが，学力低下論の批判とともに影を潜めていった。しかし，特別支援教育では今でも教育課程の中心に位置づけられている。

生活単元学習の事例（図8-3）を取り寄せてみると，大きく，A：遊びに関わる単元，B：ものづくりに関わる単元，C：社会生活について知り，体験する単元に区分される。

障害のある子どもが生活を意識し，見通しや楽しみを持って生活することを願って設定されているのが単元である。多くは行事を中心にして指導されている。Cは「総合的な学習」と連携して指導されている場合もある。

● 作業学習

生活単元学習の「ものづくり」が発展して，農耕・陶芸・木工・窯業など現実の仕事・労働に関わる教育内容が設定されてきた。特に高等部では，職業的な自立のために必要な力を育てる学習として重視されている。最近では，「販売・清掃・接客」といった業種が作業学習の種類として取り上げられている。

● 遊びの指導

「各教科等を合わせた指導」の1つ「遊びの指導」は，特に小学部の子どもに楽しい生活をつくり，コミュニケーションの力を育てる指導として展開されている。

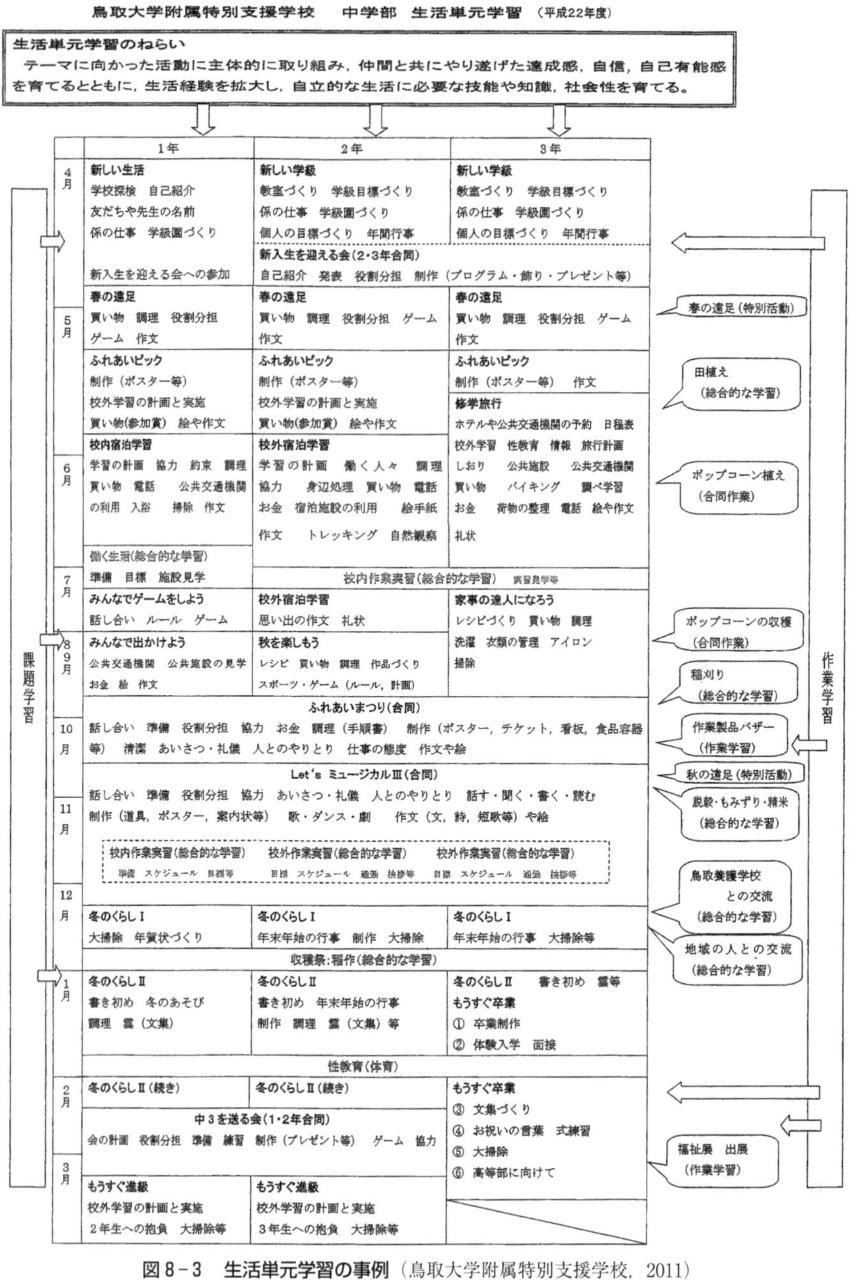

鳥取大学附属特別支援学校　中学部　生活単元学習（平成22年度）

生活単元学習のねらい
テーマに向かった活動に主体的に取り組み，仲間と共にやり遂げた達成感，自信，自己有能感を育てるとともに，生活経験を拡大し，自立的な生活に必要な技能や知識，社会性を育てる。

月	1年	2年	3年	作業学習
4月	新しい生活 学校探検　自己紹介 友だちや先生の名前 係の仕事　学級園づくり	新しい学級 教室づくり　学級目標づくり 係の仕事　学級園づくり 個人の目標づくり　年間行事	新しい学級 教室づくり　学級目標づくり 係の仕事　学級園づくり 個人の目標づくり　年間行事	春の遠足（特別活動）
	新入生を迎える会への参加	新入生を迎える会（2・3年合同） 自己紹介　発表　役割分担　制作（プログラム・飾り・プレゼント等）		田植え （総合的な学習）
5月	春の遠足 買い物　調理　役割分担 ゲーム　作文	春の遠足 買い物　調理　役割分担　ゲーム 作文	春の遠足 買い物　調理　役割分担　ゲーム	
	ふれあいピック 制作（ポスター等） 校外学習の計画と実施 買い物（参加賞）　絵や作文	ふれあいピック 制作（ポスター等） 校外学習の計画と実施 買い物（参加賞）　絵や作文	ふれあいピック 制作（ポスター等）　作文 修学旅行 ホテルや公共交通機関の予約　日程表	ポップコーン植え （合同作業）
6月	校外宿泊学習 学習の計画　協力　約束　調理 買い物　電話　公共交通機関 の利用　入浴　掃除　作文	校外宿泊学習 学習の計画　働く人々　調理 協力　身辺処理　買い物　電話 お金　宿泊施設の利用　絵手紙 作文　トレッキング　自然観察	校外学習　性教育　情報　旅行計画 しおり　公共施設　公共交通機関 買い物　バイキング　調べ学習 お金　荷物の整理　電話　絵や作文 礼状	
	働く生活（総合的な学習）			
7月	準備　目標　施設見学	校内作業実習（総合的な学習）　病院見学等		ポップコーンの収穫 （合同作業）
	みんなでゲームをしよう 話し合い　ルール　ゲーム	校外宿泊学習 思い出の作文　礼状	家事の達人になろう レシピづくり　買い物　調理	
8・9月	みんなで出かけよう 公共交通機関　公共施設の見学 お金　絵や作文	秋を楽しもう レシピ　買い物　調理　作品づくり スポーツ・ゲーム（ルール，計画）	洗濯　衣類の管理　アイロン 掃除	稲刈り （総合的な学習）
10月	ふれあいまつり（合同） 話し合い　準備　役割分担　協力　お金　調理（手順書）　制作（ポスター，チケット，看板，食品容器等）　清潔　あいさつ・礼儀　人とのやりとり　仕事の態度　作文や絵			作業製品バザー （作業学習）
11月	Let's ミュージカルⅢ（合同） 話し合い　準備　役割分担　協力　あいさつ・礼儀　人とのやりとり　話す・聞く・書く・読む 制作（道具，ポスター，案内状等）　歌・ダンス・劇　作文（作文，詩，短歌等）や絵			秋の遠足（特別活動） 脱穀・もみずり・精米 （総合的な学習）
	校内作業実習（総合的な学習） 準備　スケジュール　目標等	校外作業実習（総合的な学習） 目標　スケジュール　通勤　挨拶等	校外作業実習（総合的な学習） 目標　スケジュール　通勤　挨拶等	鳥取養護学校 との交流 （総合的な学習）
12月	冬のくらしⅠ 大掃除　年賀状づくり	冬のくらしⅠ 年末年始の行事　制作　大掃除	冬のくらしⅠ 年末年始の行事　大掃除	地域の人との交流 （総合的な学習）
	収穫祭：稲作（総合的な学習）			
1月	冬のくらしⅡ 書き初め　冬のあそび 調理　雲（文集）	冬のくらしⅡ　書き初め　雲 書き初め　年末年始の行事 制作　調理　雲（文集）等	冬のくらしⅡ　書き初め　雲 もうすぐ卒業 ① 卒業制作 ② 体験入学　面接	
2月	冬のくらしⅡ（続き）	冬のくらしⅡ（続き）	もうすぐ卒業 ③ 文集づくり ④ お祝いの言葉　式練習 ⑤ 大掃除 ⑥ 高等部に向けて	福祉展　出展 （作業学習）
	中3を送る会（1・2年合同） 会の計画　役割分担　準備　練習　制作（プレゼント等）　ゲーム　協力			
3月	もうすぐ進級 校外学習の計画と実施 2年生への抱負　大掃除等	もうすぐ進級 校外学習の計画と実施 3年生への抱負　大掃除等		

（左側：課題学習／右側：作業学習）

図8-3　生活単元学習の事例（鳥取大学附属特別支援学校，2011）

「遊び」は「生活単元学習」の中で指導される場合も多いが，コミュニケーションの力とともに，生活の場をつくる学校の指導領域として，取り立てて「遊び」を指導する教育課程の意義は何かを考えてみたい。

（2）教科の指導

特別支援学校では「各教科等を合わせた指導」とともに，「教科別，領域別の指導」も行われ，特に教科指導については，「どの発達段階の子どもにも教科指導は可能である」という考え方から，発達を考慮しつつ各教科の文化を意識した指導がなされてきた（遠山・八王子養護学校，1972）。中学部や高等部では一層教科指導の比重が増えてくる。特別支援学校には，通常の学校での教科指導に優れた指導力を持った先生が転任している場合も多い。発達と障害を考慮しつつ，障害児の自立の基盤としての教科指導に貢献することが期待されている。ただ，障害の重い子どもにとっての教科指導とは何か，その可能性については今日でも議論が多い（日本教育方法学会，2014）。

（3）集団の編成
●基礎集団の意味

教育課程を計画するには，教育内容とともに学校生活の基盤である集団のあり方を考慮しなくてはならない。通常の学校では，学級集団が児童・生徒の基礎集団（構成員の信頼で結ばれた第一次的集団であるとともに，全校集団の基礎でもある，そして同一年齢によって構成される）として位置づけられてきた。特別支援学校において基礎集団は，生活集団としてどう編成するかが問われてきた。完全に同一年齢の場合，2・3年の年齢の幅で構成される場合，小学部全体，中学部全体の場合等，多様である。教科別指導以外の教育内容（朝の会や行事，生活単元・作業学習）は生活集団（基礎集団）で行い，教科別の指導は，発達課題にそった学習集団によってなされることが多い。

●子どものニーズと集団のトーン

通常の学校でも，習熟度別学級編成などの指導形態がよくみられるが，障害のある子どもの教育では早くから子どもの発達・ニーズに即した学習集団が構想されてきた。それは学習への目的意識を育て，発達に相応しい学習を保障しようとしたからである。しかし，こうした学習集団で学び，獲得した知識や能力が基礎集団である学部集団の指導（生活単元学習など）で発揮される関係を大切にしてきたのも特

別支援学校の教育である。学習活動を常に生活と結びつけて指導しようとするからである。

　集団編成を大切にするのは，集団の持つ教育力に注目するからである。集団にはその構成員が醸しだすトーンがある。社会的な自立に追い立てる特別支援学校では，子どもたちはいつもピリピリしたトーンで生活しなくてはならない。安心した雰囲気の中で生活する空間をどうつくり出すのか，カリキュラムには「潜在的カリキュラム」があることは本書の第1章で述べられているが，特別支援学校の環境である集団のトーンが障害のある子どもに作用していることを意識して教育課程のあり方を吟味してみたい。

2．特別支援学級の教育課程

(1) 戦後の取り組みから

　小・中学校には知的障害をはじめとして障害種に応じて特別支援学級が設置されている（歴史的には特殊学級とよばれてきた）。その歴史は長く，戦後には先駆的な取り組みがされてきた。その1つに長崎の近藤益雄（1960）の実践（図8-4）がある。通常学校の教育と同様に教育課程を教科指導と生活指導という2つの領域で構成し，実践を展開した。

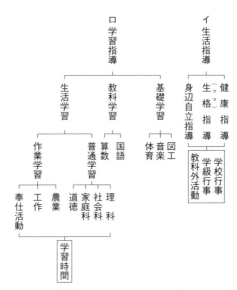

図8-4　近藤益雄によるカリキュラム（近藤，1960）

「みどり組」という支援学級において文字の読み書きへのあこがれを持つ子どもの願いに寄り添う教科学習を計画し，また社会生活に必要な知識・能力の形成を意図した生活学習を積極的に展開した。そして，掃除当番を自分たちの要求として計画する力を育てるなどの自治的集団づくりの視点が大切にされた。さらに塵芥処理といった仕事を通して，それが全校の子どもの障害理解に繋がるという広い視野から支援学級の教育課程を構想した。一貫して，生活綴方教育の考え方を土台にして，子どもの発達と自立を意識した教育実践を展開した。近藤をはじめとした特別支援学級教育の遺産に学びたい。

（２）交流教育と特別支援学級の教師

　教育課程の課題である集団編成は，支援学級の場合，常に通常学級との関係で問われてきた。通常学級を「原学級」とよんで，支援学級を副次的な位置づけで理解する動向もある。また，小学校では「国算学級」とよんで，基礎学力に必要な教科だけを支援学級で指導する形態は今日でも多い。中学校においても，国語・数学・英語といった「主要教科」は支援学級でという発想は多い。

　しかし，例えば音楽や体育といった教科が，通常の学級において児童・生徒のニーズに添った指導を保障できるかどうかなど，あいまいな基準で障害のある子どもの学びの集団が構想されてきたといえよう。また通常の学級を「交流学級」とよんでいる場合がある。それは支援学級を基盤にして，通常の学級との交流に出向くという意味である。

　わが国の特別支援学級教育の実践は，まずは教師と子どもとが信頼で結ばれ，子どもたちにとっての基礎集団＝第一次集団として支援学級を形成し，同学年の学級や全校に開き，例えば生活単元学習で，通常学級の子どもを招き，共同して行事を計画するといった実践が展開されてきた（猪野，2008）。こうした指導計画が支援学級をめぐる教育課程の基本である。また，教育内容の面でも，例えば教科「ことば」の指導と生活単元学習との関連を意識した教育課程（図８－５）も考えられている。

　また，支援学級を担当する教師の役割も教育課程づくりの課題としては見逃せない。学校全体からは「副次的な場」という位置づけで，担任の交代が安易になされたりすることも多い。それでは，子どもたちにとって安心できる集団のトーンを築くことはできない。支援学級の担任が交流学級に障害のある子どもとともに出向き，支援するといった事例もよく見かける。そこでは，支援学級担任は通常学級の子どもと障害のある子どもを繋ぐ役目を果たしているし，通常学級の担任との連携を図

【単元構成図】

生活単元学習【公園に行こう】
◆体験 ・自動販売機について，調べたり，実際に使ったりすることで，興味・関心をもたせ，読み聞かせにつなげる。 ①公園さがし　　　②公園までの地図づくり ③自動販売機見つけ ④好きなジュースを買って公園に遊びに行こう

国語科【おはなし　だいすき】
第1次　読み聞かせを通して，主な登場人物の把握と簡単なあらすじの理解を図る。 ・絵カードや文字カード，吹き出しなどを活用し，話の流れをつかませる。
第2次　劇遊びを通して，簡単な叙述の理解・内容の理解・語彙の拡充を図る。 ・劇遊びを通じて，物語の出来事を実際に体験させ，話の楽しさをつかませ，内容理解につなげる。
第3次　自動販売機ごっこを楽しむ。 ・自動販売機を使って，想像をふくらませたやりとりを楽しませ，コミュニケーションの力を伸ばす。

図8-5　教科と生活単元学習との関係（三寺，2014）

る力も必要になる。

　そして，通常学級の子どもが展開する活動になかなか参加できない場面（例えば運動会の種目によっては特別な配慮が必要）では，参加したいという障害のある子どもの気持ちを受け止めて，ともに練習するといった細やかな指導も必要になってくる（猪野，2008）。こうして，支援学級を担う教師の力量には子どもを受け止めていく専門性と連携を組織する力とが必要になる。

(3) 子どもの自立の課題を見据えて

　カリキュラムは学校の教師が意図して作成するものだが，同時に子ども自身が自己の学びの過程を意識し，学びの履歴をつくる営みだといわれている。

　特に中学校の支援学級の子どもにとって，進路を考えて学習の目的をどう意識するのか，一方では身に付けにくかった基礎学力を回復することが中学校の支援学級の課題だが，そこでは，単に学力の回復・取り戻しという側面ではなく，子どもの学びへの意識が問われる。他方では，自己の将来を見据え，自己を肯定的に理解し，自分づくりに挑む力を育てることが教育課程にどう位置づくかも課題となる（加藤，2014）。

小・中学校を問わず，通常学級と支援学級とを行き来する生活では，障害のある子どもは常に自己と向き合うことを意識しなくてはならない。学びの時間と空間が変化する生活を受けとめていく力の形成も求められる。そこでは障害の受容を含めた自立の課題を教師とともに探り，障害を持ちつつ生活する主体を形成する指導の視点が不可欠になる。

3節　インクルーシブ教育時代の教育課程
　　　——通常学級の改革とインクルーシブ教育

1．インテグレーションからインクルージョンへ

　わが国の特別支援教育制度は，これまで述べてきた特別支援学校・学級だけではなく，通常の学校での障害のある子どもの指導まで対象にしている。こうした制度の背景には，1994年のサラマンカ声明以来，インクルーシブ教育とよばれる世界的な動向がある。統合教育（インテグレーション）が最初から生活と学びの場を分離し，統合するという発想であるのに対して，どの子も包摂し，ともに生きる世界を創造するというのがインクルーシブ教育だといわれている。義務教育終了後の高等学校への発達障害の生徒の進学と高校での指導は，少しずつ取り組まれてきているが，高校の教育課程づくりはまだ本格化してはいない。

　目を海外に向けてみると，例えばドイツでは，伝統的に中等教育は三分岐制をとり，それぞれの進路に即した教育課程がつくられてきた。それが今日では，見直しの対象にされようとしている。世界的にインクルーシブ教育を推進する流れになってきている。こうした海外の教育課程の現代的な動向にも注目してみたい。

2．教育課程と授業づくり

（1）共同学習の試み

　インクルーシブ教育の流れは，通常学級での教育課程にどのような影響を与えるのか。授業の場面で困難さを示す子どものニーズに対応するために座席の位置や教師の指示を受け止めやすくする工夫等，学習環境を整備することによって，同一の教育内容（教育課程）の指導が図られている。「ユニバーサルデザインによる授業づくり」といわれる今日の実践の動向は，特別な支援を必要とする子どもへの配慮が，どの子にも必要な支援に結びつくという考え方に立っている。どの子にも「わかる授業」をめざすという意味で，インクルーシブ教育の1つの工夫だといえる。

もちろん，同一の教育内容とはいえ，個々の子どもに即して発達と障害を考慮して，先に述べたように学習指導要領では「個別の指導計画」の作成が義務づけられている。さらに，「個別の支援計画」の作成を通して，障害のある子どもの生活全体からあるべき教育課程を構想することが求められている。しかし，同時に学習指導要領においては，「交流及び共同学習の推進」が主張されている。「共同学習」は教科指導を中心にしてともに学ぶ場の意義を強調したものである。

　各教科の内容をめぐって対話と討論を展開するのがわが国の授業の主要な形態である。教科内容と教材をめぐって自分の解釈をつくり，友だちとともに解釈を交わし合う学びは，発達に障害のある子どもにとって困難さを伴うことも多い。しかも，「話し言葉・書き言葉」を中心に展開する学習が一般的である。「共同学習」の可能性を探究しつつ，その困難さも考慮しなくてはならない。今日では，インクルーシブ授業を教科の視点から探究する試みもなされ，障害のある子どもたちが主体的に学ぶ通常学級での授業改革をどう進めるかが問われている（原田，2017）。

（２）差異と共同

　インクルーシブ教育は，形式的な平等を求めているのではないし，障害のある子どもが授業場面に形式的に参加することにとどまることを主張しているのでもない。当事者である子どものニーズ・差異に即した教育課程を構想することが求められている。小学校の事例では，学習のペースに即していくつかの学習コースを設定して，それを選択する形式が採られている。そこでは，コースの選択についてともに生活する子ども同士で合意し，納得する場が創られている。つまり学級づくりを基盤にした教育課程づくりが展開されていることに注目したい（村瀬・篠崎，2009）。

　また特別支援教育制度の開始以降，「通級教室」という発達と障害に即した特別な指導の場が各地で設けられていった。自校通級・他校通級というよび方で，通常の学級から離れた場での指導を行う形態である。そこでも，通級に出向く仲間をどのようなまなざしで受けとめるのか，また本人はどのような意識でそこに通うのかという子ども相互の関係を問われている。差異に注目しつつ，常にそれが共同の世界を土台にしているかどうか，そこに1994年のサラマンカ声明以降のインクルーシブ教育時代の教育課程の課題がある。

　インクールシブ教育は，通常学級の改革とともに，特別支援学校・学級の改革を要請している。特別な教育的ニーズのある子どもの生活全体を視野に入れて，共同の世界を構想する集団づくりが教育課程論の課題である（大和久ら，2016）。

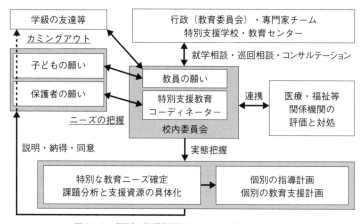

図8-6 個別の指導計画のシステム（宮崎，2009）

（3）教育課程をつくる体制

　先に述べたように，特別支援教育の制度は，個人に合わせた教育課程の計画＝個別の指導計画をシステム（図8-6）として作成することを求めている。学校では，特別支援教育コーディネーターを配置して，校内では「校内委員会」の場で，指導計画の策定がなされている。また，校外の医療・福祉関係と連携が一層求められ，それを推進するのも特別支援教育コーディネーターの役割である。さらに，指導計画にあたっては，当事者である子どもや保護者の願いをどう尊重するか，それらをくみ取り，学校に繋げていくのもコーディネーターである。特別支援教育を担う教師には指導困難な場合が少なくない。それだけに，コーディネーターがどう相談機能を果たすか，教育課程の展開を支える体制の整備が問われている（別府，2013）。

　この役割を支援学級担当の先生や養護教諭の先生が担ったりする事例も多く，その責任と負担は大きい。本章で述べてきたような子ども観や指導観，そして障害のある子どもの自立観について見解が対立しやすいのが特別支援教育である。わが国の特別支援教育は，発達障害を含めた障害のある子どもに特化した制度であるが，世界の動向は，虐待や貧困など，発達の基盤に重い課題を抱えている子どもを対象にした特別ニーズ教育とよばれている。インクルーシブ教育時代の教育は，こうした子どもをも視野に入れて，通常の学校において特別なニーズのある一人ひとりのニーズに対応する教育課程論が求められている。こうした教育課程づくりを担う学校づくりがこれからの大きな課題である（インクルーシブ授業研究会，2015）。

就学前の特別支援教育と卒業後の学びの場づくり

　障害のある子どもの教育は，乳幼児期から学校卒業後を見通した長いスパンで考えることが必要である。就学前の障害のある子どもの保育は，1974（昭和49）年・厚生省（当時）がその制度を打ち出してから本格化し，保育所等において進められてきた。クラス保育とともに，発達と障害に応じた「小集団」を組織するグループ保育の取り組みが展開してきた（湯浅・大阪保育研究所，2014）。こうした成果は学校教育の教育課程－集団編成論に示唆深いものがある。子育ての最初の時期にあたる保育は，保護者への支援が重要な課題となる。

　一方，学校卒業後の進路については，すぐに就労に移行するケースが多いが，何年かをかけて自分を見つめ，仲間とともに将来を考える時期も必要である。こうした趣旨から，今日では卒業後の学びの場づくりの取り組みが全国で進められている。特別支援学校の高等部の上に「専攻科」を設置するケース（鳥取大学附属特別支援学校など9校），社会福祉法人がバックとなった福祉の取り組みとして「学びの場」を開設する福祉型専攻科（2017年現在34か所）がある。そこでは，社会に出て行くための基本的なスキルだけではなく，ゼミ活動や行事を通して，青年期にふさわしい学びが計画されている（岡本ら，2013）。自分づくりを支援するこうした卒業後の学びの場の教育課程と実践の成果から学校教育に必要な指導を再考することができる。最近では，愛知・見晴台学園がこうした青年のための大学を設置している（田中ら，2016）。

　障害のある子どもたちの自分づくりを支援するための広い視野がこれからの特別支援教育には求められている。障害のある子どものための学校の教育課程づくりは，乳幼児期から青年期までを見通して成長を計画することであり，また，関係機関や保護者との連携を進めることを土台にして成り立つ。教師をめざす段階で，こうした広い視野を持った教育課程の考え方を身に付けていくことが大切である。

学校経営・学級経営・生徒指導と教育課程との関連

1節 学校経営の鍵を握るカリキュラム・マネジメント

1．特色ある学校づくりと学校裁量権の拡大

（1）学校裁量権拡大の経緯

　1996（平成8）年の中央教育審議会（以下，中教審）答申は「生きる力」を提唱した。では，「生きる力」とは何か。同答申は次のように言う。

　　いかに社会が変化しようと，自分で課題を見つけ，自ら学び，自ら考え，主体的に判断し，行動し，よりよく問題を解決する資質や能力であり，また，自らを律しつつ，他人とともに協調し，他人を思いやる心や感動する心など，豊かな人間性であると考えた。たくましく生きるための健康や体力が不可欠であることは言うまでもない。

　「生きる力」は生涯学習社会における基礎的な資質とされ，その育成が重要とされた。この概念が提唱された背景として，21世紀という時代の先行き不透明さがある。情報化をはじめとした社会の技術の進展によって，劇的な社会変化が予想される中で，これまでのように知識を一方的に教え込んでいては，対応できないと考えたわけである。「いかに社会が変化」「自分で」「自ら」「主体的に」「よりよく問題を解決」といった文言が並ぶのはその証左である。このため，必修教科の内容及び授業時数を削減（教育内容の厳選，いわゆる「三割削減」）してでも，各教科等で獲得した知識や技能を関連づけたり，深化させたりして，児童生徒の中で知識や技能を総合化させることが求められたのである。そこで「総合的な学習の時間」が新設され，小学校3年生以上に必置とされた（平成30年版高等学校学習指導要領によ

り，高等学校では「総合的な探究の時間」と改められた)。詳細は本書他章もしくは他書に譲るけれども，総合的な学習（探究）の時間の目標は各教科及び他教科外活動と比して「生きる力」の定義と重複する部分が多い。

　1998（平成10）年の中教審は学校の自主性・自律性を重視する内容を答申した（中教審，1998）。この答申は「教育改革の成否は，各学校と各地域が教育改革の理念と目標を踏まえて，実際にどのような取組を行うかにかかっている。すなわち，すべての学校がその特色を生かして，創意工夫を凝らした教育活動を展開するとともに，地域全体として，子育てを支援し子どもの成長を支えていくような取組を展開することが不可欠である」との理念のもと，次の5つの提言を行っている。それは「教育委員会と学校の関係の見直しと学校裁量権限の拡大」「校長・教頭への適材の確保と教職員の資質向上」「学校運営組織の見直し」「学校の事務・業務の効率化」「地域住民の学校運営への参画」である。とりわけ第1の提言に関しては，「学校管理規則の見直し」や「学校に対する指示・命令と指導・助言との峻別」などが示され，特色ある学校づくりを実現するための教育課程編成を中心とした学校の自主性・自律性に基づく学校経営が求められることとなった。このように90年代後半の教育改革の特徴は，教育課程基準の大綱化・弾力化，学校の自主性・自律性の確保といった学校裁量権の拡大にある。

（2）学校の特色とは何か

　ここで学校の特色とはいったい何を指すのかを考えてみたい。本書の読者諸氏は何を特色としてイメージするのだろうか。

　一般企業を例として考えてみる。その企業は製品を開発し，その製品を消費者に購入してもらう。この企業が特色を打ち出すときに考えるのは，何であろうか。それはいろいろとあるだろうけれど，やはり製品に求めるのではないだろうか。他社とは異なる性質を持つ製品を開発し，それを特色として消費者の購買意欲を高めようとしているのではないだろうか。家電や自動車のテレビCMを見れば，特色を中心としてその製品をアピールしていることがわかる。

　学校で考えてみよう。もちろん学校は企業とは異なるから，ただちにイコールで結ばれるものではないかもしれない。けれども，企業における製品にあたるもの，それはカリキュラムといえるだろう。例えば「地域教材をふんだんに取り入れた授業を各教科で行っています」「〇〇科と〇〇科の関係性を重視して教科学習を厚くしています」「〇〇力を育成するために，総合的な学習（探究）の時間を核とした

学習活動を展開しています」「○○という学校行事があります（学校行事は特別活動の一領域）」といった特色を打ち出すことが可能となる。かつて筆者は国立大学附属学校で調査を行ったことがある。その学校の教員によれば，保護者の多くがその学校を選んだ（子どもを入学させた）のも，学校が用意するカリキュラム，特に学校行事に魅力を感じていたからだという。上記はいずれも学習指導要領で認められている範囲内での特色である。

2．「生きる力」を育成するためのカリキュラム・マネジメント

（1）カリキュラム・マネジメントとは何か

　学校の自主性・自律性に基づく学校への裁量権の拡大は，各学校に対して特色ある学校づくりを求めている。その特色はカリキュラムを中心にして構想されるものであるから，これからの学校においてはカリキュラム・マネジメントの発想が求められる。さらにそのカリキュラム・マネジメントの力点は，「生きる力」育成の柱となる総合的な学習の時間に求めることができる（中留，2003）。その理由は次の通りである。第一に，総合的な学習（探究）の時間は，教科等を横断・総合化する学習活動であるからである。第二に，この時間の活動は学習指導要領においても，他の教育活動と比して学校の裁量権が十分すぎるぐらい確保されているからである。教科書がないということもその証である。

　中留によればカリキュラム・マネジメントとは「各学校が教育目標達成のために，児童・生徒の発達に即した教育内容を諸条件との関わりにおいてとらえ直して，これを組織化し，動態化することによって目標に対応した一定の効果を生み出す直接的教育活動を支える条件整備活動」（中留，2003，p.146）であり，「教育の目標＝内容の活動系列と，それを支える条件整備活動の系列との間に対応関係を持たせながらも，それをP-D-S（計画-実施-評価）のサイクルにのせてカリキュラムを動態化させていく経営的思惟（マネジメントマインド）」（中留，2003，p.146）である。

　上の定義で注目したいのは「動態化」という概念である。動態という言葉の意味は「動いている状態」である（ちなみに対義語は「静態」である）。つまり「動態化」とは，一度開発したカリキュラムを改良の余地なしとせず，常に改善・改良の対象として評価活動を重視していかなければならないことを意味する。P-D-Sのサイクルでカリキュラムを絶えず検証することが求められる。近年ではP-D-Sに代わってP-D-C-A（計画-実施-評価-改善）サイクルのほうを見聞きする機会が多いが，計画-実施という「やりっぱなし」ではなく，評価を重視する点で同様で

ある。

（2）カリキュラム・マネジメントによるキャリア教育の推進

　ここで，キャリア教育をカリキュラム・マネジメントによって推進する方法を考えてみたい。これに注目する理由は，キャリア教育が従前の職業指導や進路指導とは異なって，直近の自分の在り方・生き方だけでなく，生涯学習の視点から取り組む必要性があり，そこに「生きる力」との共通項があるためである。

　キャリア教育とは，「一人一人の社会的・職業的自立に向け，必要な基盤となる能力や態度を育てることを通して，キャリア発達を促す教育」（中教審答申，2011）である。ここでいうキャリアは「人が，生涯の中で様々な役割を果たす過程で，自らの役割の価値や自分と役割との関係を見いだしていく連なりや積み重ね」（文部科学省，2011, p.15）を指す。

　中留はカリキュラム・マネジメントにおいて総合的な学習の時間のカリキュラム開発の基軸を，カリキュラムの内容・方法上の「連関性」とその運営上の「協働性」との接点に求めている（中留，2003）。具体的には，「連関性」に関しては，教育目標と学校全体カリキュラム，総合的な学習の時間のカリキュラムと各教科等の内容との間にある連関性に注目するよう指摘する。「協働性」とは，共通の教育ビジョンのもとでの協働関係をいう。この活動は教員1人での開発・実施には限界があるから，学年，学級，教科，分掌などの学校内での協働関係，学校外（地域）との協働関係を重視している。加えて，校長をはじめとする中堅主任層教員のリーダーシップも求めている。

　2節で述べるように，キャリア教育の場合，それは教科，教科外を問わず学校の全教育活動で行わなければならない。だからキャリア教育を構想する場合も，中留が指摘する「連関性」と「協働性」が十分に考慮されなければならない。学校全体のカリキュラムとしてどのような目標が設定されており，自分の実践がそこにどのように関係しているのか，他の学年や教科との関係性はどのようになっているのか，を絶えず把握しておく必要があるだろう。「カリキュラム・マネジメントは校長等の管理職がするものだから，若手の自分には関係ない」という思考は慎まなければならない。自分の学年・学級・教科にのみ関心を向けるような，狭い学年主義・学級主義・教科主義に陥らないことが肝心である。このように考えれば，たとえ若手であっても，学校の経営の方向性や学校の教育活動を意識しながらカリキュラムをつくり，それを授業において実施しなければならない。

2節　学級経営と教育課程の関連性

1．日本型学級経営の特徴

　学習指導要領において，学級経営に直接的に関連する領域としては，「特別活動」における「学級活動」がある。けれども，日本において学級経営は学校のすべての教育活動の基盤となる，という特別な意味を有する。そこで日本の学級集団が持つ特徴を概観し，日本型学級経営の特徴を把握してみよう。

　河村は集団の持つ機能体と共同体の側面から学級集団の特徴を検討している。機能体としての集団とは，「特定の目的を達成することをめざした集団である。成員（所属する人々）の役割や責任，期待される行動が明確になっており，かつ目的の効率的達成のために，集団のあり方も明確になっている。したがって，成員の行動は事前に確認された規則にのっとった契約があり，成員の交流は役割交流が中心になってくる」（河村，2010，p.13）という。一方，共同体としての集団は「血縁や地域，ある特定の精神を共通にするという意識などの繋がりで生まれ，成員間の相互依存性が強く，成員の生活の安定や満足感の追求を目的とした集団である。（中略）共同体の集団における規則はあるが，きちんと明文化され契約されたものというよりも，集団内の成員同士が共有する暗黙のルールが，集団の規律を維持していく面が強い。成員間の交流も感情交流が大事にされている」（河村，2010，p.14）と述べる。

　ここから河村は，日本の学級集団について，学校生活・活動の集団としての共同体の特性を持ちながら，それを基盤とした学習集団としての機能体の特性をも持ち合わせているとした（河村，2010）。その上で「日本ではそのような学級集団育成，学習指導，生徒指導や進路指導，教育相談など，学級集団の形成・維持と，学級の子どもたちに関するすべての指導・援助を総称して，『学級経営』という言葉が用いられている。日本の教師たちが用いている『学級経営』という概念は，教育学の『教育方法』に近いと考えられ，学校教育全体に関わるとても広い概念である」（河村，2010，p.20）と指摘した。ここに学級経営を学校のすべての教育活動の基盤とする日本型学級経営の考え方を看取できる。

　しかしながら，学級経営に対する日本の教員の自己評価の低さが国際調査の結果から明らかとなっている（毎日新聞2014年6月26日朝刊）。OECDが実施した「国際教員指導環境調査（TALIS：タリス）」によれば，「学級内の秩序を乱す行動を抑

える」「生徒に勉強ができると自信を持たせる」「勉強にあまり関心を示さない生徒に動機づけをする」という3つの設問に肯定的な回答したのは次の通りだった。すなわち第一の設問に対しては日本：52.7%／OECD平均：87.0%（以下，同じ），第二の設問は日本：17.6%／平均：85.8%，そして第三の設問は日本：21.9%／平均：70.0%であった。この背景には，1週間あたりの勤務時間が世界最長という日本の教員の勤務実態が存在している（日本53.9時間／平均39.3時間）。同報道によれば，学習指導以外にも事務作業や部活動などをかかえる日本の教員は，研修に行きたくても行けない状況にあるという。

　筆者はこのデータを用いて講義をした際に受講生から次のような意見を聞いた。それは「日本の教員の幅広い業務のほうが，子どもと多く関わることになるので，そちらのほうがよい」という意見である。意見は分かれると思うが，こうした現状について，皆さんはどのように考えるだろうか。

2．学級経営と教育課程

（1）学習指導要領における学級経営

　学習指導要領において，学級経営と密接に直接的な関係性を持つのは教科外活動の「特別活動」の一領域である「学級活動」である。平成29年版中学校学習指導要

表9-1　学級活動の目標と内容（文部科学省，2017a より筆者作成）

目標	学級活動の目標：学級や学校での生活をよりよくするための課題を見いだし，解決するために話し合い，合意形成し，役割を分担して協力して実践したり，学級での話合いを生かして自己の課題の解決及び将来の生き方を描くために意思決定して実践したりすることに，自主的，実践的に取り組むことを通して，第1の目標（引用者注：特別活動の目標）に掲げる資質・能力を育成することを目指す。
内容	（1）学級や学校における生活づくりへの参画 　ア　学級や学校における生活上の諸問題の解決 　イ　学級内の組織づくりや役割の自覚 　ウ　学校における多様な集団の生活の向上 （2）日常の生活や学習への適応と自己の成長及び健康安全 　ア　自他の個性の理解と尊重，よりよい人間関係の形成 　イ　男女相互の理解と協力 　ウ　思春期の不安や悩みの解決，性的な発達への対応 　エ　心身ともに健康で安全な生活態度や習慣の形成 　オ　食育の観点を踏まえた学校給食と望ましい食習慣の形成 （3）一人一人のキャリア形成と自己実現 　ア　社会生活，職業生活との接続を踏まえた主体的な学習態度の形成と学校図書館等の活用 　イ　社会参画意識の醸成や勤労観・職業観の形成 　ウ　主体的な進路の選択と将来設計

領におけるこの活動の目標と内容とを示したのが表9-1である。

　学級活動の目標中，「学級や学校での生活をよりよくするための（中略）協力して実践したり」という前半の文言に，先に示した日本的な集団づくりの特徴を看取できるだろう。内容は大きく2つに分けることができる。1つは「(1) 学級や学校における生活づくりへの参画」であり，もう1つは「(2) 日常の生活や学習への適応と自己の成長及び健康安全」「(3) 一人一人のキャリア形成と自己実現」である。前者は，集団の中での自分の立ち位置や役割を自覚しながら，集団生活の質を向上させるものである。後者は個別の生徒の抱える悩みや発達課題，また将来の展望などをこの活動を通して解決するものである。前者は日本の学級の特徴を形成すると思われる活動が主となっているし，後者はキャリア教育の視点が強く打ち出されている。この活動を行うにあたり留意しなければならない点は，他の活動との関連を図ることであろう。各教育活動は別個に存在しているわけでないからである。特に日本の学級は共同体側面を基盤とした機能体の側面も有しているので，この点，他の活動への興味関心を持つことが重要である。

(2) キャリア教育の核となる学級経営

　キャリア教育は「生きる力」の育成と関わって，その充実が学校における当面の課題の1つであると考えられる。加えて日本の子どもの課題の解決もキャリア教育の充実にあると考えるからである。というのも，国際学力調査の結果等から，子どもたちの獲得する得点や順位と比較して，学習意欲の低さが目立っており，また教科学習が彼らの将来に展望を与えていないからである。

　キャリア教育で育成する力は「基礎的・汎用的能力」である。これらは次の4つの具体的な能力から構成される。それは「人間関係形成・社会形成能力（コミュニケーション・スキル，チームワーク，リーダーシップなど）」，「自己理解・自己管理能力（自己の役割理解，忍耐力，ストレスマネジメントなど）」，「課題対応能力（情報の理解・選択・処理等，課題発見，計画立案，評価・改善など）」，そして「キャリアプランニング能力（学習・労働の意義や役割の理解，多様性の理解など）」である（文部科学省，2011）。

　キャリア教育は学校のすべての教育活動で実施するものである。だから特定の活動だけで行えばよいというものではなくて，各活動の特徴に応じた取り組みが考えられなければならない。なぜ本節では学級経営の核にキャリア教育を設定しようとするのかといえば，各活動で行われるキャリア教育は「断片」であって，教科外活

動はそれをつなぐ役割を有すること（文部科学省，2011），また教科担任制をとる中学校と高等学校においては，ともすれば生徒理解が不十分になる可能性があるので，学級（ホームルーム）担任が指導する教科外活動が重要であること，そして学級活動が学級経営と密接な関係性にあるからである。

合わせて中学校及び高等学校の教員は，教科に関する高い専門性を有しているので，それぞれの教科の特徴を踏まえたキャリア教育を行うこともまた求められているだろう。そのためには学習指導要領やキャリア教育に関する資料にあたることが有効である。

3節　生徒指導の機能が生きる教育課程

1．生徒指導の機能と教育課程

（1）生徒指導の特質：生徒指導機能論

学校の教育活動は「管理・組織（administration & system）」，「教授－学習（teaching-learning）」，「指導・援助（guidance & counseling）」の3つの局面から構成される（仙崎，2006）。生徒指導は，このうち「指導・援助」に深く関わり，学習指導と並んで「学校の教育目標を達成するうえで重要な機能を果たす」（文部科学省，2010）教育活動である。児童生徒一人ひとりが持つ能力や可能性を最大限に引き出し開花させると同時に，公共性を備えた市民社会の形成者を育成することをめざし，すべての教師が教育実践の場において担っていくものである。

「教授－学習」に関しては，教科・特別な教科道徳・特別活動・総合的な学習の時間が教育課程に基づく教育活動として位置づけられ，学習指導要領に指導内容や到達目標，授業時数などが明示されている。一方，生徒指導（教育相談と進路指導を含む）は，学校教育として行われるすべての活動（休み時間や放課後の活動，登下校時の安全指導なども含む）において，学校教育目標を達成するための「機能」として働くものである。つまり，生徒指導は目に見えない潜在的な教育活動として，目に見える教授－学習活動を底から支えるものとしてとらえることができる。

（2）生徒指導の目標：「自己指導能力」の育成

生徒指導は，もともとアメリカのスクールカウンセリングの「指導・援助（guidance & counseling）」の考え方を下敷きにしたものである。外的な規制によ

る指導だけでなく子どもの内面に働きかける相談的要素を持つ活動であり，その目標は「個々の児童生徒の自己指導能力の育成を目指す」（文部科学省，2010）ことに置かれている。

「自己指導能力」とは，独立した人間として自主的に判断し，主体的・自律的に行動し積極的に自己を生かしていくことができる力を指す。「その時，その場で，どのような行動が適切か，自分で考えて，決めて，実行する能力」であり，適切性の基準は他の人の主体性を尊重しているかどうか，自分自身の自己実現に繋がるかどうか，という点に求められる（坂本，1990）。

換言すれば，自己指導能力とは，危機も含め様々な生活場面で社会的に好ましい適応を果たしながら，自分の素質・能力・興味・関心などを伸長させていく力である。具体的には，①情報を選択する能力，②問題を解決する能力，③意志により決定する能力，④感情を統制する能力，⑤人間関係をつくる能力，⑥思考能力，などから構成されるものと考えられる（篠田，2009）。

すべての教師が，生徒指導は個々の児童生徒が社会の中で自己実現を達成できるような人間形成を促すための教育活動であることを共通理解し，教育課程の内外のあらゆる機会を通じて，包括的・多面的な視点から実践することが求められる（新井，2013）。

（3）生徒指導と教育課程との関係

では，そのような生徒指導と教育課程との関係はどのように考えればよいのであろうか。生徒指導は，特定の教科や活動においてなされるものではなく，教育課程全体において展開され機能するものである。つまり，生徒指導にとっては，教育課程全体がその役割を果たすためのフィールドということになる。

低学力や貧困など様々な格差が拡大する中で，すべての児童生徒に共通の学習内容を提供することが難しくなりつつある今日，「教育課程の共通性を保持する上で，生徒指導の果たす役割はきわめて大きくなっている」（深谷，2007）という指摘がある。生徒指導には各教科の学習活動を効果的に進めるための学業指導（educational guidance）が含まれ，学習意欲を高め，学習規律を形成し，安心して学べる環境をつくるなど基本的な学習態度を育てることがめざされている。また，いじめや不登校など，学習活動にいたる以前の段階の問題への対応が生徒指導によって行われ，教育課程を推進する上での前提条件を整える役割も担っている。

一方で，教育課程は，各人の自己実現を志向する生徒指導を推進するために必要

な様々な知識や価値観が学習される機会を提供する働きを持っている。特に，道徳科や特別活動においては，個人の尊重や集団活動の意義など生徒指導の目標に直結する価値観や態度の習得が行われている。このように，生徒指導と教育課程との関係は，「相互の指導を促進し合う」（深谷，2007）相互補完的なものであると考えることができる。

しかし，学校が編成する教育課程は教育目標にはじまり，めざす児童生徒像，日課表や授業時数など，多岐にわたる要素から成り立っている。そのため，教育課程は校内において多様に理解され，全体としての共通理解が阻まれ，教育課程全体を通した生徒指導の機能化を困難にしている場合も少なくない。その点において，教育課程全体の構造を明確にした上で，教育課程についての教師間の共通理解を図ることが必須の課題である。

2．教育課程の諸領域と生徒指導

（1）教科学習と生徒指導

生徒指導の機会は，各教科の学習活動の中に多く見いだされる。例えば，授業態度の好ましくない児童生徒を注意したり，励ましてやる気を起こさせたりすることなどは，すべて生徒指導である。しかし，そのような教科指導そのものと切り離された授業規律や学習態度に関する生徒指導ではなく，教科の学習自体に内在化された生徒指導こそが重要であると思われる。

新学習指導要領解説総則編において，小・中学校とも，「自己指導能力の育成を目指すという生徒指導の積極的な意義を踏まえ，学校の教育活動全体を通じ，<u>学習指導と関連付けながら</u>，その一層の充実を図っていくことが必要である」と，下線部の文言が付け加えられ，あらためて学習指導と生徒指導の一体化の必要性が強調された（文部科学省，2017b）。授業の中に，知識や思考力を育て学力を高める「教授-学習」だけではなく，個性を伸ばし社会性をはぐくむ生徒指導の機能（「指導-援助」）を取り入れることができれば，教科指導も一層豊かなものになっていくのではないだろうか。

「自己指導能力」の育成を図るためには，日常の教育活動において，①児童生徒に自己存在感を与える，②共感的人間関係を育成する，③自己決定の場を与え，自己の可能性の開発を援助する，という3点に留意する必要がある。

①「児童生徒に自己存在感を与える」とは，子どもは現にここに存在していることでかけがえのない存在であることを認め，自分が大切にされていると子どもが思

えるような関わりを教師が，また児童生徒同士が行うことである。②「共感的人間関係の育成」とは，人間として尊重し合う態度でお互いを理解し合う人間関係を育てることである。③「自己決定の場を与え，自己の可能性の開発を援助する」とは，自分で考え選択する機会をできるだけ多く用意し，自らの決断と責任のある行動がとれるように働きかけることで，自己の可能性に気づき，その伸長をめざして努力するような態度形成を図ることをいう（中西，1991）。

　上記の観点を教科指導の中に取り込むことで，授業の見直しを全校的に行った徳島の小学校の研究実践がある。この学校では，「なりたい自分になる（自己実現）」ために必要な自己指導能力を育成することを目標に，「課題設定」「グループ活動」「自己決定の場」「自治的な場と機会の保障」「責任と認め合い」「ふりかえりの重視」という6つの視点から，教科指導に生徒指導を内在化させた実践を行っている（徳島県小学校教育研究会，2014）。1年生から6年生までの各教科において，協同学習と内省を重視し，「教育内容（対象）と向き合い，教室内外の他者と向き合っているだけでなく，絶えず自分自身とも向き合っている」（佐藤，1996）という三位一体の学習活動（この学校では，それぞれを「べんきょう」「なかま」「じぶん」とよんでいる）を展開することで，社会における自己実現のための資質や態度，行動力の育成を図っている。

　教室が児童生徒にとって安心できる場となり，授業で自分らしさを発揮し，主体的・協同的に学ぶことができるようになれば，教科学習は学力向上だけでなく，高い生徒指導の機能を持つことになる。各教科の授業にあたって，生徒指導が常に一体的に存在していることをすべての教師が理解し実践するとともに，授業改善や教育課程編成を通して生徒指導機能の充実を図ることが求められているといえよう。

（2）道徳と生徒指導

　生徒指導は，ややもすれば後追い的な問題行動への対応に限定してとらえられがちであるが，自己指導能力の育成という目標から考えても，内面の形成が不可欠であることは言うまでもない。人は自らの価値観によって生き方を選び，自らの行動を決定していく。その際，社会的存在として，公正かつ多角的な判断ができるような価値観をはぐくむことが大切である。

　『生徒指導提要』（文部科学省，2010）によれば，生徒指導と道徳教育とは，「道徳教育において児童生徒の道徳性が養われれば，それはやがて児童生徒の日常生活における道徳実践が確かなものになり，ひいては自己実現にもつながるため，生徒

指導も充実します。逆に，児童生徒の日常生活における生徒指導が徹底すれば，児童生徒は望ましい生活態度を身に付けることになりますから，これは道徳性を養うという道徳教育のねらいを側面から支えることになります」と，相互依存的な関係にあることが指摘されている。

　2018（平成30）年度からの新教育課程において，道徳が「特別の教科」となった背景の1つとして，深刻化するいじめの問題の解決に向けて道徳教育の充実が求められたことがあげられる。児童生徒が主体的にいじめの問題と向き合い問題解決的な学びへと発展させていくことによって，「授業内容と生活との乖離」を乗り越えるための質的転換が道徳科においてめざされているのである。

　したがって，これまで以上に生徒指導と道徳教育との協働を強め，児童生徒の生活の現実や課題に根ざした道徳授業を通して，「成長促進型の生徒指導」（開発的生徒指導）を展開するための土台としての内面形成を図ることが望まれる。

（3）特別活動と生徒指導

　特別活動は，学校生活における望ましい集団活動や体験的な活動を通して，児童生徒の全人的な成長を目標とする教育活動である。学級活動や学校行事，児童会や生徒会の活動に顕著なように，「自分たちの生活を豊かにしようとする自主的・実践的な活動や体験を特質とし，その活動の過程で自己と他者，社会とのかかわりを深めていく」（森島，2008）ことがめざされている。新学習指導要領においては，「望ましい集団づくり」の具体的な学習過程が「集団や社会の形成者としての見方・考え方を働かせ，様々な集団活動に自主的，実践的に取り組み，互いのよさや可能性を発揮しながら集団や自己の生活上の課題を解決する」ことであると明示された（文部科学省，2017d）。

　特別活動における集団活動には，生徒指導の機能が生かされる場面や機会が多く見いだされる。集団づくりのプロセスにおいては，集団活動の中で児童生徒がそれぞれの役割を担うことで自己存在感を得，集団の一員として共感的な人間関係をはぐくむことが重要となる。また，児童生徒の積極的な活動が展開されていくには，児童生徒理解と信頼関係に基づく生徒指導の充実が不可欠である。生徒指導の目標である自己指導能力の育成は特別活動の目標と重なり合うことから，両者の関連はきわめて深いと考えられる。

（4）総合的な学習の時間と生徒指導

　総合的な学習の時間の特徴は「横断的・総合的」な学びにある。教科の枠が学びの広がりを阻害してしまうことへの反省が，総合的な学習の時間の創設の背景にあったと考えられる。生徒指導もまた，教育課程上の枠組みによって広がりを妨げられてきた側面がある。『生徒指導提要』において「教育課程と生徒指導との相互作用」（文部科学省，2010）という視点が強調されているが，両者を連動させて展開するという発想は十分に定着しているとは言いがたい。

　2008（平成20）年の学習指導要領の改訂によって，総合的な学習の時間に「探究的な学習」が加えられた。探究的な学習とは，①「課題の設定」，②「情報の収集」，③「整理・分析」，④「まとめ・表現」といった一連の問題解決学習を指す。探究的な学習の過程においては，児童生徒自身による選択と自己決定が絶えず求められる点で，自己指導能力の育成と一致する点が多い。つまり，総合的な学習の時間は生徒指導の目標を教育課程において計画的に展開するものととらえることもできる。

　新学指導要領においても，児童生徒が「探究的な見方・考え方を働かせながら横断的・総合的な学習に取り組むこと」は，「よりよく課題を解決し，自己の生き方を考えていくための資質・能力を育成することにつながる」のであり，「学校教育のみならず，大人になった後に，実社会・実生活の中でも重要な役割を果たしていくのである」（文部科学省，2017b）とされている。『生徒指導提要』において，生徒指導の最終目標として示された「社会的なリテラシーの育成」と通じるものである。

　生徒指導が問題行動への後追い指導に限定されたならば，その機能を十分に発揮することができないのと同じく，総合的な学習の時間も，教育課程の枠組みによって分断されたのでは本来の意義を失ってしまう。アプローチの方法は異なるにせよ，包括的・多面的な視点から児童生徒の成長支援をめざすという点において，両者の共通性は高いと考えられる。

3．これからの生徒指導の方向性と教育課程：「ガイダンスカリキュラム」

（1）治す生徒指導から育てる生徒指導へ

　これからの生徒指導においては，特別な指導が必要な児童生徒への個別対応とともに，すべての児童生徒を対象にした開発的・予防的な生徒指導が重要になってくる。

　予防的生徒指導は，問題行動や危機に陥るリスクが高まった児童生徒への未然防

止の働きかけはもとより，すべての児童生徒を対象にした非行防止教室や薬物乱用防止教室などの予防的取り組みから構成される。また，開発的生徒指導としては，自己理解や人間関係づくりの促進をめざすプログラムや自己の将来をデザインするキャリア教育プラン，ストレスマネジメントやアサーショントレーニングなどの心理教育プログラム，などの取り組みがあげられる。

　しかし，いかに優れたプログラムでも単発で実施しただけでは大きな効果は期待できない。これらのプログラムを年間の授業計画の中に位置づけ，学年や学校全体で取り組むことが重要である。生徒指導を問題行動への後追い対応に矮小化しないためにも，本質的な問題解決をめざす，体系的・計画的な成長促進型の生徒指導の具体化が求められている。

（2）ガイダンスカリキュラム

　上記のような教育プログラムは，アメリカのスクールカウンセリングにおいては，「ガイダンスカリキュラム（guidance curriculum）」とよばれている。学校全体の教育課程に組み込まれ，幼稚園から高校まで段階的かつ継続的に提供されることによって，すべての子どもに学校生活や社会生活に必要な知識やスキルを育成することがめざされている（八並，2008）。

　日本においても，「ガイダンスカリキュラム」の主旨と類似した取り組みが，先進的な教育委員会や学校ではじめられている（Column 9 参照）。具体的には，生徒指導の内容をシークエンス（児童生徒の発達段階の順序）とスコープ（児童生徒の当面必要とする解決課題の内容や範囲）とで，縦・横に分類整理して計画し，授業として行うものである（高橋・今泉，2010）。多くは，特別活動の学級活動・ホームルーム活動の時間や，それ以外にも活用できる教育課程内の時間（総合的な学習の時間など）に実施されている。

　これからの生徒指導の方向性として，ガイダンスカリキュラムを学校の教育課程に位置づけ，小・中・高等学校を見通した積み上げ方式で実施することで，課題解決型の生徒指導から成長支援をめざす開発的生徒指導へのシフトを図ることが求められる。今後各学校で，全校の児童生徒を対象に「生徒指導の授業」の指導計画（カリキュラム）の作成と実施が広がり，深まることが望まれる。

第9章 学校経営・学級経営・生徒指導と教育課程との関連

ガイダンスカリキュラムの取り組み

　最近，日本でも，学校単位や地域で，ガイダンスカリキュラムを取り入れようという動きがみられる。先駆的な取り組みとして，横浜市教員委員会「子どもの社会的スキル横浜プログラム」，千葉県教育委員会「豊かな人間関係づくり実践プログラム」，さいたま市教育委員会「HRTプログラム」，埼玉県上尾市立西中学校他「社会性を育てるスキル教育」，大阪府松原市立第七中学校「人間関係学科（HRS）」などがあげられる。ここでは，横浜市教員委員会「子どもの社会的スキル横浜プログラム」について紹介したい。

　「子どもの社会的スキル横浜プログラム」（横浜市教育委員会，2012）は，子どもの問題行動の背景にみられる個人の社会的スキルの不足と学級の集団としての力の不足を補うために，18のスキルから構成される成長促進型・授業型の生徒指導を具体化したガイダンスカリキュラムである。教育課程にプログラムを組み込むことで，小・中の9年間，小・中・高校の12年間の計画的，系統的な社会的スキルの育成がめざされている。

　具体的には，グループ・アプローチを通じて，個々人の成長促進を図る「自分づくり」（4スキル），コミュニケーション能力の育成と人間関係の改善・発展を図る「仲間づくり」（12スキル），所属集団の発展と改善を図る「集団づくり」（2スキル）を学習する。指導プログラム集に載せられた119のプログラムの指導案について，それぞれ18のどのスキル育成に効果的か，実施時期，活動場所，所用時間，対象学年，活動場面（道徳・特別活動・総合的学習の時間など）はどうしたらよいかが一覧表に示されている。また，スキルの育成状況を測定するための心理尺度「Y-Pアセスメント」も用意され，学校の実情のリサーチからはじめて，PDCAサイクルで開発的生徒指導を展開する上での活用が期待される。

（横浜市教育委員会ホームページより）

第10章 各教科と道徳・特別活動・総合的な学習の時間の関連

1節 道徳と各教科との関連

1．道徳の教科化

（1）「考え，議論する道徳」への転換

　2015（平成27）年3月に，学校教育法施行規則及び小・中学校の学習指導要領の一部改正が行われ，道徳が新たな枠組みで教科化され，従来の道徳の時間が「特別の教科　道徳」（以下，道徳科）として位置づけられた。道徳科は，子どもたちの答えが1つでない問題に向き合い，「考え，議論する道徳」に取り組む中で，自立した人間としてよりよく生きようとする意志や能力をはぐくむことを目的としている。小学校では，2018（平成30）年度，中学校では2019（平成31）年度から，検定教科書を導入して，全面実施されることとなった。そのため，「考え，議論する道徳」への質的転換が進められるよう，各地で，研修会が実施されている。

　一部改正の背景には，社会問題となっている「いじめ」問題への対応はもちろんのこと，グローバル化の進展（様々な文化や価値観を背景とする人々と相互に尊重し合いながら生きること），情報通信技術など，科学技術の進歩（コミュニケーションや対人関係の変化，技術革新による新たな倫理問題），かつてないスピードでの少子高齢化の進行（家庭や地域の変化，誰も経験したことのない状況下での社会の持続，発展）など，社会の急激な変化に対応するための資質・能力を育成するために，道徳教育が大きな役割を果たすという考えがあったからである。ここでいう資質・能力とは，一人ひとりが，道徳的価値の自覚のもと，自ら感じ，考え，他者と対話し協働しながら，よりよい方向をめざすことができる資質・能力ということである。

　これまで，道徳教育は，学校の教育活動全体を通じて行うという方針のもとで進

められてきた。小・中学校では、1958（昭和33）年告示の学習指導要領で、各学年、週1時間の「道徳の時間」が設置された。しかし、これまでの道徳の時間は、国語科や算数科などの他教科に比べて軽視される傾向にあり、どのような教材を使ってどのような指導をしたらよいのかわからない、「読み物」教材が登場人物の心情の読み取りでだけで終わっており道徳的価値に迫ることができていない、学年が上がるにつれて道徳の授業の受け止めが悪くなるなど、多くの課題が指摘されてきた。

　図10-1の左は、東京学芸大学が実施した全国からサンプリングした教師を対象にした調査結果である。小・中併せておよそ7割の教師が、「道徳の時間が必ずしも十分に行われていないと思う」と回答している。このデータは、道徳の時間をカリキュラム上に計画した数値であり、実際には、道徳の時間が様々な事情によって、他の活動の時間として運用されていることが考えられる。この背景には、道徳教育や道徳の時間に対する否定的な見方から道徳教育そのものを忌避しがちな風潮があることや、他教科に比べて軽んじられている傾向があること等が考えられる。

　また図10-1の右は、文部科学省が実施した道徳教育実施調査における児童生徒の道徳の授業を楽しいあるいはためになると感じている割合である。これをみると学年が上がるにつれてその割合が低下していることが分かる。このことから、道徳の時間が児童生徒の発達の段階をふまえた内容や指導方法となっていなかったり、主題やねらいの設定が不十分で、単なる生活経験の話し合いや読み物の登場人物の心情の読み取りのみに偏った形式的な指導が行われていたりする例があること等、児童生徒にとっても教師にとっても魅力的ではない形骸化したものとなっていると

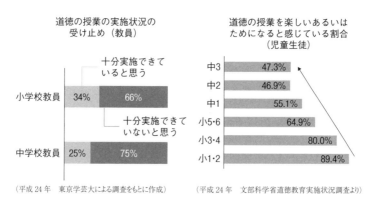

図10-1　道徳教育の実施状況（文部科学省、2016a）

・道徳の授業を十分実施できていると思う教員は小学校で3人に1人、中学校では4人に1人である。
・学年が上がるにつれて道徳の授業を楽しい・ためになると感じている割合が低下する。

いった実態がうかがえる。このような現状をふまえて，道徳の「教科化」が行われた。

(2) 道徳教育と道徳科の目標の一体化

　2015（平成27）年の一部改正（以下，一部改正の学習指導要領）によって，道徳教育と道徳科の目標が「よりよく生きるための道徳性を養う」ものであると統一された。その上で，中学校道徳科の目標は，「道徳的価値についての理解を基に，自己を見つめ，物事を広い視野から多面的・多角的に考え，人間としての生き方についての考えを深める学習を通して，道徳的な判断力，心情，実践意欲と態度を育てる」とした。つまり，道徳性を養うのが道徳教育であり，道徳性を養うための授業が「特別の教科　道徳」（道徳科）である。

2．「特別の教科　道徳」（道徳科）でめざす資質・能力

(1) 道徳科でめざす資質・能力とは

　道徳教育及び道徳科で育成することをめざす資質・能力は，人間としての生き方を考え，主体的な判断のもとに行動し，自立した人間として他者とともによりよく生きるための基盤となる道徳性である。この道徳性と「知識及び技能」「思考力，判断力，表現力等」「学びに向かう力，人間性等」の育成をめざす資質・能力の「3つの柱」との関係については，子どもの人格に直接働きかけて道徳性を養うという道徳教育の特質を十分に考慮する必要がある。道徳教育に係る評価などの在り方に関する専門家会議の「『特別の教科　道徳』の指導方法・評価等について（報告）」（2016［平成28］年7月）では，道徳性を「3つの柱」に分節することはできないとした上で，「3つの柱」と道徳教育・道徳科の特質において，次のような対応が示された。

- ・知識及び技能→「道徳的諸価値についての理解」
- ・思考力，判断力，表現料等→「物事を（広い視野から）多面的・多角的に考え，自己（人間として）の生き方についての考えを深める」
- ・学びに向かう力，人間性→「よりよく生きるための基盤」「自己を見つめ」「自己（人間として）の生き方についての考えを深める」

　道徳科の学習は，学習の中で，「道徳的価値についての理解」と「自己（人間として）の生き方についての考え」が相互に関わり合い，深め合うことによって，

「道徳性」を養うことへと繋がる。また，学びを人生や社会に生かそうとする「学びに向かう力，人間性等」の育成については，自立した人間として他者とともによりよく生きるための基盤となる道徳性を育てることに深く関わっている。

これらのことから，道徳科の道徳性を養う学習を支える重要な要素である「道徳的諸価値の理解と自分自身に固有の選択基準・判断基準の形成」，「人間としての在り方生き方についての考え」，道徳教育並びに道徳科で育成する資質・能力である「人間としてよりよく生きる基盤となる道徳性」の3つが，各教科等で育成をめざす資質・能力の「3つの柱」に対応するものといえる。

(2) 道徳科の目標・内容の改善

前述の通り，道徳性を養うのが道徳教育であり，道徳性を養うための授業が「特別の教科　道徳」（道徳科）である。つまり，小・中学校の道徳科で展開される学習活動が「道徳的価値の理解を基に，自己を見つめ，物事を広い視野から多面的・多角的に考え，人間としての生き方についての考えを深める学習」である。この学習活動を通して，道徳的な判断力，心情，実践的意欲と態度などの道徳性を育てることになる。

また，道徳科の内容は，道徳科を要として学校の教育活動全体を通して行う道徳教育の内容でもある。道徳科の内容は，次の点が改善された。

・小・中学校の体系性を高めるとともに，構成やねらいをわかりやすく示して指導の効果をあげる等の観点から，内容項目に手掛かりとなる「善悪の判断，自律，自由と責任」などのキーワードを付記した。
・内容のまとまりを示す4つの視点を児童生徒が捉える対象の広がりに即して整理し，順序を改めた。
　（改正前）　1　主として自分自身に関すること
　　　　　　 2　主として他の人とのかかわりに関すること
　　　　　　 3　主として自然や崇高なものとのかかわりに関すること
　　　　　　 4　主として集団や社会とのかかわりに関すること
　（改正後）　A　主として自分自身に関すること
　　　　　　 B　主として人との関わりに関すること
　　　　　　 C　主として集団や社会との関わりに関すること
　　　　　　 D　主として生命や自然，崇高なものとの関わりに関すること

・いじめ問題への対応の充実や発達段階を一層ふまえた体系的なものに改善し、小学校では、第1・2学年に「個性の伸長」「校正、公平、社会正義」「国際理解、国際親善」を、第3・4学年に「相互理解・寛容」「公平、公正、社会主義」「国際理解、国際親善」を、第5・6学年には、「よりよく生きる喜び」の内容項目を追加した。
・道徳科の内容項目の数を、小・中学校の6・3年間を視野に入れて、最も指導の適時性のある内容項目を学年段階ごとに、精選し、重点的に示した。第1・2学年19項目、第3・4学年20項目、第5・6学年22項目にまとめられた。
・内容の指導にあたって配慮すべき事項として、「情報モラルに関する指導の充実」や「社会の持続可能な発展などの現代的な課題の取り扱いにも留意し、身近な社会的課題を自分との関係において考え、その解決に向けて取り組もうとする意欲や態度を育てるよう努めること」が求められた。

(3) 道徳科の指導方法の改善

　道徳科では、他者とともによりよく生きるための基盤となる道徳性をはぐくむため、答えが1つではない道徳的な課題を一人ひとりの子どもが、自分自身の問題と捉え、向き合う「考え、議論する道徳」を実現することが「主体的・対話的で深い学び」の実現に繋がると考えられる。前述の専門家会議の報告書では、①読み物教材の登場人物への自我関与が中心の学習、②問題解決的な学習、③道徳的行為に関する体験的な学習の3つの指導方法を例示している。

　特に、②、③の学習について、一部改正の学習指導要領では、「第3　指導計画の作成と内容の取扱い」の2で、「生徒（児童）の発達の段階や特性等を配慮し、指導のねらいに即して、問題解決的な学習、道徳的行為に関する体験的な学習等を適切にとり入れる」こととされている。その際、「特別活動等における多様な実践活動や体験活動も道徳科の授業に生かすようにすること」が加えられた。

　これらの例示された3つの学習は、指導の型ではなく、子どもの実態等に即して、様々な展開が考えられる。また、①が中心の学習の中に②をとり入れるなど、それぞれの学習の要素を組み合わせた指導も考えられる。

(4) 道徳科における評価の改善

　道徳科の評価については、一部改正の学習指導要領「第3章　特別の教科道徳」の第3の4において「児童生徒の学習状況や道徳性に係る成長の様子を継続的に把

握」することが加わり，従来の方針と同様に，「数値等による評価は行わないものとする」とされている。

　道徳科の評価の対象は，道徳科の授業における児童生徒の「学習状況」と「道徳性に係る成長の様子」であり，そこから，児童生徒自らが成長を実感し，意欲的に取り組もうとするきっかけとなるような評価であることが望まれる。すなわち，児童生徒の成長を見守り，努力を認めたり，励ましたりする評価である。それに加えて，児童生徒のよさを見取り，これを伸ばす評価である。

　道徳科の評価の在り方については，前述の「道徳科の評価の在り方に関する専門家会議」で検討され，基本的な方向性が示された。それは「道徳教育担当指導主事協議会配布資料」（文部科学省，2016）によると，次の通りである。

・数値による評価ではなく，大くくりなまとまりを踏まえた評価とすること
・個々の内容項目ごとではなく，大くくりなまとまりを踏まえた評価とすること
・他の児童生徒との比較による評価ではなく，児童生徒がいかに成長したかを積極的に受け止めて認め，励ます個人内評価として行うこと
・学習活動において児童生徒がより多面的・多角的な見方へと発展しているか，道徳的価値の理解を自分自身との関わりの中で深めているかといった点を重視すること
・発達障害等のある児童生徒が抱える学習上の困難さの状況等を踏まえた指導及び評価上の配慮をおこなうこと
・調査書に記載せず，入学者選抜の合否判定に活用することのないようにすること

　そして，翌年の7月29日には，「学習指導要領の一部改正に伴う小学校，中学校及び特別支援学校小学部・中学部における児童生徒の学習評価及び指導要録の改善等について（通知）」が，都道府県教育委員会等に通知された。

（5）道徳教育・道徳科と各教科・領域との関係

　今回の学習指導要領の改訂では，各学校が設定する教育目標を実現するために，どのような教育課程を編成し，どのように実施・評価し，改善していくのかという「カリキュラム・マネジメント」の充実が求められている。また，教科横断的な視点で，各教科の内容を見直し，配列していくことの必要性も述べられている。

道徳教育が学校の全教育活動を通じて行う教科横断的な教育活動であることから，ここでは，道徳教育を中核に据えたカリキュラムの編成について考える。

図10-2は，道徳教育におけるPDCAサイクルである。このサイクルを意識すると道徳教育の全体像が捉えやすくなる。

道徳教育を推進するためには，まず，道徳教育全体計画を作成し，全体像を把握する。全体計画の作成にあたっては，地域の実情や子どもの道徳性の実態を明らかにすることが大切であるが，学校として育てたい子ども像を明確にすることが不可欠である。例えば，育てたい子ども像が「自他のいのちを大切にする子ども」であれば，これをふまえて，「生命尊重」と「思いやりの心」を基本方針として，「豊かなかかわりを通して，共によりよい生き方を求める子どもの育成」という道徳教育重点目標が設定できる。次に，すべての学年に共通する道徳重点内容項目を設定する。（2）の事例では，「D　主として生命や自然，崇高なものとの関わりに関すること」となる。また，道徳科の授業だけでは，道徳性を養うことが容易でないことから，重点内容項目を各教科の中でどのように指導するのかを具現化した計画，すなわち，各教科・領域で行う道徳教育の内容と時期を整理して示す道徳教育全体計画別葉（以下，別葉；表10-1）を作成する。そして，図10-2の流れに即した実践を行うのである。

このような道徳教育全体計画，別葉，重点内容項目，年間指導計画の作成は，教師が日々行っている子どもの見取りを重視し，その時々の子どもの姿についての気づきを出し合い，子どもの成長の様子やよいところ，改善しなくてはならないところ等について，何度も話し合い共通理解することが大切である。また，別葉を全教師の目にふれやすい場所に掲示して，互いに指導状況を確認し合ったり，関連がある指導場面が見つかった場合に書き加えたりするなど，全教師が関わることが肝要である。そのことが，一貫性のある教育活動の推進に繋がる。これら一連の取り組

図10-2　道徳教育におけるPDCAサイクル
（平成28年度明石市立鳥羽小学校研究紀要に基づき筆者作成）

表10-1　道徳教育全体計画別葉の例
(平成30年度明石市立鳥羽小学校道徳教育全体計画別葉に基づき筆者作成)

			教科										
			道徳	月	国語	月	理科	月	体育	月	総合	月	学級活動	月
D	生命や自然・崇高なもの	(19) 生命の尊さ	オオカミから教えられたこと	2	百年後のふるさとを守る	12	植物の発芽と成長 メダカの誕生 ヒトの誕生 花から実へ	4,5,6,9	けがの防止 いのちの教室 (いのちの体験学習) 心の健康	2,7	わたしの地球救出大作戦	10,11	自分の身を守ろう(避難訓練) いのちの教室(性に関する指導)	5,9
			お父さん(心)	2										
			人類愛の金メダル	2										
		(20) 自然愛護	ホタルが照らす里(心)	6	春の空 夏の空 秋の夕暮れ 冬の朝	7,11,1	植物の発芽と成長 流れる水のはたらき	4,10			みんなで作ろう自然学校	5,6		
		(21) 感動, 畏敬の念	稲むらの火	10	一枚の写真から	3							災害から身を守ろう	12
		(22) よりよく生きる喜び	花に思いを込めて	1										

表10-2　「人間としての在り方生き方」について (中央教育審議会, 2016)

	学習指導要領上の記述	趣旨 (学習指導要領解説より)
高等学校	人間としての在り方生き方についての考えを深める	・生きる主体としての自己を確立し, 自らの人生観・世界観ないし価値観を形成し, 主体性をもって生きたいという意欲を高める (高等学校学習指導要領解説　総則編 p.18)
中学校	人間としての生き方についての考えを深める	・人生の意味をどこに求め, いかによりよく生きるかという人間としての生き方を主体的に模索する ・人間についての深い理解を鏡として行為の主体としての自己を深く見つめる (中学校学習指導要領解説　特別の教科　道徳編 p.16-17)
小学校	自己の生き方についての考えを深める	・道徳的価値に関わる事象を自分自身の問題として受け止められるようにする ・他者との関わりや身近な集団の中で自分の特徴などを知り, 伸ばしたい自己について深く見つめる ・これからの生き方の課題を考え, それを自己の生き方として表現していこうとする思いや願いを深める (小学校学習指導要領解説　特別の教科　道徳編 p.18)

(http://www.mext.go.jp/component/b_menu/shingi/toushin/__icsFiles/afieldfile/2017/01/20/1380902_3_3_1.pdf　別添図16-3 参考「人間としての在り方生き方」について)

みが,「カリキュラム・マネジメント」の実現であるといえる。

　ここまで, 小・中学校における道徳教育並びに, 特別の教科道徳について述べてきた。高等学校における道徳教育については, 人間としての在り方生き方に関する教育を行うという基本的な考え方は, 従前どおりであるが, 学校の教育活動全体を

通じて行う道徳教育の重要性が強調され，一層の充実を図ることが示された。表10
－2は，小・中・高等学校における人間としての在り方生き方と道徳科との関連を
示したものである。

2節　教科指導と特別活動

1．特別活動の目標と教育課程

（1）特別活動創設からの経緯

　今日の特別活動に該当する儀式，遠足，運動会，学芸会等の教科外の活動は，明治時代には，すでに学校の教育活動に取り入れられていた。これらの教科外の活動は，児童生徒の自主性，創造性，自治制等の人間形成機能を有していたが，「課外活動」としての位置づけであった。しかし，戦後，「課外活動」とされてきたこれらの活動は，教育課程の中に組み込まれることとなった。

　1947（昭和22）年に示された学習指導要領一般編（試案）では，教科等で学習したことを有機的に発展させて学ぶ教科「自由研究」が設置された。「自由研究」は，クラブ活動，学級・学校における委員・係の活動を教科として課したものであり，後の「特別教育活動」の母体となった。また，新制中・高等学校では，「選択教科」の一部として「自由研究」を設置した。その後，1949（昭和24）年に，中・高等学校の「自由研究」は廃止され，「特別教育活動」が設置された。また，小学校では，「教科以外の活動」とされた。

　そして，1958（昭和33）年告示の学習指導要領において，小・中・高等学校を通じて「特別教育活動（「生徒会（児童会）活動」「クラブ活動」「学級活動」）」が導入され，1968（昭和43）年告示の学習指導要領で「学校行事」を統合して，名称が「特別活動」に変更された。1989（平成元）年告示の学習指導要領からは，中・高等学校における「クラブ活動」は部活動による代替が認められるようになり，1998（平成10）年学習指導要領では，中・高等学校から「クラブ活動（部活動）」が削除され，今日に至っている。

（2）特別活動の目標と内容

　2017（平成29）年告示学習指導要領（以下，新学習指導要領）では，目標の示し方が大きく変更された。中・高等学校の特別活動の目標は，学習指導要領「第5

章」の「第１目標」において，次のように示されている。

　集団や社会の形成者としての見方・考え方を働かせ，様々な集団活動に自主的，実践的に取り組み，互いのよさや可能性を発揮しながら集団や自己の生活上の課題を解決することを通して，次の通り資質・能力を育成することを目指す。
　①多様な他者と協働する様々な集団活動の意義や活動を行う上で必要となることについて理解し，行動の仕方を身に付けるようにする。
　②集団や自己の生活，人間関係の課題を見いだし，解決するために話し合い，合意形成を図ったり，意思決定したりすることができるようにする。
　③自主的，実践的な集団活動を通して身に付けたことを生かして，集団や社会における（主体的に集団や社会に参画し，）生活及び人間関係をよりよく形成するとともに，人間としての生き方についての考えを深め（在り方生き方についての自覚を深め），自己実現を図ろうとする態度を養う。[（　）は高等学校]

　この目標に示されている「見方・考え方」とは，子どもの物事を捉える視点や考え方のことであることから，「集団や社会の形成者としての見方・考え方を働かせる」とは，集団や社会の一員としての立場から物事を捉え，考えるということである。
　また，目標の①から③は，全教科共通の３つの柱である「①生きて働く『知識・技能』の習得，②未知の状況にも対応できる『思考力・判断力・表現力等』，③学びを人生や社会に生かそうとする『学びに向かう力・人間性等』の涵養」の育成をめざしている。
　なお，特別活動が目標としていることは，従前と変わらないことが前提であるとして，特別活動ではぐくむ資質・能力「人間関係形成」「社会参画」「自己実現」の３つの視点をふまえ，上記の全教科共通の３つの柱に整理された資質・能力の育成を図らなければならない。
　特別活動は，自己の生活上の課題を解決することをめざし，集団活動を通して，児童生徒が学校生活を送る上での基盤となる力や社会で生きて働く力をはぐくむ活動である。その内容は，小学校においては，「学級活動」「児童会活動」「クラブ活動」「学校行事」，中学校では「学級活動」「生徒会活動」「学校行事」，高等学校では「ホームルーム活動」「生徒会活動」「学校行事」で構成される。

2．特別活動と各教科等との関連

(1) 特別活動と各教科との関連

　各教科は，指導しなければならない組織化された一定の内容があり，子どもはその内容を学習するという性格を有する。それに対して，特別活動は，各教科のような組織化された一定の内容を持ちにくく，各自の希望や選択によって，様々な活動をし，経験そのものが教科の内容に相当するといえる。それぞれの教育活動が行われる場合，両者は相互に関連し合いながら，子どもの成長・発達に寄与することになり，各教科の学習で獲得した関心・意欲や知識・技能が，特別活動における集団活動の場で総合的に発揮される。また，集団活動で培われた子ども相互のよりよい人間関係や生活づくりが学級経営を充実させることに繋がり，各教科における「主体的・対話的な深い学び」を支えることとなる。つまり，各教科と特別活動は，相互に支え合い，高め合う関係である。

　例えば，特別活動における集団活動においては，学級（ホームルーム）活動，児童会（生徒会）活動及び学校行事のどの内容でも，話し合いや自己表現・発表，共同の取り組みなどが重要である。また，活動の企画・立案を行ったり，調査・分析を行ったりすることもある。これらの活動の基礎となる能力は，各教科の学習を通して養われていく。対して，各教科で培われる能力は，特別活動における自発的な実践活動によって，高められたり，深められたりする。学級がそのまま学習集団として編成される場合はもちろん，その他の場合においても，学級（ホームルーム）活動をはじめ日常の特別活動の各内容における活動を教師の適切な指導のもとに行い，生徒の自主的，実践的な態度を育成することによって，各教科の指導の成果が十分上がるような集団となる。

　このように各教科・科目と特別活動はともに支え合い，図10-3に示す通り，相互に補い合う関係にある。

(2) 特別活動と「特別の教科　道徳」(道徳科) との関連

　特別活動と道徳科の関連については，小学校学習指導要領「第5章」の「第3の1(6)」(中学校も同文)では，「(前略)道徳教育の目標に基づき，道徳科などとの関連を考慮しながら，第3章特別の教科道徳の第2に示す内容について，特別活動の特質に応じて適切な指導をすること」と示されている。また，特別活動の目標の「自己の生き方についての考えを深め」や学級活動の内容の「協力し合って楽し

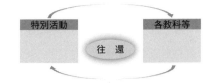

図10-3　特別活動と各教科との往還の関係
(教職員支援機構, 2017)

い学級生活をつくる」など，特別活動と道徳科の目標や内容は共通している点が多くある。これは，同学年や異学年の友達，地域の多様な人々，自然などとふれ合う特別活動における望ましい集団活動や体験的な活動が，道徳性を養うための重要な場になっているからである。道徳科は，資料などを通して，例えば「協力とは何か」を考えるが，特別活動では，「協力するためにはどうしたらよいか」について話し合い，決めたことを実行する。その上で活動を振り返り，「協力とは何か」について考えることができるようにする。つまり，道徳科の「自己の生き方について考えを深める学習」との関連を図り，特別活動の実践活動を通して，「自己の生き方についての考えを深め，自己実現を図ろうとする態度」を育てることが必要である。

その際，体験活動を通して，集団の一員としての望ましい認識が持てるようにする特別活動と，教材・資料を活用して多様な道徳的諸価値の内面化を図る道徳科とは区別して指導することが必要である。

3節　総合的な学習の時間と教科との関連

1．総合的な学習の時間と教育課程

(1) 総合的な学習の時間創設からの経緯

総合的な学習の時間は，1998（平成10）年告示学習指導要領において，各学校が地域や学校，児童生徒の実態等に即して，横断的・総合的な学習など創意工夫を生かした教育活動を行うものとして創設された。2008（平成20）年告示学習指導要領では，「知識基盤社会」に参画し，それを支える力を育成する上で，総合的な学習

の時間の中で行われている体験的な学習や課題解決的な学習は重要であるとされ，横断的・総合的な学習とともに，探究的な学習や協同的な学習とすることが示された。特に，探究的な学習を実演するために，「①課題の設定→②情報の収集→③整理・分析→④まとめ・表現」という探究のプロセスが明示された。とりわけ「④まとめ・表現」においては，明確になった考えや意見などをまとめ，表現し，そこからまた新たな課題を見つけ，さらなる問題の解決を始めるという学習活動を発展的に繰り返すことが求められた。

　しかし，教科等を横断して横断的・総合的・探究的な学習等に取り組み，各教科で知識・技能を活用する学習活動の充実を前提として，総合的な学習の時間の年間標準授業時数は削減された。（小学校6年間で150時間減の280時間，中学校3年間で20～145時間減の190時間）

　高等学校においては，2018（平成30）年3月告示の学習指導要領の改訂で，教育課程における「総合的な学習の時間」が「総合的な探究の時間」に変更された。それは，2016（平成28）年12月の中央教育審議会答申において「高等学校においては，小・中学校における総合的な学習の時間の取組の成果を生かしつつ，より探究的な活動を重視する視点から，位置付けを明確化し直すことが必要と考えられる」とされたことを受けたものである。

　高等学校では，各教科の専門性が強いことに加え，進路対策を意識するあまり，総合学習の全校的な取り組みが進まず，小・中学校に比べて低調であり，本来目指した教科横断的な学習や課題発見・解決能力の育成までに至っていないことが課題であった。そこで，小・中学校の指導要領で示された，比較する・分類する・関連付けるなどの「考えるための技法」を，高校段階では「自在に」活用できるようにすることを明確化したのである。

　上記の詳細については，2018（平成30）年7月の「高等学校学習指導要領解説 総合的な探究の時間編」第1章第1節並びに，第2節に明記されている。

（2）総合的な学習の時間の目標と育成すべき資質・能力

　新学習指導要領では，目標の示し方が大きく変更された。2008（平成10）年告示学習指導要領では，「横断的・総合的な学習や探究的な学習を通して」とされ，5つの要素から成る目標が国の基準として示されていた。また，育成する資質や能力及び態度について，各学校で明確に設定できるように「学習方法に関すること，自分自身に関すること，他者や社会との関わりに関すること」の3つの視点が示され

表10-3　総合的な学習の時間の「目標」に関する新旧対照表（小・中学校同文）
（文部科学省，2017a）

改　訂	現　行
第5章　総合的な学習の時間 第1　目標 　横断的・総合的な学習や探究的な学習を通して，自ら課題を見付け，自ら学び，自ら考え，主体的に判断し，よりよく問題を解決する資質や能力を育成するとともに，学び方やものの考え方を身に付け，問題の解決や探究活動に主体的，創造的，協同的に取り組む態度を育て，自己の生き方を考えることができるようにする。	第1章　総　則 第3　総合的な学習の時間の取り扱い 1　総合的な学習の時間においては，各学校は，地域や学校，児童の実態等に応じて，横断的・総合的な学習や児童の興味・関心等に基づく学習など創意工夫を生かした教育活動を行うものとする。 2　総合的な学習の時間においては，次のようなねらいをもって指導を行うものとする。 (1) 自ら課題を見付け，自ら学び，自ら考え，主体的に判断し，よりよく問題を解決する資質や能力を育てること。 (2) 学び方やものの考え方を身に付け，問題の解決や探究活動に主体的，創造的に取り組む態度を育て，自己の生き方を考えることができるようにすること。 (3) 各教科，道徳及び特別活動で身に付けた知識や技能等を相互に関連付け，学習や生活において生かし，それらが総合的に働くようにすること。

た。しかし，新学習指導要領では，それをさらに進めて，「探究的な見方・考え方を働かせ，横断的・総合的な学習を行うことを通して」とし，育成すべき資質・能力が表10-3に示すように（1）（2）（3）として具体的に目標として示された。このことは，今回の学習指導要領の改訂全体の特質を反映したものといえる。

　この冒頭部分の「～の見方・考え方を働かせ」の文言は，すべての教科等で，学習の中核となるものの見方・考え方として明示している。この見方・考え方とは，学習指導要領解説総則編では，「『どのような視点で物事を捉え，どのような考え方で思考していくのか』というその教科ならではの物事を捉える視点や考え方である。各教科等を学ぶ本質的な意義の中核をなすものであり，教科等の学習と社会をつなぐものである」とされている。これについて，奈須（2017）は，「子供たちが明晰な自覚を持ってその教育ならではの『見方・考え方』を身に付け，さらにその教科が主に扱う領域や対象を踏み越えて，それらを様々な問題解決に駆使できるようになる」ことを，資質・能力が身に付いた状態としている。そして，教科の学習は，単にその領域固有の知識を習得させることではなく，ここをめざしてしっかり行われるべきだとしている。このことから，総合的な学習の時間における「本質的な意

義の中核」は,「探究的見方・考え方」と考えられる。

この「探究的な見方・考え方」とは,「各教科等における見方・考え方を総合的に活用して,広範な事象を多様な角度から俯瞰して捉え,実社会や実生活の文脈や自己の生き方と関連付けて問い続けること」である(中央教育審議会,2016,別紙1)。

2．カリキュラム・マネジメントの要としての総合的な学習の時間の役割

(1) 各学校において定める目標及び内容

新学習指導要領「第2の3」には,各学校において定める目標及び内容に関する留意事項が記されている。(1)では,目標設定に際して,各学校における教育目標をふまえ,育成をめざす資質・能力を示す必要があるとされた。

学校教育目標には,各学校が自律的に編成する教育課程の全体像を通して,育てたい子ども像(児童・生徒像)が描かれている。これをふまえて,総合的な学習の時間の目標を設定して,この時間の目標を実現するとともに,教育課程全体を円滑に実施することができる。

各学校で定める総合的な学習の時間の目標は,学習指導要領「第1」に示された目標をふまえつつ,各学校で育てたい児童・生徒像や育成すべき資質・能力などを児童・生徒の実態や地域の実態等も考慮しながら,各学校の創意・工夫に基づいて,自由に設定するものであり,学校教育目標と直接繋ぐことができる。これは,各教科にはない特質である。

また,総合的な学習の時間では,前述した通り,「探究的な見方・考え方」つまり,「各教科等における見方・考え方を総合的に活用して,広範な事象を多様な角度から俯瞰して捉え,実社会・実生活の課題を探究し,自己の生き方を問い続けること」を働かせ,横断的・総合的な学習を行う。したがって,そこでは,各教科で培われた見方・考え方や資質・能力が教科横断的に繋ぎ合わされ,深められていくことになる。そのようなことからも,総合的な学習の時間は,学校教育目標をふまえた教科横断的な視点からのカリキュラム・マネジメントの要といえる。

(2) 各教科等で育成をめざす資質・能力との関連

第2節でも述べた通り,各教科等はそれぞれに固有の目標と内容を持っており,その目標を実現することで,教育課程全体が機能する。総合的な学習の時間では,「探究的な見方・考え方」を働かせ,横断的・総合的な学習を行う。その際,児童生徒が,事前に他教科で,個々の課題解決に必要な「見方・考え方」や資質・能力

を学び取っていれば，児童生徒は，より進化した課題解決を図ることができる。
　それと同時に，各教科等で培われた見方・考え方や資質・能力を総合的な学習の時間の中で活用した経験が，各教科での学びをより確かなものにして，当該教科における「深い学び」を実現することにもなる。つまり，総合的な学習の時間と各教科等との間で，いわゆる「知の総合化」が豊かに，また確実に生じるよう総合的な学習の時間の目標や内容を設定することは，相互に意義がある。
　そのためには，どの学年のどの時期にどの教科等において，どのような見方・考え方や資質・能力の育成が図られるのかを精査し，相互に適切な関連が図れるように，総合的な学習の目標及び内容を設定していくことが肝要である。

(3) 総合的な学習の時間と特別活動の関連

　総合的な学習の時間は，「探究的な見方・考え方を働かせ，横断的・総合的な学習を行うことを通して，よりよく課題を解決し，自己の生き方を考えていくための資質・能力を次のとおり育成することを目指す」と示されている。対して，特別活動の目標は，「集団や社会の形成者としての見方・考え方を働かせ，様々な集団活動に自主的，実践的に取り組み，互いのよさや可能性を発揮しながら集団や自己の生活上の課題を解決することを通して，次のとおり資質能力を育成することを目指す」である。この両者には，児童生徒が課題を見つけ，体験的な学習や協働的な学習を通して，課題解決に向けて取り組みを進めるという共通性を持っている。しかし，総合的な学習の時間が「探究的活動」であるのに対して，特別活動は「実践的活動」である。
　具体的には，総合的な学習の時間は，児童生徒が日常生活や社会に目を向けた時に発生する疑問や興味・関心を様々な方法で解決したり，明らかにしたりしていく学習活動である。そして，そこからまた新たな疑問や課題を見つけ，問題の解決に向けて取り組みを始めるという学習を繰り返しながら，スパイラルに発展的に高まっていくものである。それに対して，特別活動は，集団や自分自身の生活上の課題の解決に向けて，実際に皆で話し合ったことをもとに実践していくことであり，学校や学級生活の充実・向上に向けて，現実の問題解決に生かしていくものである。
　したがって，総合的な学習の時間で身に付けたよりよく解決する資質や能力は，特別活動で身に付けたよりよい生活や人間関係を築こうとする自主的・実践的な態度の基盤となり，また，その逆も同様であるといえる。

地域に開かれた教育課程：
「特別の教科 道徳」における取り組み

　子どもがよりよく生きるための基盤となる道徳性は，学校教育だけでなく，家庭や地域における様々な体験を通して養われていく。そのため，学校と家庭・地域が子どもの道徳性を養う上での共通理解を図るとともに，効果的な連携の在り方を検討することが必要である。その留意点として，学校からの一方向による協力依頼ではなく，相互の連携のもとに子どもの道徳性を養う土壌づくりに努めることが大切である。「小学校学習指導要領解説　特別の教科道徳編」に「道徳科の授業を公開したり，授業の実施や地域教材の開発や活用などに家庭や地域の人々，各分野の専門家等の積極的な参加や協力を得たりするなど，家庭や地域社会との共通理解を深め，相互の連携を図ること」とある。すなわち，学校，家庭，地域が，ともに子どもの道徳性を養う土壌をつくるためには，学校における道徳教育の取り組みを「知ってもらう」ことと「参加してもらう」工夫をすることが必要ということである。

　具体的には，学校だよりやホームページなどで道徳教育の方針や道徳教育に関する子どもの姿を発信することがあげられる。例えば，兵庫県では，道徳科の教科書や県版の副読本を家庭で家族と一緒に読むことで，学校における道徳教育の様子や道徳科の学習状況を知ってもらうという取り組みを進めている。また，オープンスクールなどを利用して，道徳科の授業を公開することもあげられる。その際，通常の授業参観のかたちに加えて，保護者・地域の人々が授業を受けるかたちで参加したり，ゲストティーチャーとして参加したりするなど，保護者や地域の人々・社会で活躍する人々への協力を得ることも視野に入れておくことが，授業の効果を高めることに繋がる。さらには，地域教材の開発や活用への協力を得ることによって，道徳科の授業の効果を一層高める効果が期待できる。

第11章 教育課程と評価

1節 教育課程における評価の意義と役割

1. 学びの確かめとしての教育評価：学習評価と教育評価

　教育評価は目的に応じて多様な内容があるので，教師が授業の指導でめざした指導目標がどれだけ児童生徒に修得され達成されたか，学びの成果と結果を見取る教師の教育活動を教育評価とよばずに学習評価という。教師の評価活動には，各学習時間の学習に関する評価以外にも定期テストによる成績評価，学期末の通知表による評価，年度末に１年間の学習結果を文部科学省の学校教育法施行規則という法令に基づく生徒（児童）指導要録という表簿に総合的に評価を記入するもの（総括的評価），高等学校等上級学校へ進学する際提出する調査書（内申書）にとりまとめる評価（評定），標準検査，学校の年間の科目など各教科全体の教育課程（カリキュラム）の評価，学校の教科学習以外も含めた教育活動全般を評価する学校評価，さらには全国学力テスト，IEA（国際教育到達度評価学会）のTIMSS調査，OECD（経済協力開発機構）のPISA（生徒の学習到達度調査）などの実態把握のテストなどが含まれるようになり，教育評価は現実の実に多様な教育活動場面で行われている重要な教育活動であるということができる。評価活動にはその目的と対象に応じていろいろな評価活動が求められる。教育活動に関する評価であることから，これらを一括して「教育評価」とよんでいる。しかし，教育評価の最も重要な役割は，教育活動の指導との関係でどれだけ役割を果たせるかという学習評価である。

　以上の評価活動を整理してみると，教育評価には，①学習指導や授業のための授業の評価，②学校の年間のカリキュラムや学校全体の活動を評価するような管理・運営のための評価，③学習者自身が自らの努力を見取る自己評価，④全国学力調査などの学力実態の調査や研究のための評価に分けることができる。

2．学習評価の意義と役割

(1) 診断的評価・形成的評価・総括的評価という各評価の役割

　いったん，授業が始まると学習指導は連続的に展開されるが，同時に学習指導する教師には一定の時間のまとまりごとに，成果を見取り，評価し，授業の進め方を調整・改善していくことが求められる。

　学習評価は指導する教師にとっては，①新しい授業を始めるにあたって，あらかじめ学習者の既習の知識・理解や技能の習得の実態を把握し，授業を円滑に始める手がかりを得る役割としての診断的評価，②教育目標の実現状況がどの程度修得できているかを学習の過程で見取り，十分な実現がなければ評価結果に基づいて，補充学習をさせるなり新たな手立てを考えるなど，次の指導に生かす準備をするための役割としての途中経過で行う形成的評価，③単元や学期末，学年末などまとめの評価としての総括的評価（評定とよばれる評価を含む）に分けることができる。総括的評価は「後の祭り」の評価であり，後悔しないためには，教授・学習指導の中間的場面で成果の実態を把握し，その結果を指導計画や指導方法の修正に生かし，不十分な部分は補充学習させ，教師にも子どもにも次の学習への準備を促すための評価，「そのつど評価」としての形成的評価が重要である。教師は，発問に対する子どもの反応や発言や表情ノート等を通して子どもの理解の実態を把握し，その成果に応じて臨機応変に認め，褒め・励まし，アドバイスする等の指導支援をし，一層学習活動を促進させる役割を果たしている。成果を早く子どもに返す「その場評価」「そのつど評価」をして，次の学習活動への意欲づけとねらいの明確化を図るのが，形成的評価の大切な役割となる。

　次に，学習者にとっての評価の意義は，①教師が行うテストに合わせた形で新たな学習の着実な積み重ねが可能になる学習のペースメーカーという役割，②教師など外側からテストをされ，成績評価されることによって，自分自身の学習の達成状況に気づく自己認識のきっかけとなる役割，③教師など外側からの客観的な評価に接していくことにより，自分に期待されている価値の方向性や目標・内容に気づく役割がある。この教師のアドバイスを受け入れることによって，ひとりよがりの自己評価（自己満足）でなく，めざすべき学習の目標・内容・程度などを正確に認識し，学習への姿勢を新たにする機会にすることができる。

　評価活動では，「信頼性」「客観性」「妥当性」が求められる。学習成果の判断は，いつ，誰がやっても同じ結果がでる公平なものでなければならないという意味での

「信頼性」「客観性」，成長・発達の諸側面を正しく測定・評価しているという意味での「妥当性」が重要である。しかし，学習評価にとって，大切な点は，ただ客観的に数字や記号で学習者を冷たく評価するだけでなく，学習者自身のよさを見取り，「あなたもがんばればできるよ」と励まし，学習者自身の自己学習能力や意欲を高める「評価の教育性」を高めるのが，真の学習評価の役割でなければならない。

(2) タイラーの原理とカリキュラム評価

ところで，学習結果はあくまでも当初授業で教えるべき学習目標が明確に確立していなければ，学びの確かめである評価の基準がぐらついたものになり，評価活動の「信頼性」「客観性」「妥当性」を保つことができない。そのためには，学習評価の前提になる教育目標をあらかじめ明確に設定することの必要性を1940年代の早くから提案したのが，アメリカのタイラー（Tyler, R. W.）であり，その達成すべき評価目標を「教育目標の分類学」（タキソノミー）として1950年代に整理発展させたのがタイラーの弟子のブルーム（Bloom, B. S.）である。

タイラーが教育課程の編成目標と評価について提案したタイラーの原理とは次の四段階過程である。まず，①教育課程の編成は児童生徒の実態，教科内容の成果を踏まえて「～することができる」「～を理解する」「～について興味・関心を持つ」等「指導目標」を具体的に行動目標として設定すること。②指導目標を達成するために必要な教育的体験や経験を明らかにすること。③教育的体験や経験を教師の一連の学習指導の過程の流れとして位置づけること。④教師がめざした指導目標が児童生徒に達成されたかを評価するという流れで構成される。タイラーは外的に表れた明白な行動や教育内容によって教育目標群を定義することによって，その教育目標の達成の度合いも明確に評価できると考えた。このタイラーの原理の意義は，これまで教育課程の編成に際して，目標があいまいに設定されていた指導目標と評価目標の関係を，指導をする前提として，指導目標を明確に行動目標として設定しておくこと，評価はあらかじめ設定した教育目標に照らし合わせて教育評価をすることが大切であると提案したことである。

(3) 評価目標を導くブルームの「教育目標の分類学」

ブルームの教育目標の分類学（タキソノミー：Taxonomy of educational objectives）がどのような理論なのか説明しておかなければならない。

ブルームらは教育活動でめざすべき教育目標を分類し，段階的に高度化する認識

の枠組みを開発し，その枠組みを植物学の分類をヒントに「教育目標の分類学（タキソノミー）」と名づけた。具体的な例で「認知的能力」の目標の場合の例として，「三平方の定理がわかった」という場合，それは「公式を覚えていればいい」のか，「直角三角形の場合，三辺の長さの内二辺がわかっている場合，残りの一辺を求めることができるという関係を説明できればいい」のか「三平方の定理を生活場面で活用できなければならない」のかなど，「三平方の定理がわかった」といっても実に多様に解釈でき，一人ひとりの学習の「三平方の定理がわかった」という学びの深さが「覚えること」なのか「説明できること」なのか「使えること」なのかがわからないので，結局めざすべき教育目標が達成できたかどうかを見取ることができない。そこで，ブルームらのタキソノミーの認知の枠組みに照らし合わせてみることによって，目標が「知識として習得できた」「理解できた」「応用できるようになった」など，どの段階まで知的能力が達成されたかが評価できることになる。

　ブルームは，子どもたちが習得すべき教育目標を「認知的能力」「情意的能力」「運動技能的能力」に区分け設定し，それぞれの領域で能力が段階的に身に付き高度化したかを「教育目標の分類学」（タキソノミー）というモデルとして構造化して示した。「認知的能力」の目標は，「知識」→「理解」→「応用」→「分析」→「総合」→「評価」へ発展する能力で，基礎知識として修得し，自分で言えるように理解を深め，公式を活用して応用問題が解け，比較・分析から違いと共通性を発見し，自分なりにまとめができるようになる。そして，結局この学習にはこんな意義や価値があると価値づけできるようになり，学習能力が段階的に発展し高度化し，教師が各到達段階に達成できたかを見通すことができるようになる。「情意的能力」についても，「受容」→「反応」→「価値づけ」→「組織化」→「個性化」と，興味・関心・態度が養われ自ら意欲的に学習に向かって向上していく各段階を把握することができるとしている。

　タイラーは教育目標と教育評価はセットであると提案し，さらにブルームは，それを授業過程における学習目標と評価として「教育目標の分類学」を応用し，めざす教育目標に到達できない児童生徒に対しては授業途中のそのつど評価である形成的評価という手立てを講じて，すべての子どもたちが教育目標に到達できる学習システムである「完全習得学習」（マスタリーラーニング）を開発し，1970年代以降のアメリカ及び1970年代後半以降の日本の児童生徒の学習の「落ちこぼれ問題」を解決する学習方法として導入され，基礎学力の定着に大きな役割を果たした。

2節　相対評価・絶対評価と通知表・指導要録

1．相対評価の考え方

　学習目標の成果を正確に評価するには学習評価の考え方が客観的でしっかりしていなければならない。学習評価の方法をめぐっては，相対評価による考え方と絶対評価による考え方がある。戦後は，連合国軍のアメリカ教育使節団の指導もあり，アメリカで主流であった相対評価の考え方が，戦前の教師の主観的絶対評価法に代わって，客観的で科学的であるとして導入され，通知表や指導要録の学習評価方法として用いられた。相対評価は，集団内での相対的な位置に基づき，基準をテスト結果の測定値の分散状況（正規分布曲線）に応じて後から相対的に「A・B・C」や「1・2・3・4・5」のように3段階や5段階評価に機械的に配分し評価するので，「集団に準拠した評価」「結果を基準にした評価」といえる。

　相対評価の長所としては，①集団の結果と比較するので教師の主観によってぶれず，客観的な評価が可能になること。②平均（代表値）を基に散布度を単位にして評価尺度を設定するため各段階の子どもの比率を定めることができるので，各評定段階の意味が明確になる。③複数教科の異なる評価方法で比較が難しい場合でも，偏差値にして合計点や平均を出して段階評価していけば，異教科の重みを等しくした比較が可能になる。④単元などの短いスパンの評価には適さないが，学期末・学年末等長期間の学習成果を確認し，評定化するには適した評価方法である。

2．目標に準拠した評価（客観的絶対評価）の考え方

　相対評価では，集団全体の質が高得点の場合には，少しの差で一段下の評価に振り分けられるなど，学習の努力や成果が正当に評価されないという不満が学校現場や保護者から批判が出されるようになった。学校では，授業の評価や通知表，年度末に法令に基づき成績や行動の記録を記入する公簿である指導要録（保存期間は，指導の記録が5年間，学籍の記録は20年間）の評価の方法としてこれまでの相対評価から絶対評価の考え方（目標に準拠した評価）に基づいて行うようになった。

　1991（平成3）年の指導要録改訂からは，公簿である指導要録の「学習の記録」欄，「評定」欄ともに目標に準拠した評価方法で評価されるようになった。指導に関する記録（様式2）表11-1の「各教科の学習の記録」はこれまでメインであっ

表11-1　指導要録　様式2参考様式（中学校）各教科の学習の記録（文部科学省平成22年通知案）

様式2（指導に関する記録）

生　徒　氏　名	学　　校　　名	区分＼学年	1	2	3
		学　　級			
		整理番号			

各教科の学習の記録

I　観点別学習状況

教科	観点＼学年	1	2	3	教科	観点＼学年	1	2	3
国語	国語への関心・意欲・態度								
	話す・聞く能力								
	書く能力								
	読む能力								
	言語についての知識・理解・技能								
社会	社会的事象への関心・意欲・態度								
	社会的な思考・判断・表現								
	資料活用の技能								
	社会的事象についての知識・理解								

II　評定

学年＼教科	国語	社会	数学	理科	音楽	美術
1						
2						
3						

学年＼教科	保健体育	技術・家庭	外国語
1			
2			
3			

教科	観点	1	2	3
数学	数学への関心・意欲・態度			
	数学的な見方や考え方			
	数学的な技能			
	数量や図形などについての知識・理解			
理科	自然事象への関心・意欲・態度			
	科学的な思考・表現			
	観察・実験の技能			
	自然事象についての知識・理解			

総合的な学習の時間の記録

学年	学習活動	観点	評価
1			
2			
3			

教科	観点	1	2	3
音楽	音楽への関心・意欲・態度			
	音楽表現の創意工夫			
	音楽表現の技能			
	鑑賞の能力			
美術	美術への関心・意欲・態度			
	発想や構想の能力			
	創造的な技能			
	鑑賞の能力			
保健体育	運動や健康・安全への関心・意欲・態度			
	運動や健康・安全についての思考・判断			
	運動の技能			
	運動や健康・安全についての知識・理解			
技術・家庭	生活や技術への関心・意欲・態度			
	生活を工夫し創造する能力			
	生活の技能			
	生活や技術についての知識・理解			
外国語	コミュニケーションへの関心・意欲・態度			
	外国語表現の能力			
	外国語理解の能力			
	言語や文化についての知識・理解			

特別活動の記録

内容	観点＼学年	1	2	3
学級活動				
生徒会活動				
学校行事				

た「評定」欄に代わり，「学習の記録」欄がメインになり，学習の記録も「観点別学習状況」欄として設けられ，その評価観点も情意的能力としての「関心・意欲・態度」，認知的能力としての「思考・判断」「知識・理解」，精神運動的能力としての「技能」，の観点別評価の考え方で構成されていた。

　学習評価は「集団の位置」から「目標への到達度」を評価尺度とすることになった。目標に準拠した評価（絶対評価）は，児童生徒に到達してほしい学習目標をあらかじめ評価目標とし，学習の到達状況を具体的に「評価規準表」として表しておき，指導目標の裏返しである評価目標として設定し，児童生徒にも保護者にも納得してもらえる信頼性を高める評価方法である。絶対評価の評価法は，相対評価法の集団の順位だけを表すのではなく，一人ひとりについてあらかじめ設定した指導目標に照らして行う評価であり，学習内容に関するフィードバック情報，次にどのような学習をすべきかというフィードフォワード情報を提供してくれ，学習の到達状況を複数の観点から分析的に見取ることができるようになる。そして，教科の観点別評価を教科として1つに総括化し，教科としての能力として集約したものを「評定」欄に記入することにしている。「評定」では小学校の場合は「1・2・3」の3段階評定を，中学校・高等学校の場合は「1・2・3・4・5」の5または10段階評定を採用している。また，観点別評価の場合は，「学習指導要領に示す目標の達成状況を観点ごとに評価する」として，「実現の状況」によって，「十分満足できる」はA，「おおむね満足できる」はB，「努力を要する」はCの3段階評価を行う。

3．2016年中教審答申に基づく学習評価の改善

　新しい教育課程に改訂するため諮問された中央教育審議会は2016（平成28）年12月に答申し，「観点別評価については，目標に準拠した評価の実質化や，教科・校種を超えた共通理解に基づく組織的な取組みを促す観点から，小・中・高等学校の各教科を通じて，『知識・技能』『思考・判断・表現』『主体的に学習に取り組む態度』の3観点に整理することとし，指導要録の様式を改善することが必要」とした。

　また，答申では『主体的に学習に取り組む態度』と資質・能力の柱である『学びに向かう力・人間性』の関係については，『学びに向かう力・人間性』には①『主体的に学習に取り組む態度』として観点別評価（学習状況を分析的に捉える）を通じて見取ることができる部分と，②観点別評価や評定にはなじまず，こうした評価では示しきれないことから個人内評価（個人の良い点や可能性，進歩の状況について評価する）を通じて見取る部分があることに留意する必要がある」とした。

さらに，様式の改善については，「指導要録における文章記述欄については，例えば『総合所見及び指導上参考となる諸事項』については要点を箇条書きとするなど，必要最小限のものにとどめる」と配慮した。加えて，「指導要録の『指導に関する記録』に記載する事項をすべて満たす通知表を作成するような場合には，指導要録と通知表の様式を共通のものとすることが可能であることを明示する」と提言するなど教師の負担軽減に配慮する改訂になった。

4．到達目標・向上目標・体験目標

　学校の教育活動において実現をめざす目標は2つに大別される。1つは教育基本法のように理想としての「期待目標」である。もう1つは，どの子も現実にここまでは到達してほしいという授業における学習成果に関する「到達目標」である。日常の学習活動ではこれらの直接的成果を求める「到達目標」型の教育目標を追求することになる。具体的に教育成果を評価するには，「達成目標」「向上目標」「体験目標」という3タイプの評価目標に区分することになる（表11-2）。

　まず，「達成目標」は授業中に「〜することができるようになる」等特定の具体的な知識や能力を身に付けることが求められるような目標である。

表11-2　目標類型と目標累計の観点から見た目標分類（梶田，2010）

	目標類型	達成目標	向上目標	体験目標
領域	認知的領域	・知識 ・理解 　　　　等	・論理的思考力 ・創造性 　　　　等	・発見 　　　　等
	情意的領域	・興味 ・関心 　　　　等	・態度 ・価値観 　　　　等	・触れ合い ・感動 　　　　等
	精神運動的領域	・技能 ・技術 　　　　等	・練達 　　　　等	・技術的達成 　　　　等
到達性	到達性確認の基本視点	・目標として規定されている通りにできるようになったかどうか	・目標として規定されている方向への向上が見られるかどうか	・目標として規定されている体験が生じたかどうか
	目標到達性の性格	・特定の教育活動の直接的な成果	・多様な教育活動の複合的総合的な成果	・教育活動に内在する特定の経験
	到達性確認に適した時期	・授業中 ・単元末 ・学期末，学年末	・学期末，学年末	・授業中 ・単元末

次の2つ目のタイプの「向上目標」は，指導をある程度積み上げていくことによって，その子なりにその方向への向上や深まりが実現される目標である。思考力・表現力や鑑賞力，指導性や社会性，集中力，持続性，創意工夫や自己洞察力など総合的で高次の目標が対象になる。この場合は，自分自身の比較で「以前の自分に比べて向上した」という以前の自分との比較をする個人内評価の方法で評価することになる。

　3つ目の「体験目標」は，学習者自身になんらかの変容を直接狙うものではなく，学習者の知的・精神的な成長のためには，ふれ合い・交流体験，発見のように心に楔のように突き刺さり，いつまでも忘れられない新鮮な感覚を伴う特定の体験それ自体を目標とするような目標である。教師は日常の学習指導では授業を進める際，教える学習内容とは別に心の中で，指導目標の実現をこのように短期的，中期的，長期的な観点に立って「達成目標」「向上目標」「体験目標」の育成を図ろうとしている。

3節　評価の方法

1．パフォーマンス評価とは何か

　現在，多くの国々において「パフォーマンス評価（performance assessment）」が新たな評価観として注目されている。日本でパフォーマンス評価に対する関心が高まったのは，2004年のいわゆる「PISA ショック」を契機としている。例えば，日本における「全国学力・学習状況調査」のB問題の内容に，PISA の結果の影響をみることができる。

　また，教育政策に関連する公的な文書においても，文部科学省「小学校学習指導要領解説　総合的な学習の時間編」（2008年6月）にパフォーマンス評価という用語がはじめて登場している◆1。さらに，中央教育審議会初等中等教育分科会教育課程部会「児童生徒の学習評価のあり方について（報告）」（2010年3月）では，「思考力・判断力・表現力等を評価するに当たって，『パフォーマンス評価』に取り組んでいる例も見られる」と紹介されるにいたっており，現在，パフォーマンス評価に関する研究の需要が高まっている。

　一般的にパフォーマンスとは，具体的な状況の中で実際になんらかの目的・目標に向かって一連のタスクを遂行する過程，及びその結果のことである。教育現場で

の教授・学習のあり方の新しい評価の方法として追求されるパフォーマンス評価は，まさにこの概念上にある。つまり，課題に対する児童生徒の実践的なアプローチの結果とその過程を評価する評価法であり，児童生徒が現実的な状況や文脈において，知識とスキルを「どのように活かすのか」が重要な評価対象となる。すなわち，児童生徒自らが自身の知識や技能を表現できるようなかたちで産出物（作品，問題解決の仕方，制作過程，討論などを含む）を提示したり，行動に表したり，答えの構成を行うことが求められる。このようなパフォーマンス評価を行う授業では，児童生徒に現実の世界を模した課題を与えることで，「真正性」を教室にもたらそうとしているのである。こうした課題をウィギンズ（Wiggins, G.）は，「魅力的で，実行可能で正当な，生徒にとって受ける価値のあるテスト」であると述べている（Wiggins, 1992）。

2．パフォーマンス課題の特徴

　パフォーマンス評価を行うためのパフォーマンス課題では，リアルな文脈（あるいはシミュレーションの文脈）において，様々な知識やスキルを総合して使いこなすことを求める。具体的には，論説文やレポート，スピーチやプレゼンテーション，実験の実施といったパフォーマンスを評価する課題などがある。

　パフォーマンス課題は，授業の目標に応じて多様である。細かな知識やスキルを

高校の外国語の課題

　コネチカット州では，8つの様式の課題が作成されました。ドイツ語，フランス語，スペイン語，イタリア語で男子生徒用と女子生徒用に分けてそれぞれ1つずつ，用意されました。以下は，ドイツ語の男子生徒用の様式です。

指示：
　あなたの家族はインターパル・プログラム（INTERPALS PROGRAM）における交換留学生のホスト役として承認されました。そこで，あなたと同居する予定のハンブルグからの交換留学生を歓迎する手紙を，ドイツ語で書きなさい。生徒の名前はヨハン・シュミットです。手紙の中に，以下のことについて記載しなさい。
　　・あなたの家族と住んでいる家
　　・あなたの学校と毎日の活動
　　・あなたの関心と趣味
　　・最近あなたの学校や地域社会で起きたこと

あなたはホスト・ファミリーとしてヨハンを迎えるので，ここで彼について知りたいことを質問してみて下さい。

図11-1　オープン・エンドな課題（Hart, 1994）

評価するための「短い評価課題（short assessment tasks）」から幅広い知識やスキル，コンピテンシーを評価するための「オープン・エンドな課題（open-ended tasks）」まで分類される。

　例えば，オープン・エンドな課題では，児童生徒に魅力のある状況とタスクを与えて考えさせ，独自の解答を伝えることが求められる。この解答は，様々な方法でアプローチし，図表，簡単な記述，スケッチなども認めている。図11-1は，オープン・エンドな課題（Hart, 1994）の事例である。

　図11-1のオープン・エンドな課題では，生徒の認知的な領域が問題解決力の手段として要求されており，実生活や真正性が高い状況での問題解決力の伸張が重視されているといえよう。また，生徒自ら調べて分析・検討し，まとめるような特徴を持っている。このようなオープン・エンドな課題に対する生徒の解答は，正誤で評価できないため，評価を行う際には，評価指標であるルーブリックを用いる。このルーブリックは，あくまでも児童生徒のパフォーマンスの特性を確認するためのツールの1つである。

3．ルーブリックの作成

　ラテン語の「赤い色」を意味するルーブリックは，宗教礼拝行事の指針や法院の決定事項で重要なことを強調するために赤い色を使用したことが起源であり，「重要な意味を含む」ことを意味する（Wiggins, 1998）。

　パフォーマンス評価を行う際，課題に対するルーブリックを作成することは，いちばんの核になる作業である。前述したパフォーマンス課題の選定と開発，ルーブリックの作成は異なる作業であるが，いずれも教育目標を達成するための評価規準を明確化するという点で欠かせない。また，ルーブリックを用いることによって，評価の信頼性をより高められるとともに，児童生徒と教師の間で授業目標を明確にし，共有することができる，という利点もある。

　ルーブリックは，一組の定められた評価の規準であり，テスト，ポートフォリオ，パフォーマンスなどを採点したり，評価したりするために用いられる。具体的には，課題領域に対するパフォーマンスのレベル（scale）と記述語（task description）で構成されている（図11-2）。

　ルーブリックは，パフォーマンス課題の特性や目的に基づいて，①総合的ルーブリック，②分析的ルーブリック，③発達的ルーブリック，④課題ルーブリックに分けられる。

①総合的ルーブリック（generic rubric）は，パフォーマンスの結果を段階に基づいて総合的に判断する評価方法である。例えば，児童生徒の多様なパフォーマンスであるコミュニケーション能力，総合力，文を書く能力などは個々にではなく，段階の中で総合的に，記述式で示される。

②分析的ルーブリック（analytic rubric）は，評価領域別で示されているパフォーマンスを段階別に判断する評価方法である。例えば，理科の研究能力を評価するためには，資料収集，実験設計，科学的な結果，発表の領域がそれぞれ区分され，それぞれの課題内容が叙述される。

③発達的ルーブリック（developmental rubric）は，児童生徒のパフォーマンスの水準を発達的な観点で評価する。すなわち，あるパフォーマンスが示す固有の発達内容を，初歩段階から専門的といえる高い段階まで，どのように変化し発達しているのかを質的に評価する。

④課題ルーブリック（task rubric）は，特定の教科やテーマを児童生徒がどのように理解しているのかを評価する方法で，小学校では最もよく使われている。課題ルーブリックは，①から③のルーブリックに比べて，教科やテーマに基づく児童生徒の学習の理解度に重点を置くものである。評価の対象となる教育の目標・内容・尺度・結果が根拠とともに，事前に児童生徒に提示される。このことによって，教師と児童生徒が評価について互いの理解を深められる。また，評価の過程・結果を統一するため，学校別，同学年教師（教科別）によるモデレーションとベンチマーク◆2の構築が進められている。

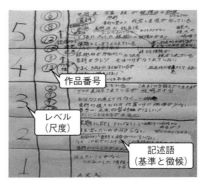

図11-2　総合的ルーブリック

また，ルーブリックのパフォーマンスのレベルは，与えられた課題をどの程度解決しているかを段階で区分する。実際には，1段階（初期水準の学力）から3段階（高い水準の学力）か，1段階から5段階（最も高い水準の学力）となっている例が多い。

　ルーブリックの記述語は，基本的に教える側によりつくられるものであり，児童生徒がパフォーマンスするべき課題が何種類かある。課題は，特別な研究課題（論説，実験，発表など）の形態で与えられ，実験計画案の使用，参加，教室でのパフォーマンスなど全体的な行動も含むものである。

　しかし，現在，教育現場において開発されている「記述語」の内容を確認すると，例えば図表を使った視覚資料などの場合，「見やすい」「正しく対応できていない」「あやまっている」などという表現がたびたびみられる。これではどのようなパフォーマンスを評価しているのかが明確ではない。例えば，「見やすい」は，「図や表等を用いて，自身の考えを根拠とともにまとめて表現している」のように観察可能な行動用語に替えるべきである。

　特に，高い推論を要するパフォーマンス評価では，評価項目を教師が適切に調整し，教師の評価と児童生徒による自己評価，そしてグループ評価などを並行する必要があるが，ルーブリックを使用すれば可能である。さらに，保護者にもこれを公開すれば，教師が期待していることを伝えるための意思疎通の道具ともなる。

　ルーブリックは，児童生徒に，自身の作品（学習の経過と成果）がこれからどのように評価されるのかを理解させるための効果的な道具になる。さらに，児童生徒が自分のパフォーマンスの到達度はどの程度で，これからどのようにして自分を向上させていけばよいかを自己評価する助けにもなる。また教師側も，ルーブリックによって点数で表すことができない学習の狙いや意義などを見きわめ，判断することができる。ルーブリックにはこのような利点があるが，十分に活用するには，児童生徒の多様な要求や異なる目標に合わせて継続的に修正・改善することが求められる。

4．パフォーマンス評価の問題点と今後の課題

　ただし，パフォーマンス評価を教育現場で実践することには，今もなお多くの問題や課題がある。パフォーマンス評価は，何より教師の専門性に依拠して実践されるのであり，更なる評価の客観性や信頼性を高めるためには，教育活動の理論と実践方法を合わせて体系的に構築することが要求される。教育現場においてパフォー

マンス評価の効果的な実践を推し進めるには，学校教育という場の持つ可能性と限界を認識しながら，カリキュラムの編成や授業づくりに関してこれまでの研究蓄積を再検討すること，そして，それらに基づく実践のあり方を追求し，常に改善していくことが重要である。なぜなら，教育評価は，現状を踏まえ，指導を改善するための評価でもあるからである。

　また，ほかにも留意すべきことをあげておこう。例えば，図11-1で紹介したオープン・エンドな課題では，多肢選択式のテストより，恵まれない環境（経済的，家庭環境的，学習環境的等）の生徒たちと恵まれた環境の生徒たちとの間で，パフォーマンス・ギャップが一層大きくなる可能性が高い。評価方法を変えるだけではなく，教育のあり方を根幹から問い直す作業が必要となる場合もあるのである。

4節　教育課程評価・学校評価

1．カリキュラム改訂，改革，改善と評価

　教育評価には，学習評価，授業評価，教育課程評価，学校評価など多面的な評価がある。次に，ここでは教育課程評価，学校評価について考えてみたい。

　教育課程評価について，安彦（2006）は，カリキュラムの変更を「カリキュラム改訂」「カリキュラム改革」「カリキュラム改善」の3つに分類している。

　「カリキュラム改訂」では文部科学省による「学習指導要領の改訂」「全国学力調査」など教育行政による評価活動が対応し，検討の結果新しい学習指導要領の告示など国家レベルの評価活動になる。

　次に，「カリキュラム改革」は文部科学省や各教育委員会等の行う教育行政・教育制度段階から学校現場段階までの全体的な変革を指し，制度的，技術的，システム的な効率性のあり方を評価し，新しいカリキュラムのあり方の検討や変更のための評価活動である。

　また，「カリキュラム改善」は，おもに学校現場教師による自分の学校のカリキュラムの効果を少しでも向上させるために，これまでのカリキュラムを修正し，改善していく評価活動を指す。水越（1982）は，授業評価，教育課程の評価，学校（全体の）評価の関係を図11-3のように示している。まず，①学校における教育活動としての授業過程や授業成果としての授業評価があり，②そのまわりに教科指導としての年間指導計画，時間割，教科外指導である学校行事，教授組織・学習組織，

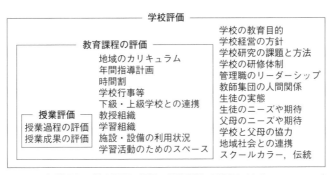

図11-3 授業評価・教育課程の評価・学校評価の関係図 (水越, 1982, p.20.)

施設設備等の教育課程の評価が求められる。さらに，③全体としては自分の学校が掲げた教育目標，学校経営方針，指導の重点，教職員の研究・研修体制，家庭・地域との連携，生徒や保護者からの評価など三層にわたって教育課程評価が行われるべきであると述べている。教育課程の評価については，戦後の1951（昭和26）年の学習指導要領では各学校が「教育課程は絶えず教育課程構成の原理や実際の指導に鑑みて，適切であったかどうかが評価されなければならない」と重要視され，戦後の一時期はカリキュラムの編成とともにカリキュラムの評価が重要視された。

2．制度化された学校評価

1998（平成10）年の中央教育審議会答申では，「地方分権化」に伴う学校の自主性，自律性が提言され，学校の経営責任が要求された。また，2000（平成12）年の教育課程審議会答申では，学校の教育課程，カリキュラム，学校経営等について，自己点検，自己評価，保護者や地区住民に説明することを求めた。このように教育活動の説明責任や結果責任を求める考え方を「アカウンタビリティ」という。学校評価は，まさに，アカウンタビリティを求める流れの1つとして実施され始めたものである。

学校評価は，2002（平成14）年文部科学省の小学校，中学校，高等学校設置基準（第2条，3条）において「各学校は自己評価とその結果の公表に努めること，また保護者等に対する情報提供について積極的に行うこと」とされ，2006（平成18）年に文部科学省から「義務教育諸学校における学校評価ガイドライン」が作成された。2007（平成19）年には学校教育法が改正（第42条，43条）され，学校評価の法的根拠が新設され，同年には学校教育法施行規則（第66条，67条，68条）において

①自己評価の実施・公表，②保護者など学校関係者による評価の実施・公表，③自己評価結果・学校関係者評価結果の設置者への報告に関する規定が新たに設けられ，それに応じて「学校評価ガイドライン」も改訂された。

「学校評価ガイドライン」では，「学校評価はなぜ必要か」という説明で「学校運営の改善」「信頼される開かれた学校づくり」「教育の質の保証・向上」のために必要であるとし，学校評価の方法として PDCA モデルとして Plan（目標設定）→ Do（実行）→ Check（評価）→ Action（改善）→ Plan（目標設定）サイクルを提言した。

評価項目の設定については，各学校が設定するべきであるが，検討するガイドラインとして示した項目の指標例として，①教育課程・学習指導，②進路指導，③保健管理，④組織運営，⑤生徒指導，⑥安全管理，⑦特別支援教育，⑧研修，⑨施設・設備，⑩保護者・地域住民等との連携，その他食育，部活動などが示されている。

各学校が，このような学校評価を実施することによって，望ましい教育課程の編成・実施ができ，評価に基づいて自校の教育課程をよりよいものに改善することができるのである。

注
- ◆1　文部科学省ホームページ（http://www.mext.go.jp/component/a_menu/education/micro_detail_icsFiles/afieldfile/2009/06/16/1234931_013.pdf）を参照（2014年12月14日最終確認）。
- ◆2　ベンチマーク（benchmarks）とは，採点ルーブリックに対するパフォーマンス事例のことである。

実態調査:国際教員指導環境調査(TALIS 第2回調査)

　教育評価を大きく分けると,「授業・教科の評価」「学校の教育活動・環境・教師評価等の学校評価」「教育行政が行う全国学力状況調査」「PISA 国際学力調査等各種機関が行う実態把握のための調査」に分けられる。2013年に OECD が学校の学習環境と教員の勤務環境に焦点を当て,職能開発(専門性)開発などの教員の環境,学校での指導状況など,国際比較が可能なデータを収集し,教育に関する分析や教育政策の検討が可能なように,OECD 加盟国等34か国・地域の教員を対象に国際教員指導環境調査(Teaching And Learning International Survey)を実施し,結果を公表した。調査項目は①教員と学校の概要,②校長のリーダーシップ,③職能開発(専門性),④教員への評価とフィードバック,⑤指導実践,教員の信念,学級の環境,⑥教員の自己効力感と仕事への満足度である。

　日本と参加国平均を比較し,結果から得られた示唆(国立政策研究所)として「日本の教員は日頃から学び合い,指導実践の改善や意欲の向上に繋がっている」割合93.9%,参加国平均55.3%,「学校内で指導者(同僚がメンターとして)として指導を受ける」割合33.2%と参加国平均の12.8%よりも高い。また,校長から教員への評価の返し方でも,「授業についての自己評価に関する話し合い」や「生徒からの授業アンケートを取る」なども多く行われ,平均より少し高い。他方,「生徒の学びを引き出すことに対する自信」や「ICT の活用を含め多様な授業実践取り組む」の割合が参加国平均よりも低い。また,「少人数で問題や課題に対する共同の解決策を考え出す」「学習困難な生徒,進度が速い生徒にはそれぞれ異なる課題を与える」の質問の回答も参加国平均の40%台に比べ30〜20%台と低い。

　さらに,教員の週当たりの勤務時間は日本が53.9時間,参加国平均38.3時間で参加国中最も長い。参加国平均に対して,部活動等課外活動の指導時間が8時間と長く勤務時間も際立って長い。文部科学省は課題を踏まえた当面の取り組みとして,「生徒が主体的な学びに取り組む態度の育成など学習指導要領が目指す教育の推進」「今後育成すべき資質・能力,各教科等の目標・内容・学習評価の在り方をセットに次期学習指導要領の見直しを図る」などを検討課題に挙げている。

　国際教員指導環境調査結果については,それぞれの国の教育の実態も違い,国際基準として画一的に比較することはできないが資料として一読を勧めたい。

第12章 学力向上策とカリキュラム開発

1節　全国学力調査

　全国的な義務教育の機会均等とその水準の維持向上の観点から，1961（昭和36）年から1964（昭和39）年の間に実施された，前回の学力調査から約40年間の歳月を経て2007（平成19）年度より「全国学力・学習状況調査」（以下，学力調査）が行われている。その目的は，各地域における児童生徒の学力・学習状況を把握・分析することにより，教育及び教育施策の成果と課題を検証し，その改善を図ることである。

　2017（平成29）年度の結果をみてみると例年のように，秋田県，石川県，福井県が上位を占めている。しかし，都道府県の正答率の状況をみてみると，大きな差はみられないことが明らかとなった。学力調査の目的である各教育委員会，学校等が全国的な状況との関係において自らの教育及び教育施策の成果と課題を把握し，その改善を図るために継続的に改善に取り組んだ成果であると考えることができる。

　学力調査は，今必要とされている学力がどの程度，児童生徒の身に付いているかを測定するためのものであるから，その調査問題や内容はそのときの学力観を示していることになる。この視点に立って，全国学力調査と学習指導要領，教育課程との関係をみてみると，国としては，現在求めている学力観に沿って設定された学習指導要領の目的がどの程度達成しているかを知ることができる。また，各学校にとっては，学習指導要領を基礎として各学校で計画された教育課程の達成状況を全国や都道府県の学校と比較して自校の状況を把握することができる。

2節　学力に影響を与えるもの

1．メリトクラシーとペアレントクラシー

（1）教育の能力主義と機会均等

　学校で行われる教育が果たすべき役割は，子どもたちに学力をつけることである。そして，子どもたちが学力をつけることは「がんばればみんなできる」ということに基づいている。

　学校で子どもたちに学力をつけることは，「メリトクラシー」によって支えられている。メリトクラシーとは，家柄や家庭の社会的地位に関係なく個人の業績によって社会的地位が決定されるという考え方である。選別は業績主義に基づくことであり，またそのような社会のことをよぶ。また，「業績＝能力＋努力」という方程式で説明される。

　学力という業績が能力と努力によって獲得されるならば，教育を受ける子どもたちにとっては，教育を受ける機会が平等でなければならない。ゆえに，教育基本法第4条には教育の機会均等を保障するために以下のように示されている。

　　すべて国民は，ひとしく，その能力に応じた教育を受ける機会を与えられなければならず，人種，信条，性別，社会的身分，経済的地位又は門地によって，教育上差別されない。

　子どもにとって教育を受けることは，機会均等の基，「経済的地位」によって左右されず，あくまでもその能力に応じて行われるべきなのである。

（2）結果としての学力は何と関係があるのか：ペアレントクラシー

　表12-1は，家庭の社会経済的背景（SES：Socio-Economic Status）と子どもの学力調査結果との関係性を表したものである。SESとは，保護者の家庭所得，父親学歴，母親学歴の3つの変数を合成した指標であり，子どもの家庭の社会的・経済的状況を示している。当該指標を4等分し，上位からそれぞれ，Highest SES, Upper middle SES, Lower middle SES, Lowest SESとしている。SESの高い児童生徒のほうが，各教科の平均正答率が高い傾向がみられる。

表12-1　家庭の社会経済的背景と学力の関係（お茶の水女子大学，2014）

	小学校				中学校			
	国語A	国語B	算数A	算数B	国語A	国語B	数学A	数学B
Lowest SES	53.9	39.9	68.6	47.7	70.7	59.8	54.4	31.5
Lower middle SES	60.1	46.1	75.2	55.1	75.2	66.0	62.0	38.8
Upper middle SES	63.9	51.4	79.2	60.3	78.6	70.3	67.5	44.9
Highest SES	72.7	60.0	85.4	70.3	83.6	76.7	75.5	55.4

　このような調査結果は，これまでにも何回か報告されている。例えば，苅谷・山口（2008）が行った社会階層間にある学力格差の調査や，お茶の水女子大学（2014）が行った，大都市圏における学校外教育支出・保護者学歴期待・世帯所得が子どもの学力に大きな影響に関する調査研究などがある。

　平成20年度の全国学力・学習状況調査を基に行った調査（お茶の水女子大学，2014）では，年収が高い世帯の子どもほどおおむね正答率は高いということが明らかであることが示されている。例えば，年収200万円未満の世帯と1200～1500万円の世帯を比較すると正答率は約20ポイントもの差がある。

　ブラウン（Brown, P.）は，社会が市場化に進むに従って，メリトクラシーからペアレントクラシーへと変化していくことを示唆している。選抜の方程式が「能力＋努力＝業績」から，「富＋願望（親が子どもに何を望むか）＝選択」へと変化しているというわけである。ペアレントクラシーとは，親が子どもの将来を決定づけてしまう社会ということである。ペアレントクラシーによる負の影響は，家庭の経済的背景が異なるのなら，教育の機会均等は保障されなくなるということである。

2．効果のある学校

（1）社会経済的背景に影響を受けない子どもたち

　お茶の水女子大学（2014）の調査報告では，SESと子どもの学力との間には強い相関があるが，SESが低いからといって，必ずしもすべての子どもの学力が低いわけではないと示している。そして，不利な環境を克服するのが学習時間であるとしている。

　図12-1を見てみると，各SES層に共通しているのは，学習時間が多いほど正答率が上昇している。確かに，学習時間が長いほど成績がいいのはあたりまえのことである。しかし，Lowest SESに属している子どもたちが3時間勉強しても

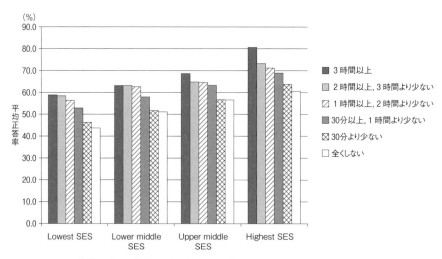

図12-1　平均学習時間と教科の平均正答率の関係：小学校国語 A（お茶の水女子大学，2014）

Highest SES 層のまったく学習しない子どもたちより正答率が低い状況がある。

また，学力差の大きい算数 B，数学 B の結果を使って分析したところ，Lowest SES でかつ学力が高い児童生徒には，以下の特徴がみられるという。

　朝食等の生活習慣：朝食を毎日食べている，毎日同じくらいの時刻に寝ている／起きている，テレビ等を見る時間・テレビゲームをする時間が少ない。
　読書や読み聞かせ：保護者が子どもに本や新聞を読むようにすすめている，子どもが小さい頃に絵本の読み聞かせをした，子どもと一緒に図書館に行く。
　勉強や成績に関する会話・学歴期待・学校外教育投資：保護者が子どもと勉強や成績のことについて話をする，保護者の高い学歴への期待，子どもへの教育投資額が多い。
　保護者自身の行動：授業参観や運動会などの学校行事への参加。
　児童生徒の学習習慣と学校規則への態度：家で自分で計画を立てて勉強している，学校の宿題をしている，学校の規則を守っているなど。
　学校での学習指導：自分の考え方を発表する機会が与えられている，家庭学習の課題の与え方について教職員で共通理解を図る。

「平成19年度全国学力・学習状況調査追加分析結果：児童生徒の生活の諸側面等

に関する分析」でも生活習慣などが児童生徒の生活・学習習慣と学力の関係が強いことが明らかとなった。その結果，「早寝，早起き朝ご飯運動」が積極的に展開された。しかし，これは児童生徒自身の特性や各家庭における子育て全般に対する姿勢などを反映している可能性があると報告されている。朝食に関わることや，読み聞かせ，勉強や成績に関する会話など保護者自身の行動は，子どもに対する願望が動機となっている。

先のブラウンは，結果として，教育的選抜は生徒の個々の能力と努力よりもむしろ，ますます親の財産と願望に基づくようになっていると述べている。ここでもペアレントクラシーとの関係が強調されている。

（2）不利な環境においても成果を上げている学校（効果のある学校）

お茶の水女子大学（2014）の報告書では，児童生徒のSESから統計的に予測される学力を上回る成果を上げている学校があることを示している。

図12-2は，学校の平均SESと小学校算数A問題正答率との関係を表したものである。SESが高くなれば，当然正答率が高くなることを示している。注目されているのは，○で囲んだ学校の存在である。

同報告書では，学校全体の学力向上に効果を上げている学校を訪問調査し，その学校の特徴を以下のようにまとめている。

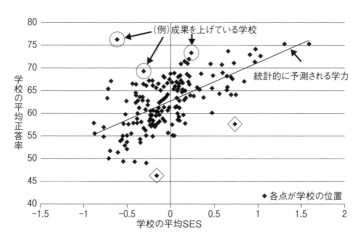

図12-2　学校の平均SESと教科の平均正答率の関係の例〈小学校・算数A，学級数2以上〉（お茶の水女子大学，2014）

・家庭学習の指導の充実
　例：児童生徒に宿題だけでなく自主学習等に取り組ませ，教員が毎日チェック・コメントをしている。
・管理職のリーダーシップと同僚性の構築，実践的な教員研修の重視
　例：中学校において教科を超えて授業を見せ合い，教え合いを行っている。管理職が明確なビジョンや方針を示し共通理解を図っている。他校の授業を見る研修を促している。
・小中連携の取組の推進
　例：小中で学習規律・生活規律面や教育課程での系統性を図っている。
・言語活動の充実等
　例：ノート指導の充実。黒板に「めあて（目的）」を書き，授業のねらいを明確化させる。教育課程全般で「話すこと」や「書くこと」に力を入れている（「聞くこと」はできている）。読書習慣の形成に力を入れている。
・各種学力調査の積極的な活用
・基礎・基本の定着と少人数指導
　例：基礎・基本の徹底。少人数指導，ティームティーチング，習熟度別指導の導入。

（3）どんな学校でも「効果のある学校」になれるか

　今回の学力調査からみられる成果の上がっている学校の特徴は，あくまでもその「特徴」を列挙しているものである。単純に，その特徴を「コピペ」するかのように学校に取り入れても成果が上がるかどうかは疑わしい。また，「コピペ」することも相当難しい問題である。なぜならば，図12-2をみてみればわかるように，成果の上がっている学校は「はずれ値」である学校であり，一般的な学校ではないからである。当然，図12-2の◇で囲んだ学校のように，これとは違う結果を示す学校もある。事実，成果の上がっている学校をみてみれば，教員の献身的な努力によって支えられている部分が大きい。「あの学校ができているのなら我が校でも」というわけにはいかないのである。

　ウィッティー（Whitty, 2002）は，「特定の学校のエトス（特徴づける気風・慣習）が，校内の特定の生徒のグループの願望を変えることに役立つのは可能かもしれないが，それをすべての学校が行うことは，より実質的な社会変化がなければほとんどありえないと思われる」と示唆している。

3節　教育委員会の学力向上に関する取り組み

　学力調査のもたらしたものは，学力向上に関して学校に任せっきりだったものが，教育施策として教育委員会がリードしていくという流れの変化である。

　文部科学省では，学力調査を活用した教育活動や教育施策の改善に向けた全国的な取り組みを進めるために，平成19年度に，「学力調査の結果に基づく検証改善サイクルの確立に向けた実践研究」として，都道府県・政令指定都市ごとに設置された検証改善委員会に対する委託研究事業を実施した。さらに，平成21年には，「学力調査活用アクションプラン推進事業」を実施した。これらを受け，各都道府県教育委員会では，学力向上について様々な取り組みを行っている。

　全国都道府県教育長協議会（2014）がまとめた報告書によれば，その結果を教育行政施策の立案に生かした教育委員会は44（93.6％）を数える。例えば，北海道教育委員会では「小学校（中学校）教育課程改善の手引」を作成し，教員研修で活用したり，秋田県では「単元評価問題（算数・数学，理科），スピーキングテスト（英語）」を実施し，学校での指導改善の支援をしたりしている。兵庫県では，「ことばの力」の育成を図る授業改善の促進のために，国語，算数・数学において研究指定校の授業展開DVDを作成し，研修会等を通じ全県的に公開している。このように，教育課程の中心である授業改善に都道府県教育委員会が積極的に関わっている。

4節　沖縄県教育委員会「学力向上推進プロジェクト」

　沖縄県は，かねてより学力の低さが問題視されてきた。平成19年に学力調査が実施されてから，数年間は全国最下位の状況であった。これには，沖縄の子どもの貧困と学力の関係を指摘する声もある。沖縄県の子どもの相対的貧困率は29.9％で，全国平均の約2.2倍にのぼる。また，1人当たり県民所得は全国で低く，母子世帯の出現率は全国1位となっている。先に示したSESと学力との関係が顕著に表れている地域と考えることができる。

　しかし，平成26年度学力調査において，沖縄県の小学校が6年連続最下位から脱出し，全教科総合24位と一挙に躍進した。さらに，平成27年度には20位と向上し，この傾向は現在も続いている。中学校においては，未だ全国平均を下回っているも

のの全国との差は縮まりつつある。

　沖縄県教育委員会は，学力向上対策を昭和63年からスタートさせ，「沖縄21世紀ビジョン基本計画」や「沖縄県教育振興基本計画」等を策定し，「確かな学力」の向上を目標とした。具体的には，幼児，児童生徒の学力を平成28年度までに全国水準に高める」という総括的目標と設定した。

　その総括的目標達成のために，沖縄県教育委員会は「正答率30%未満の児童生徒と無解答率の改善に向けた授業改善を中心とした取組」を改善方策として打ち出し，取り組みを進めてきた。特に，無解答率に着目した取り組みは注目された。

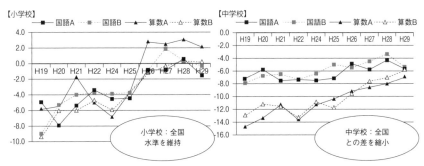

図12-3　全国学力・学習状況調査結果（沖縄県と全国平均正答率との差）の推移

5節　徳島県教育委員会「確かな学力」育成プロジェクト

1．徳島県学力向上・授業改善調査検討委員会

　徳島県教育委員会では，徳島県検証改善委員会の協力のもと，平成20年3月に，「みんなでする　つづけてする　とことんする」をキャッチフレーズとした「徳島県学校改善支援事業」を策定し平成21年度から24年度まで実施した。しかし，平成26年度の学力調査の結果は，前年度と比較し小学校国語A・B，算数A・Bにおいて平均正答数，平均正答率とも下回った。また，中学校国語A・B，数学A・Bにおいても平均正答数，平均正答率も同様の結果となった。

　このような状況下，徳島県教育委員会は，学力向上を喫緊の課題とし，有識者による「徳島県学力向上・授業改善調査検討委員会」を設置して，学力向上の取り組みを検証した結果，①学力に対する県の考え方を明確に示し，教員の意識をそろえることが必要，②県や国が行う学力・学習状況調査を活用し，1年に複数回の

PDCAサイクルを実施することが有用，③教員の指導力向上及び授業改善のため，実効性のある具体的な手立てが必要，④学校で学んだ内容を習熟させる機会を増やすことが必要で，家庭学習を充実することが有用，⑤学校マネジメントを改善し，管理職が学校を組織としてまとめ，学校の力を発揮できるようにすることが必要，の5点をあきらかにした。

　先の徳島県学力向上・授業改善調査検討委員会のからの指摘を受け，徳島県教育委員会では鳴門教育大学と協議を重ねながら「徳島県『確かな学力』育成プロジェクト」を立ち上げた。このプロジェクトの計画・立案の際には，県教育委員会と大学の担当が綿密な協議を行った。このプロジェクトでは，次の4点を取り組み事項とした。

（1）プロジェクト：学力向上及び全国調査に関する意識を揃える
●学力に対する県の考え方の明示・周知
・公立高校入試で求める学力（県が考える学力）は，現行学習指導要領で求められている学力であり，学力調査問題を解ける力でもあるとの認識を確認。
・通常の授業内容，徳島県学力ステップアップテスト（小5と中2の12月），全国学力調査（小6と中3の4月），公立高校入試（中3の3月）が相互に関係することを周知。
●公立高校入試の改善（学力調査の出題・問題を十分にふまえた作成）
●徳島県学力ステップアップテストの改善
・PDCAサイクルで，より効果的に学力向上に取り組む仕組みを構築するため，徳島県学力ステップアップテストを改善。継続的・効果的な実施に向けて検討（例えば，実施学年を小4〜中2，学力調査を含めて実施回数を年2回）。

　大学側の対応としては，教育評価を研究対象としている教員と学習における児童生徒の思考力向上を研究対象としている教員2名が研修を担当した。
　特に指導主事対象の研修会では，以下の点を強調した。
①学力調査の問題は調査者が求めている学力観を示していることであり，同様に考えると，徳島県ステップアップテストの問題は徳島県の学力観を示していることになること。
②教育行政サイドが行う学力調査はその結果を示すこともさることながら，本来の目的は，学校現場における授業改善の具体や実践のかたちで表れなければな

らないこと。
　③教育行政サイドは，当該県の学力の状況を改善するために研修や学校現場へのサポートがテストの計画や実施と同様に重要であること。
　以上の３点である。
　さらに，学習者の思考過程を追うツールの紹介，問題の具体例や先進県での取組の紹介を行うこととした。

（２）プロジェクト：授業方法の改善
●現行の学習指導要領をふまえた授業内容の改善の支援
・学校教育法等で示されている目標や現行学習指導要領，同要領解説を改めて確認することの重要性を周知し，授業の改善を促進。
●授業方法の改善支援
・教員が共通して取り組み，授業を改善できるよう，簡易かつ具体的な新たな手引き（徳島スタンダード）を作成するとともに，一貫した指導・助言体制を構築。
●各学校での全国調査の結果分析と授業改善への反映の支援
・全国調査を通じて現行学習指導要領で求められる学力を認識するよう促すとともに，授業で活用できる資料の提供や，活用問題に関する研修を実施。

　大学側の対応としては，指導主事による学校訪問指導の結果報告等に基づき助言を行う大学教員の派遣と，学力・学校力向上に取り組む拠点地域・拠点校に対する助言を行う大学教員を派遣した。４つの拠点地域を継続的に支援していくために，各拠点地域の学力向上のテーマにしたがって専門的知見を有する大学教員を１～２名配置した。

（３）プロジェクト：家庭学習の充実
●社会教育主事を活用した「子供の学びを支える場」のモデルの構築
・社会教育主事を活用した，公民館や退職教員・ボランティア等の地域資源を活かした「子供の学びを支える場」のモデルを構築。
●地域で協力して行う子どもの学習支援の充実

　大学側の対応としては，家庭学習を重点的に改善することを目標とした拠点地域での家庭学習支援事業の立案及び実施支援と，家庭学習ノートの開発，活用支援を

行った。

（4）プロジェクト：学校マネジメントの改善
●校長等管理職のマネジメント力の改善の支援
・学力向上ロードマップを各学校で作成し，確実な取り組みを支援するとともに，学校長が率先して学力向上に取り組むよう管理職研修等を改善
●教科時間数の適正化等を通じた教科指導時間の確保の支援
・学校行事の精選や，台風・インフルエンザによる休校に伴う振替の確実な実施等への指導・助言を通じた教科の授業時間の確保を促進。

　大学側の連携の仕方としては，拠点校では，複数回による公開授業，研究授業，研究協議などに県指導主事とともに積極的に関わった。さらに，当該地域を主管する教育委員会とも連絡調整を行った。
　研修の改善については，管理職研修，学校リーダー養成研修の改善支援と学校が作成する「学力向上実行プラン」に基づいた学力向上のための取り組み（学校マネジメントの改善，授業改善，家庭学習の充実等）に関して，指導主事による学校訪問指導の結果報告等に基づき，専門的知見から県教育委員会及び校長に助言を行った。

２．徳島県「確かな学力」育成プロジェクトの成果

　平成29年度の学力調査の徳島県の結果は，公立学校の問題別平均正答率は，基礎的知識を問うA問題で小6の国語，算数，中3の国語，数学ですべて全国を上回った。知識の活用力を問うB問題は，小6の算数と，中3の数学が全国を上回ったが，小6の国語と中3の国語が全国を下回った。問題別の全国順位，小6は算数Bが過去最高の12位（前年度43位）となったほか，算数Aが19位（前年度26位）に上昇。中3は数学Aが6位（前年度5位）と上位を維持し，国語Aが12位（前年度17位），数学Bが12位（前年度18位）とそれぞれ過去最高となった。国語Bは34位（前年度39位）に上昇した。

6節　カリキュラム開発

1．コンテンツ・ベースからコンピテンシー・ベースのカリキュラムへ

　平成32年度より小学校で，平成33年度より中学校で新しい学習指導要領が完全実施される。そこで，これまでの学習指導要領と新しい学習指導要領との違いを明らかにしておく必要がある。これまでの学習指導要領は「どの学年に何を教えるか」という内容（コンテンツ）をおさえ，配列することが中心であった。しかし，新しい学習指導要領は，育てたい資質・能力（コンピテンシー）に着目している。「何を学ぶか」「どのように学ぶか」「何ができるようになるか」という3つの視点は，「教育内容」「教育方法」をおさえた上で「何ができるようになるか」という資質・能力の育成を最終目標としている。言い換えれば，改めて「生きる力」の育成を標榜しているといっても過言ではない。コンテンツの獲得からそれを通してコンピテンシーの獲得へという移行が，「コンテンツ・ベースからコンピテンシー・ベースのカリキュラムへ」といわれる所以である。

　学力調査に関しても，これまで知識を問う問題Aと活用を問う問題Bで構成されていたが，知識・技能，思考力・判断力・表現力等は，相互に関係し合いながら育成されるものという新学習指導要領の趣旨をふまえた指導方法の改善等に資するよう，知識と活用を一体的に問うことが検討されている。つまり，知識を活用して「何ができるようになるか」が重要となる。

2．コンピテンシー・ベースのカリキュラム

　カリキュラムは，目標としている資質・能力を育成するための計画である。石井（2015）は，学校で育成する資質・能力の要素を教科指導，総合的な学習の時間（総合学習），特別活動の枠組みで整理している。

　このようにみていくと，カリキュラムは各教科，領域にとらわれず，「コンピテンシーは学校のカリキュラム全体で育成する」というとらえ方が必要になってくる。学習者の学びは，教科や学年という区切りで切れるものでもないし，また切られるべきではない。学びとは横の広がりと縦の繋がりが必要である。そうなれば，今までの学年や教科の枠組みを超えた新たなカリキュラム開発が必要となる。例えば，校種を超えた一貫教育や教科横断的な指導をめざした新しいカリキュラムの開発が

必要となってくる。

表12-2 学校で育成する資質・能力の要素の全体像（石井，2015）

能力・学習活動の階層レベル（カリキュラムの構造）			資質・能力の要素（目標の柱）		
		知識	スキル		情意（関心・意欲・態度・人格特性）
			認知的スキル	社会的スキル	
教科学習	教科書の枠づけの中での学習	知識の獲得と定着（知っている・できる）	事実的知識，技能（個別的知識）	記憶と再生，機械的実行と自動化	学び合い，知識の共同構築	達成による自己効力感
		知識の意味理解と洗練（わかる）	概念的知識，方略（複合的プロセス）	解釈，関連づけ，構造化，比較・分類，帰納的・演繹的推論		内容の価値に即した内発的動機，教科への関心・意欲
		知識の有意味な使用と創造（使える）	見方・考え方（原理，方法論）を軸とした領域固有の知識の複合体	知的問題解決，意思決定，仮説的推論を含む証明・実験・調査，知やモノの創発，美的表現（批判的思考や創造的思考が関わる）	プロジェクトベースの対話（コミュニケーション）と協働	活動の社会的レリバンスに即した内発的動機，教科観・教科学習観，知的性向・態度・思考の習慣
総合学習	学習者たちが決定・再構築する学習	自律的な課題設定と探究（メタ認知システム）	思想・見識，世界観と自己像	自律的な課題設定，持続的な探究，情報収集・処理，自己評価		自己の思い・生活意欲（切実性）に根ざした内発的動機，志やキャリア意識の形成
特別活動		社会関係の自治的組織化と再構成（行為システム）	人と人との関わりや所属する共同体・文化についての意識，共同体の運営や自治に関する方法論	生活問題の解決，イベント・企画の立案，社会問題の解決への関与・参画	人間関係と交わり（チームワーク），ルールと分業，リーダーシップとマネジメント，争いの処理・合意形成，学びの場や共同体の自主的組織化と再構成	社会的責任や倫理意識に根ざした社会的動機，道徳的価値観・立場性の確立

福井の秘密

　平成19年度の学力調査実施以来，成績が上位である秋田県や福井県に注目が集まっている。現在行われている学力調査と同様な調査は，1960年代にも行われた。当時の全国的な学力に関する調査は，「全国中学校一斉学力調査」として実施され「学テ」とよばれた。調査教科は，国語，社会，数学，理科，英語であった。この「学テ」は様々な要因により昭和41年に中止された。

　では，当時の秋田県と福井県はどのような状況であったのだろうか。当時の結果を見てみると，福井県は最上位のグループにいたが，秋田県はどの教科も全国平均より低位にあり，40位前後であった。この結果を受け，秋田県では全県をあげて学力向上に取り組んできた。

　この2県は，多くの研究者によって調査研究が行われている。例えば，田中（2011）によれば，両県とも，「教員の授業力向上に対する教育行政の積極的で計画的な指導や支援」「学校の外部の組織・団体の積極的な働きかけと研究活動の推進」「学校における管理職と教員の協力関係と教員全員の共通理解に基づく熱心な学習指導」「児童生徒の素直さとまじめさ」「家庭の安定と家庭の教育力の均質な高さ」「厳しい自然を生き抜く勤勉で連帯感のある地域や風土」といった共通性がある一方で，学力向上のリーダーシップの違いとして，教育改革や教員の授業力向上の施策を県教育委員会のリーダーシップのもとに計画的に実施している秋田と，教員の自主的な研究組織や教員OB，校長会などの外部組織が主導している福井，学力の分布状況や児童生徒質問紙調査の結果の違いとして，児童生徒の学力の分散が大きい秋田と分散が小さい福井，教員配置に関して，市町村内に拠点校を設定し，そこで育てられた力量の高い教員を他校へ分散配置している秋田と，各学校の取組を平準化して均質な教育を実践している福井，というように違いがあるという。

　志水（2014）は，両県を視察して主観的な印象としてことわった上で，「授業の力」で学力を伸ばした秋田と，「学習規律の徹底」「がんばる精神」などいい意味での「学校文化の厳しさ」で高い学力を維持し続けてきた福井と両県の違いを指摘している。

　カリキュラム論で言い換えるなら，「顕在的カリキュラム」と「潜在的カリキュラム」の違いかもしれない。当然，潜在的カリキュラムは，見えにくいものであり，それが「福井の秘密」と受け取られたのかもしれない。

新学習指導要領と教育課程の編成

1節　2017年告示の学習指導要領改訂の趣旨と方向性

1．2017年告示の学習指導要領のねらい

　近年，国内外では，社会の急激な変化（情報化，グローバル化の加速度的進展，人工知能（AI）の飛躍的進化など）によって新たな教育課題が生まれ，予測するのが難しい社会で生き抜き，社会を変革していく「人材」を育成するためには，基礎学力や専門的な知識・技能だけではなく，汎用的な資質・能力を強く意識し，より汎用的な認知・社会スキルのレベルアップが求められている。また，社会的な関係の中で学び，考え，社会に役立つ解を提案できる力を求めている（国立教育政策研究所，2013）。

　このようなことから，欧米を中心に諸外国では，1990年代以降，コンピテンシー（competency）をもとに教育の目標を設定して，教育政策をデザインする動きが広がってきている。

　そのため，OECDでは「人間関係の形成や社会の発展にかかわる力（キー・コンピテンシー）」を測定調査するためにPISAを取り入れるとともに，特定の分野や領域だけではなく，広くいろいろな分野に用いることができる汎用的な資質・能力を定義してカリキュラムを開発するよう提案している。こうしたカリキュラム開発は今では世界的な教育の潮流となっている。

　文部科学省では，このような世界的な教育の潮流を受け入れるとともに，様々な教育をめぐる諸課題に対応していくために，大学入試改革をはじめ，2020年から2030年までの間，子どもたちの学びを支える新学習指導要領を平成29年3月31日に告示し，学校教育を通じてよりよい社会を創るという目標のもと，社会と連携・協働しながら，子どもたちが未来の担い手となるために必要な資質・能力をはぐく

OECDキー・コンピテンシーについて

OECDにおいて，単なる知識や技能ではなく，人が特定の状況の中で技能や態度を含む心理社会的な資源を引きだし，動員して，より複雑な需要に応じる能力とされる概念。

【キー・コンピテンシーの3つのカテゴリー】

1. **社会・文化的，技術的ツールを相互作用的に活用する能力**
   A 言語，シンボル，テクストを相互作用的に活用する能力
   B 知識や情報を相互作用的に活用する能力
   C テクノロジーを相互作用的に活用する能力

2. **多様な社会グループにおける人間関係形成能力**
   A 他人と円滑に人間関係を構築する能力
   B 協調する能力
   C 利害の対立を御し，解決する能力

3. **自律的に行動する能力**
   A 大局的に行動する能力
   B 人生設計や個人の計画を作り実行する能力
   C 権利，利害，責任，限界，ニーズを表明する能力

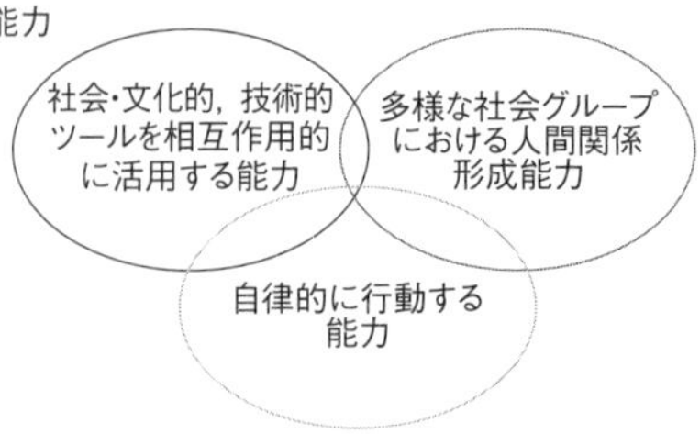

○この3つのキー・コンピテンシーの枠組みの中心にあるのは，**個人が深く考え，行動することの必要性**。深く考えることには，目前の状況に対して特定の定式や方法を反復継続的に当てはめることができる力だけではなく，変化に対応する力，経験から学ぶ力，批判的な立場で考え，行動する力が含まれる。

図13-1　コンピテンシーの内的構造とキー・コンピテンシーの枠組み
(Rychen & Salganik, 2003；福田, 2006)

む「社会に開かれた教育課程」を理念に掲げた新しい教育課程（小・中・高教育の一貫性等）を基軸に据えて，学校教育全体の改革を進めようと意図しているのである。

　これまでの学習指導要領では「何を目標に，何を教えるか」については教科ごとに検討を行い，その結果がそのまま各教科等の目標・内容とされてきた。しかし，新学習指導要領では，まず目標として「育成すべき資質・能力」を明確に掲げ，「何を知っているか（contents）」から「何ができるようになったか（competency）」へと転換し，「何を教えるか」から「どのように学ぶか」という学びの質や深まりを重視する方向へと教育課程編成の基本原理の構造改革を行っているのである。

　特に，学びの質や深まりを重視するために，各教科等の目標，内容，方法，評価を横断的に横糸で繋ぐかたちの構造となるカリキュラム・マネジメントを提案している。これは，カリキュラムの類型でいえば相関カリキュラムにより近いといえる。

　ところで，教育課程の編成に関する規定は，学校教育法施行規則と学習指導要領，ならびに地方教育行政の組織及び運営に関する法律等で定められており，これら法令等をふまえて，教育課程は各学校で編成することが基本とされている。

　このことから，各学校においては，今日の教育を取り巻く状況や子どもたちの状況等をふまえ，学習指導要領のもとに，子どもたちが身に付けていくべき資質・能

力を明確にしながら，教育課程を適切に編成し，子どもたちの主体的・対話的で深い学びを保障する。そして，横断的に，相関的に，各教科等の目標，内容，方法，評価を設定し，子どもたちの学びの質を高めるためのカリキュラム・マネジメントを確立して，学校教育の改善・充実の好循環を生み出していく必要がある。

2．これからの子どもたちに求められる資質・能力

将来の予測が難しい社会の中で，今，学校教育は大きな「改革」が迫られている。そのため，子どもたちが未来の社会を創り出していくために求められる資質・能力を確実にはぐくむことが喫緊の課題となっている。

子どもが身に付けていくべき資質・能力を，『「育成すべき資質・能力を踏まえた教育目標・内容と評価の在り方」』に関する検討会の「論点整理」』（文部科学省，2014）では，次のように示している。

① 「自立した人格を持つ人間として，他者と協働しながら，新しい価値を創造する力」を育成するための資質・能力
  「主体的・自律性に関わる力」「対人関係能力」「課題解決力」
  「学びに向かう力」「情報活用能力」「グローバル化に対応する力」
  「持続可能な社会づくりに関わる実践力」など
② 「主体的に学ぶ力」を育てるための資質・能力
  「リーダーシップ」「創造力」「企画力」「意欲」「志」など
③ 「豊かな人間性」を育てるための資質能力
  「人としての思いやりや優しさ」「感性」などの人間性

さらに，学校での教育目標のもと各教科等の内容において育成すべき資質・能力を新学習指導要領では，次の3つの柱に整理しているのである。

3．新学習指導要領の方向性

（1）「社会に開かれた教育課程」の実現

新学習指導要領では，これからの時代に求められる教育実現のためには，学校が社会と連携する「社会に開かれた教育課程」を掲げている。小・中学校，高等学校学習指導要領の「第1章総則　第5（高等学校は第6款）学校運営上の留意事項2ア」において，「学校がその目的を達成するため，学校や地域の実態等に応じ，

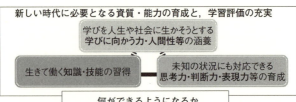

図13-2 学習指導要領改訂の方向性
（中央教育審議会, 2016）

教育活動の実施に必要な人的又は物的な体制を家庭や地域の人々の協力を得ながら整えるなど，家庭や地域社会との連携及び協働を深めること。また，高齢者や異年齢の子供など，地域における世代を越えた交流の機会を設けること」（文部科学省, 2017b, c, d）として家庭や地域社会との関係づくりに関わるカリキュラム・マネジメントを重視している。

「社会に開かれた教育課程」とは，よりよい社会をつくるという理念を学校と社会が共有することであり，そのために，子どもたちがどのように学び，どのような資質・能力を身に付けられるようにするのかを，教育課程の中で明確にして，社会と連携して推進していくことである。

図13-2は，その方向性を示したものである。新しい時代に必要となる資質・能力の3つの柱，次に述べる主体的・対話的で深い学び，カリキュラム・マネジメントが新学習指導要領の方向性である。

（2）「主体的・対話的で深い学び」の実現

　新学習指導要領が示す「主体的・対話的で深い学び」とは，「学びの質や深まりを重視するため，課題の発見と解決に向けて主体的・協働的に学ぶ学習」である。
　また，「主体的・対話的で深い学び」は，教育内容と関連づけて主体的かつ能動的な学習・指導方法をとることにより「自立した人間として，他者と協働しながら創造的に生きていくために必要な資質・能力」「何事にも主体的に取り組もうとする意欲や，多様性を尊重する態度，他者と協働するためのリーダーシップやチームワーク，コミュニケーションの能力，豊かな感性や優しさ，思いやり等の豊かな人間性」などの育成に大いに関係しており，そのためには，以下の点を十分にふまえて展開していく必要がある。

- 生涯にわたって能動的に学び続けることができるような「主体的・対話的で深い学び」の実現
- 子どもたちが「何ができるようになるか」（育成をめざす資質・能力）を明確にしながら，「何を学ぶか」（教科等を学ぶ意義と，教科等間・学校段階間の繋がりをふまえた教育課程の編成）という学習内容と，「どのように学ぶか」（各教科等の指導計画の作成と実施，学習・指導の改善・充実）という学びの過程の重視
- 「子ども一人ひとりの発達をどう支援するか」（子どもの発達をふまえた指導）
- 「何が身に付いたか」（学習評価の充実）
- 「実施するために何が必要か」（指導要領等の理念を実現するために必要な方策）

（3）「カリキュラム・マネジメント」の推進

　カリキュラム・マネジメントとは，「カリキュラムを主たる手段として，学校の課題を解決し，教育目標を達成していく営み」（田村，2014）である。具体的にいえば，学校の教育目標の実現に向けて，子どもや地域の実態をふまえ，教育課程を編成・実施・評価し，改善を図る一連のサイクル（PDCA）を計画的・組織的に推進していくことである。
　では，どのように教育課程を編成するのか。それは，新学習指導要領が示す，「育成すべき資質・能力」を横断的に，横糸で繋ぐかたちで，各教科等の目標，内容，方法，評価等と関連づけて編成されるべきである。また，特別なことを新規に

始めるのではなく，毎日実施している授業，今まで取り組んできた授業研究等を見直し，より効果的かつ効率的な教育活動を実現する考え方と手法の提案をすべきであろう。

カリキュラム・マネジメントの基軸は，カリキュラムの内容・方法，機能上の「連関性（relevancy）」と条件整備活動（マネジメント）上の「協働性（collaboration）」にある（中留・曽我，2015）。「連関性」とは関連や繋がりのことで，具体的には，学年を超え，教科と領域の間をまたいで，目標・内容・方法・スキル上の関連や繋がりを明らかにして，意図的に「連関性」を意識して実践することで，限られた中での学習効果，学習効率をあげることができる。

カリキュラム・マネジメントを効果的に行うには，社会に開かれた教育課程」の観点からの「教育活動に必要な人的・物的資源等の活用」についても考えていく必要があるとともに，一人ひとりの教師が学習・指導方法を豊かにし，それを教師間で共有化していくことが必要である。

2節 新しい教育方法の展開について

これからの新しい時代に求められる資質・能力を育成するためには，まず学校は，地域社会の様々な機関等と連携をしながら，態度・意欲や志向性などといった情意的な領域に関する能力を高め，そして，基礎的・基本的な知識・技能の習得に加え，これらを活用して課題発見・解決そして創造していくために必要な思考力・判断力・創造力等の能力育成を重視していく必要がある。また，多様な人間関係を結び関係づけることにより，新たなものを生み出していく能力の育成も重視する必要がある。これらは，参加体験型で協働的な学習活動を通じて効果的にはぐくまれていくと考える。

（1）新しい時代に必要となる学力（資質・能力）の育成をめざす「主体的・対話的で深い学び」の教育方法について

新しい時代に必要な学力（資質・能力）を育成していくには，まず指導者が学習者に育成すべき資質・能力とは何かを明確にした上で，学習者に対して，①何を学ぶのか，②どのように学んでいくのか，③学んだことで何ができるようになるのか等々をより具体的に明示した上で学習を進めていく必要がある。以下は，筆者が考える「主体的・対話的で深い学び」の学習プロセスと教育方法の一例である。

（２）「主体的・対話的で深い学び」の学習プロセスと教育方法の例
　以下に，その例を示す。

　①学習の目標を教科・科目等の本質にそって明示する
　・どんな資質・能力を培うのか，そのためにこの学習では何を学ぶのかを明確にした目標設定とその説明が必要（ゴール［子どもの姿］が明確にイメージでき，それが教科・科目等の本質に迫っているものとなっているか）。
　・思考する必然性（深める価値や余地）のある課題設定が必要。
　・インタラクティブ・インストラクション（双方向のやりとり・相互に作用し合うこと）を重視する。
　②学習目標にそった課題設定を行い，個人学習→ペア学習・グループ学習→全体学習へと向かう
　・ルール・目標を提示する（互いに聴き合う。自分の考えを押しつけない。批判はしない。チームで協力する［ピア・ラーニング］。チームに貢献する。学びのための立ち歩き自由等々）。
　・個人学習（ワークシートに書き込む等）やグループ学習で話し合う時間が確保されるとともに時間制限も明示する（問題の配列が，個人学習→グループ活動への移行を促すように）。
　※自分の意見を表明する→他者の意見を傾聴する→自分の考えを修正する→もう一度自分の考えを表明する，といった過程があること。その中で「折り合いをつける」「修正する」といった場面が含まれていること。
　※教師は，子どもの自主性を促し，気づき（リフレクション）を促すための問いに心掛ける。そして，活動を通して得られた知識やスキルが個々の学習者自身のものになっているかを点検し評価をする。
　③全体学習の場でグループ発表やプレゼン等を中心に
　・時間内で，グループでの話し合い内容を簡潔に発表・プレゼン等を行い質疑応答，意見交換を行う。
　④振り返りを行い，子ども一人ひとりが学びを認識する
　・リフレクションカード（確認事項も含む）などに記入し，個人個人が振り返る。
　※学習プロセス（個人学習，グループ学習，全体学習）の中で，子ども一人ひとりの考えが，自分や他者に見えるように可視化していく（可視化ツール等を使って）ことが求められる。可視化することで子どもが自分自身の思考の変化

を認識でき，その成長を確かめることができるようにする工夫が大切である。

問題解決的なプロセスだけで学習を進める活動主義では，深く考える力はつかない。活動的で協働的な学習は，知識・技能の修得や定着とも密接に関係している。それ故に，教師には子どもたちの「主体的・対話的で深い学び」を担うための資質能力と教育方法についての工夫が求められる。

3節 幼稚園教育要領，小・中・高等学校学習指導要領の改訂のポイント

1．幼・小・中学校における教育内容の主な改善事項

幼・小・中学校における教育内容の主な改善事項は，次の通りである（文部科学省，2017e）。

(1) 幼稚園教育要領，小・中学校学習指導要領の改訂のポイントから
● 言語能力の確実な育成
・発達の段階に応じた，語彙の確実な習得，意見と根拠，具体と抽象を押さえて考えるなど情報を正確に理解し適切に表現する力の育成（小中：国語）
・学習の基盤としての各教科等における言語活動（実験レポートの作成，立場や根拠を明確にして議論することなど）の充実（小中：総則，各教科等）
● 理数教育の充実
・前回改訂において2〜3割程度授業時数を増加し充実させた内容を今回も維持した上で，日常生活等から問題を見いだす活動（小：算数，中：数学）や見通しをもった観察・実験（小中：理科）などの充実によりさらに学習の質を向上
・必要なデータを収集・分析し，その傾向を踏まえて課題を解決するための統計教育の充実（小：算数，中：数学），自然災害に関する内容の充実（小中：理科）
● 伝統や文化に関する教育の充実
・正月，わらべうたや伝統的な遊びなど我が国や地域社会における様々な文化や伝統に親しむこと（幼稚園）
・古典など我が国の言語文化（小中：国語），県内の主な文化財や年中行事の理解（小：社会），我が国や郷土の音楽，和楽器（小中：音楽），武道（中：保健体育），和食や和服（小：家庭，中：技術・家庭）などの指導の充実

●道徳教育の充実
- 道徳の特別教科化（小：平成30年4月，中：平成31年4月）による，道徳的価値を自分事として理解し，多面的・多角的に深く考えたり，議論したりする道徳教育の充実

●体験活動の充実
- 生命の有限性や自然の大切さ，挑戦や他者との協働の重要性を実感するための体験活動の充実（小中：総則），自然の中での集団宿泊体験活動や職場体験の重視（小中：特別活動等）

●外国語教育の充実
- 小学校において，中学年で「外国語活動」を，高学年で「外国語科」を導入
  ※小学校の外国語教育の充実に当たっては，新教材の整備，養成・採用・研修の一体的な改善，専科指導の充実，外部人材の活用などの条件整備を行い支援
- 小・中・高等学校一貫した学びを重視し，外国語能力の向上を図る目標を設定するとともに，国語教育との連携を図り日本語の特徴や言語の豊かさに気付く指導の充実

（2）その他の重要事項

●幼稚園教育要領
- 「幼児期の終わりまでに育ってほしい姿」の明確化
  （「健康な心と体」「自立心」「協同性」「道徳性・規範意識の芽生え」「社会生活との関わり」「思考力の芽生え」「自然との関わり・生命尊重」「数量や図形，標識や文字などへの関心・感覚」「言葉による伝え合い」「豊かな感性と表現」）

●初等中等教育の一貫した学びの充実
- 小学校入学当初における生活科を中心とした「スタートカリキュラム」の充実（小：総則，各教科等）
- 幼小，小中，中高といった学校段階間の円滑な接続や教科等横断的な学習の重視（小中：総則，各教科等）

●主権者教育，消費者教育，防災・安全教育などの充実
- 市区町村による公共施設の整備や租税の役割の理解（小：社会），国民としての政治への関わり方について自分の考えをまとめる（小：社会），民主政治の推進と公正な世論の形成や国民の政治参加との関連についての考察（中：社会），主体的な学級活動，児童会・生徒会活動（小中：特別活動）

・少子高齢社会における社会保障の意義，仕事と生活の調和と労働保護立法，情報化による産業等の構造的な変化，起業，国連における持続可能な開発のための取り組み（中：社会）
・売買契約の基礎（小：家庭），計画的な金銭管理や消費者被害への対応（中：技術・家庭）
・都道府県や自衛隊等国の機関による災害対応（小：社会），自然災害に関する内容（小中：理科）
・オリンピック・パラリンピックの開催を手掛かりにした戦後の我が国の展開についての理解（小：社会），オリンピック・パラリンピックに関連したフェアなプレイを大切にするなどスポーツの意義の理解（小：体育，中：保健体育），障害者理解・心のバリアフリーのための交流（小中：総則，道徳，特別活動）
・海洋に囲まれ多数の島からなる我が国の国土に関する指導の充実（小中：社会）

●情報活用能力（プログラミング教育を含む）
・コンピュータ等を活用した学習活動の充実（各教科等）
・コンピュータでの文字入力等の習得，プログラミング的思考の育成（小：総則，各教科等［算数，理科，総合的な学習の時間など］）

●部活動
・教育課程外の学校教育活動として教育課程との関連の留意，社会教育関係団体等との連携による持続可能な運営体制（中：総則）

●子供たちの発達の支援（障害に応じた指導，日本語の能力等に応じた指導，不登校等）
・学級経営や生徒指導，キャリア教育の充実について，小学校段階から明記（小中：総則，特別活動）
・特別支援学級や通級による指導における個別の指導計画等の全員作成，各教科等における学習上の困難に応じた指導の工夫（小中：総則，各教科等）
・日本語の習得に困難のある児童生徒や不登校の児童生徒への教育課程（小中：総則），夜間その他の特別の時間に授業を行う課程について規定（中：総則）

2．高等学校における教育内容の主な改善事項

高等学校における教育内容の主な改善事項は，次の通りである（文部科学省，2017a）。

(1) 高等学校学習指導要領の改訂のポイントから

●言語能力の確実な育成

・科目の特性に応じた語彙の確実な習得，主張と論拠の関係や推論の仕方など，情報を的確に理解し効果的に表現する力の育成（国語）

・学習の基盤としての各教科等における言語活動（自らの考えを表現して議論すること，観察や調査などの過程と結果を整理し報告書にまとめること，など）の充実（総則，各教科等）

●理数教育の充実

・理数を学ぶことの有用性の実感や理数への関心を高める観点から，日常生活や社会との関連を重視（数学，理科）するとともに，見通しをもった観察，実験を行うことなどの科学的に探究する学習活動の充実（理科）などの充実により学習の質を向上

・必要なデータを収集・分析し，その傾向を踏まえて課題を解決するための統計教育を充実（数学）

・将来，学術研究を通じた知の創出をもたらすことができる創造性豊かな人材の育成を目指し，新たな探究的科目として，「理数探究基礎」及び「理数探究」を新設（理数）

●伝統や文化に関する教育の充実

・我が国の言語文化に対する理解を深める学習の充実（国語「言語文化」「文学国語」「古典探究」）

・政治や経済，社会の変化との関係に着目した我が国の文化の特色（地理歴史），我が国の先人の取り組みや知恵（公民），武道の充実（保健体育），和食，和服及び和室など，日本の伝統的な生活文化の継承・創造に関する内容の充実（家庭）

●道徳教育の充実

・各学校において，校長のリーダーシップの下，道徳教育推進教師を中心に，全ての教師が協力して道徳教育を展開することを新たに規定（総則）

・公民の「公共」，「倫理」，特別活動が，人間としての在り方生き方に関する中核的な指導の場面であることを明記（総則）

●外国語教育の充実

・統合的な言語活動を通して「聞くこと」「読むこと」「話すこと［やり取り・発表］」「書くこと」の力をバランスよく育成するための科目（「英語コミュニ

ケーションⅠ，Ⅱ，Ⅲ」）や，発信力の強化に特化した科目を新設（「論理・表現Ⅰ，Ⅱ，Ⅲ」）
・小・中・高等学校一貫した学びを重視して外国語能力の向上を図る目標を設定し，目的や場面，状況などに応じて外国語でコミュニケーションを図る力を着実に育成

●**職業教育の充実**
・就業体験等を通じた望ましい勤労観，職業観の育成（総則），職業人に求められる倫理観に関する指導（職業教育に関する各専門教科）
・地域や社会の発展を担う職業人を育成するため，社会や産業の変化の状況等を踏まえ，持続可能な社会の構築，情報化の一層の進展，グローバル化などへの対応の視点から各教科の教育内容を改善
・産業界で求められる人材を育成するため，「船舶工学」（工業），「観光ビジネス」（商業），「総合調理実習」（専門家庭），「情報セキュリティ」（専門情報），「メディアとサービス」（専門情報）を新設
※職業教育の充実に当たっては，必要な施設・設備の計画的な整備を促していく

（2）その他の重要事項
●**初等中等教育の一貫した学びの充実**
・必要な資質・能力を身に付けるため，中学校との円滑な接続や，高等学校卒業以降の教育や職業との円滑な接続について明記（総則）
●**主権者教育，消費者教育，防災・安全教育などの充実**
・政治参加と公正な世論の形成，政党政治や選挙，主権者としての政治参加の在り方についての考察（公民），主体的なホームルーム活動，生徒会活動（特別活動）
・財政及び租税の役割，少子高齢社会における社会保障の充実・安定化，職業選択，起業，雇用と労働問題，仕事と生活の調和と労働保護立法，金融を通した経済活動の活性化，国連における持続可能な開発のための取組（公民）
・多様な契約，消費者の権利と責任，消費者保護の仕組み（公民，家庭）
・世界の自然災害や防災対策（地理歴史），防災と安全・安心な社会の実現（公民），安全・防災や環境に配慮した住生活の工夫（家庭）
・高齢者の尊厳と介護についての理解［認知症含む］，生活支援に関する技能（家庭）

・オリンピックやパラリンピック等の国際大会は，国際親善や世界平和に大きな役割を果たしていること，共生社会の実現にも寄与していることなど，スポーツの意義や役割の理解（保健体育），障害者理解・心のバリアフリーのための交流（総則，特別活動）
・我が国の領土等国土に関する指導の充実（地理歴史，公民）

●**情報教育［プログラミング教育を含む］**
・情報科の科目を再編し，全ての生徒が履修する「情報Ⅰ」を新設することにより，プログラミング，ネットワーク（情報セキュリティを含む）やデータベース（データ活用）の基礎等の内容を必修化（情報）
・データサイエンス等に関する内容を大幅に充実（情報）
・コンピュータ等を活用した学習活動の充実（各教科等）

●**部活動**
・教育課程外の学校教育活動として教育課程との関連の留意，社会教育関係団体等との連携による持続可能な運営体制（総則）

●**子供たちの発達の支援（キャリア教育，障害に応じた指導，日本語の能力等に応じた指導，不登校等）**
・社会的・職業的自立に向けて必要な基盤となる資質・能力を身に付けていくことができるよう，特別活動を要としつつ各教科・科目等の特質に応じて，キャリア教育の充実を図ることを明記（総則）
・通級による指導における個別の指導計画等の全員作成，各教科等における学習上の困難に応じた指導の工夫（総則，各教科等）
・日本語の習得に困難のある生徒への配慮や不登校の生徒への教育課程について新たに規定（総則）

4節　教育課程の編成について

　教育課程は，学校教育の目的や目標を達成するために，教育内容を子どもの発達段階に応じ，授業時数との関連において総合的に組織した学校の教育計画である。
　学校が教育課程を編成する場合，法令及び学習指導要領の示すところに従い，地域や学校，子どもの実態等を考慮すること，人間として調和のとれた子どもの育成をめざすこと，子どもの心身の発達段階と特性並びに能力・適正・進路等を十分考慮することの4点を前提とすることが原則であるとされている。

表13-1 教育課程編成の手順の例

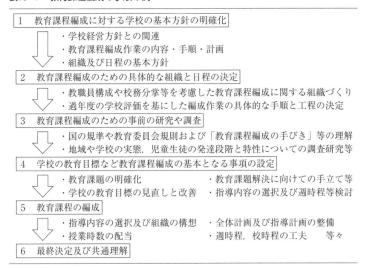

　校長は，まず，企画委員会や職員会議等において，編成の基本方針を明確にし，具体的な組織と日程を決定する。そして，教育課程編成に向けての事前研究や調査の実施を行う。その後，地域や学校の実態及び子どもの心身の発達の段階と特性等を考慮して学校教育目標を設定し，教育内容を選択・組織し，授業時数を配当する。そして，その他諸々の事項を決定し，教育課程を編成する。

　学校の教育課程は，「学校の総合的な教育計画」であり，それに基づいて教育活動を進めていくことが重要となる。

　このように，教育課程編成の過程は実践に基づく改善・再編の過程である。再編のためには的確な情報が必要であり，そのために評価が必要である。その評価とは，「学校評価」ともよばれ，学校の教育目標を効果的に達成するために，教育課程の編成と実施が適切に行われたかどうかを確かめ，次年度への改善・再編の方策を立てることである。

　一般的に，教育課程の編成の手順は，表13-1のような流れで行うことが多い。

　しかし，教育課程の編成の手順は必ずしも一定したものではなく，それぞれの学校がその実態に即して工夫すべきものである。

「特別の教科　道徳」は，なぜ「特別の教科」なのか

　道徳は，道徳の授業だけで完結しない教科である。学校の教育活動全体を通じて行うことになっていて，基本的には，小学校でも中学校でも担任が授業を行うことになっている。道徳科は，要となる時間とされている。そして今回，教科化されたことで，評価を指導要録に記述で示すことが義務づけられた。評価は，これまでもされてはきたが，通知表などに示すようになったということである。ただし，数値での評価は行わず，記述のみで評価することになっている。

　道徳は，平成27年3月27日に告示された，一部改正学習指導要領で「特別の教科である道徳」になることが決まった。では，道徳が「教科」になることで何が変わるのか。

　まず，1つ目の大きな変更点は，検定教科書ができ，今後は教科書を中心として授業が展開されるということである。

　2つ目の大きな変更点は，「読む道徳」から「考え，議論する道徳」へと転換したことである。児童生徒の発達の段階に応じ，答えが1つではない道徳的な課題を一人ひとりの児童生徒が自分自身の問題と捉え，向き合う「考える道徳」，「議論する道徳」へと転換を図るものである。したがって今後は，多様で効果的な指導方法への改善が求められる。

　3つ目の大きな変更点は，児童生徒の評価（個人内評価で記述式）を行い，それを充実することが求められたということである。

　今後，どのような道徳授業が展開されていくのか，ますます注目される。

第14章 国際学力調査の21世紀型「能力」の模索と教育課程改革

　本章では、2000年以降行われるようになった国際的な「学力」調査が各国の教育改革に与えたインパクトについて取り上げる。日本のマスコミや一般社会は、その国際的なランキングに目がいきがちであった。しかし、単なる国際的な学力競争のように捉えては見逃されがちになる、重大な世界的変革と育成すべき学力や能力を求める試みや模索について述べる。

　つまり、国際的「学力」調査が行われるようになった背景には、1990年代半ばから顕著になってきた、世界全体にも影響を及ぼす産業構造や経済構造の急激な変動・変貌がある。そして、こうした「学力」調査には、そのような変動する社会に必要とされる（＝育成すべき）「能力」や「学力」がどのようなものであり、それらをどのように測定・評価できるのか、という問題意識が込められている。当初、学力競争の時代到来といえるような雰囲気もあったが、21世紀も20年近く経過し、21世紀型の「能力」や「学力」として何が必要かを、国際的なプロジェクトとしていくつかの団体において模索、研究される時代となっていることを示す。

1節　国際的「学力調査の時代」の始まり

1. PISA調査とTIMSS調査

　日本において、1999（平成11）年に出版された『分数ができない大学生』をきっかけに始まった「学力低下」論争は、平成10・11年版学習指導要領の実施（小・中学校2002年、高等学校2003年）を前に、すでに「ゆとり教育」批判を巻き起こしていた。これに対して、文部科学省は「確かな学力の向上のための2002アピール」や「学びのすすめ」を出したり、2003（平成15）年12月の学習指導要領を部分改訂したりするなど対応に追われていた。そのような状況に大きな衝撃を与えたのが、PISAと呼ばれる国際学力調査であった。

209

PISA (Program for International Student Assessment) とは，経済協力開発機構 (OECD, 1961年設立) による国際的な，生徒の学習到達度調査のことで，2000年に第1回目の調査が実施され，以後3年ごとに実施されている。その調査結果はおよそ1年後に国際報告書として公表され，国立教育政策研究所のサイトでも閲覧可能である。この PISA 調査は，15歳児（義務教育終了段階）の学習到達度を測るもので，OECD 加盟国を中心に非加盟国や地域も参加して行われてきた。2000年調査の32か国，約26万5千人から，2009年調査の65か国と地域，約47万人，2012年調査（5回目）の65か国と地域，約51万人へと，回を追うごとに大きな調査となっていった。

　調査は，「読解リテラシー（「読解力」と訳すこともある）」「数学的リテラシー」「科学的リテラシー」の3分野について行われる。各回の調査では，3分野のうち1つを主要分野として，3分の2のテスト時間を費やして重点的に調べ，残り2分野について概括的な状況を調べる。2000年調査では，「読解リテラシー」，2003年調査では「数学的リテラシー」，2006年調査では「科学的リテラシー」が主要分野であり，以後この順で主要分野を変えて調査が実施されている。

　なお，2003年調査では「問題解決能力」の調査が含まれていたが，それ以降実施されず，2012年調査でオプションとして実施された。2003年調査では筆記型調査であったが，2012年調査ではコンピュータを使用し，問題解決に必要な情報を探し出すことを求め，より現実に近い状況での「問題解決能力」を測ろうとした点が特徴的であった。この調査では，解決方法がすぐにはわからない状況を理解し，問題状況を打開する方法を考える力と，思慮深い市民として自ら問題状況に関わろうとする意志をも含めて「問題解決能力」と考えていると言ってよいだろう。

　この「問題解決能力」のとらえ方に象徴的に見られるように，PISA の学習到達度調査は，そもそも，学校カリキュラムの習得状況を測定するものではなく，〈15歳児が持っている知識や技能を実生活の様々な場面でどれだけ活用できるか〉を見る調査であった。

　調査は，調査問題（2時間）と質問紙（約30分）で構成され，問題には多肢選択形式や短答形式もあるが，自由記述形式が約4割を占めた。質問紙は，生徒が回答するものと校長が回答するものがあり，前者は，生徒が数学の本を読むのが好きかや，数学の学習内容に興味があるかなど，学習の動機づけや自信の有無や家庭環境について答えるものであった。

　PISA 調査に比べて，より学校の教科に近い学力を調査するものに TIMSS

(Trends in International Mathematics and Science Study：国際数学・理科教育動向調査）がある。この調査は IEA（International Association for the Evaluation of Educational Achievement：国際教育到達度評価学会；1960年設立）によって1964年に国際数学・理科教育調査として始められ，1995年からは上記の「動向調査」と改称して4年ごとに実施されてきた。調査開始当初は算数・数学，理科とも，十数か国での実施であったが，回を追うごとに参加する国と地域が増え，その数は1995年に40か国以上となり，2011年調査では63か国と地域であった。1995年以来すべての調査に参加したのは19か国と地域であるが，2011年調査においては，第4学年（小学校4年生）で50か国・地域（約26万人）について，第8学年（中学校2年生）で42か国と地域（約24万人）について比較可能となっている。

TIMSS 調査の目的は，「初等中等教育段階における児童・生徒の算数・数学及び理科の教育到達度を国際的な尺度によって測定し，児童・生徒の学習環境条件等の諸要因との関係を」組織的に研究・分析することである。調査内容は，算数・数学と理科の学力を問う問題に加えて児童・生徒や教師，学校に対する質問紙調査も行われる。この質問紙調査から TIMSS においても，数学や理科の勉強を楽しく思うか，好きか，や保護者の学習への関わり方なども調査される。

なお，TIMSS 調査は2015年にも実施され，小学校は50か国・地域（約27万人），中学校は40か国・地域（約25万人）が参加した。日本では同年3月に行われ，148校の小学4年生（約4400人），147校の中学2年生（約4700人）が参加した。

以上，述べたように，2000年ごろから国際的に学力調査が実施される中，その調査結果が教育行政当局やマスコミで取りざたされるようになった。つまり，国際的な「学力調査の時代」とでも言うべき状況が到来した。

2．近年の PISA 調査の動向

PISA 調査は，TIMSS 調査以上に国際的なインパクトを与えた。それは，マスコミや一般社会には学力の国際的調査の上位常連国が PISA において振るわなかったことにあった。しかし，この調査に関して理解すべきはその課題意識である。そして，その世界的な影響力もそこから生じている。PISA 調査の課題意識は，21世紀の世界をにらんで，発展途上国の経済的成長と世界経済の持続的発展のためにどのような能力や「学力」が必要か，それらを教育によってどう育てるか，にあった。さらに，このプロジェクトでは，将来の世界的な変動を見通しながら，学校で育成する学力とは異なる「能力」や特性を掲げて測定・評価する試みを続けている。こ

れがPISAの影響力の元になっているといえるだろう。

　PISA 2015は3つのリテラシー（科学的リテラシーが主要調査分野）に加えて，「協同問題解決能力」（collaborative problem solving skills）が調査された。ここでは，一部参加国を除いてコンピュータ使用型調査へと移行した。また，「協同問題解決能力」調査は，この能力を「複数人が，解決に迫るために必要な理解と労力を共有し，解決に至るために必要な知識・スキルを出し合うことで問題解決を試みる過程に効果的に取り組むことができる個人の能力」と定義し，コンピュータ上の仮想の人物と，ある課題について対話するチャット形式で行われた（国立教育政策研究所，2017）。

　3つのリテラシー調査には，72か国・地域（OECD加盟国は35か国），約54万人が，「協同問題解決能力」調査には52か国・地域（加盟国で32か国）が参加した。我が国では198の高校などの約6600人が参加した。その結果は，3つのリテラシーについては2016年2月6日，「協同問題解決能力」については2017年11月21日に公表された。

　さらにPISAは2018年調査では，従来のリテラシーに加えて新たに「グローバル・コンピテンス」という能力概念を掲げて調査対象とした。そこには，自然資源の枯渇や，世界の富や機会の配分をどうするかといった世界全体や国際社会が抱える課題（＝一国だけの問題ではない）に，世界全体や多数の国（つまり異なる国情や文化を持った人たち）が協調し，協働する必要があるという問題意識があるからである（ちなみに，日本はこの調査項目の調査に不参加で，2021年調査については参加を検討するとのことである）。

　そのうえ，PISAは2015年に，2030年の世界状況を見据えた「Education 2030」というプロジェクトをスタートさせている。これは，第1期（2015〜2018年）と第2期（2019〜2022年）に分けられた8年間のプロジェクトで，2030年に向けて必要とされる（＝育成するべき）主要な「能力」について，これまでのものを改定し，再定義することで，各国の人材開発の政策立案を支援するためのものである。当面2018年までの研究4年間で主要「能力」を特定し，2019年以降にそうした「能力」を育成方法や評価の仕方などについて検討する予定となっている。

　このようなPISAの動向を見ても，国際的「学力」調査は，国際的な「学力」比較の段階から，加速しつつある世界的な変動や経済・産業のありようの変貌を見据えて，新たな「能力」や教育において育成すべき「学力」概念を更新しつつ，さらにその育成法と評価法を探究する段階に入っていることがわかる。

2節　PISA調査の「学力」概念とその測定の始まり

1．国際的な「学力」(=リテラシー)とその基礎としてのコンピテンシーの提起

　ここでは，まずOECDがPISA調査のプログラム開発を始めた時点に立ち返ってその基本的なスタンスを見ることにする。

　PISA調査を実施したOECDは，加盟国の財政金融上の安定を基礎とした高度の経済成長や生活水準の向上を達成することよって，世界経済の発展や経済的に発展途上国の健全な経済的発展に貢献することなどを目的としている。そしてそのためには，社会経済の持続的発展と世界的な生活水準の向上が必要となるが，ここで，OECDにとってそれらを担う人々の能力開発にどのように投資すべきかが，課題として浮かび上がってくる。そこでOECDは，経済がグローバル化する状況において，各国の教育を共通の指標に基づいて比較できる指標を開発するために，1988年から「教育インディケーター事業（INES：International Indicators of Education Systems)」を進めてきた。PISA調査はその一環として国際教育指標の開発とデータ提供を目的としており，調査プログラム開発は1997年に始まった。

　一方，上記の経済発展を担い，社会を適切に発展させ，なおかつ個人としての成功を得る人が保有する「能力」を概念化しようとしたのが，OECDのDeSeCo（Definition and Selection of Competencies: Theoretical and Conceptual Foundation, 1997〜2003年）プロジェクトであり，このプロジェクトで提示された「能力」が，キー・コンピテンシーである（表14-1）。

　この表14-1からわかるように「能力」といっても，通常我々が能力としてイメージするものとは違うかもしれない。DeSeCoのキー・コンピテンシーは，つまるところ，〈言語や数学，科学的知識や情報を道具として周囲と相互に関わり，対話し〉，〈異質な他者や異文化とも相互に関わり協同しつつ問題解決をし〉，それでいて〈社会生活の中で自分自身の人生を紡ぎ出す〉ことができる「有能さ」のことだと言えるだろう。

　ここで，キー・コンピテンシーとPISA調査との関係を見ると，PISAで調査してきた読解・数学的・科学的の3つのリテラシーは表14-1のカテゴリー1に含まれる。つまり，キー・コンピテンシーが描く「能力」像あるいは人物像のうち社会生活の中で活用される学力的な側面がPISA調査の3つのリテラシーであるという

表14-1 DeSeCoのキー・コンピテンシー (松下, 2014, p.42)

〈カテゴリー1〉 道具を相互作用的に用いる	A 言語, シンボル, テクストを相互作用的に用いる B 知識や情報を相互作用的に用いる C テクノロジーを相互作用的に用いる
〈カテゴリー2〉 異質な人々からなる集団で相互に関わりあう	A 他者とよい関係を築く B チームを組んで協同し, 仕事する C 対立を調整し, 解決する
〈カテゴリー3〉 自律的に行動する	A 大きな展望の中で行動する B 人生計画や個人的プロジェクトを設計し, 実行する C 権利, 利害, 限界, ニーズを擁護し, 主張する

ことができる。つまり, 言語やシンボル, 知識・情報などを「道具」として使い, 周囲の世界や異質な他者と対話や関わりを持つ「力」をイメージするとよいかもしれない。カテゴリー1のAに関わるのが読解リテラシーと数学的リテラシー, 1のBに関わるのが科学的リテラシーである。

2. PISA調査が測定した3つの主要なリテラシー

PISAが調査をしてきたのは, 読解, 数学, 科学についてのリテラシーである。PISAの言うリテラシーとは, 一般的な意味での読み書き能力よりも広い範囲で使われる能力である。松下は「多様な状況において問題を設定し, 解決し, 解釈する際に, その教科領域の知識や情報を効果的に活用して」「分析, 推論, コミュニケートする生徒の力」という, OECDによるPISA2003調査報告の定義を紹介している (松下, 2014, p.43)。

文部科学省の生涯学習政策局調査企画課による2003年調査の要約によれば, それぞれのリテラシーは次のように定義されている。

1) 読解リテラシーとは,「自らの目標を達成し, 自らの知識と可能性を発達させ, 効果的に社会に参加するために, 書かれたテキストを理解し, 利用し, 熟考する能力」である。
2) 数学的リテラシーとは,「数学が世界で果たす役割を見つけ, 理解し, 現在及び将来の個人の生活, 職業生活, 友人や家族や親族との社会生活, 建設的で関心を持った思慮深い市民としての生活において確実な数学的根拠にもとづき判断を行い, 数学に携わる能力」である。
3) 科学的リテラシーとは,「自然界及び人間の活動によって起こる自然界の変

化について理解し，意思決定するために，科学的知識を使用し，課題を明確にし，証拠に基づく結論を導き出す能力」である。

　ここからわかるように，調査されるリテラシーは単なる知識や技能の活用力を越えて，該当領域への動機づけや興味・関心，楽しみと感じているかどうかや，実際にその活動をよくやっているか，といった情動面や行動面までも含んだものなのである。それゆえに，1節で述べたように数学の本を読むのが好きであるかや数学の学習内容に興味があるかなども調査されるのである。
　PISA調査では，文章のような「連続型テキスト」や表・グラフ・地図などの「非連続型テキスト」が問題として出され，これらを〈幅広く読み，広く学校内外の様々な状況に関連付けて，組み立て，展開し，意味を理解することをどの程度行えるかをみる〉ことを狙っており，次の3つの段階で評価される。

①情報の取り出し（テキストの中から情報を正確に取り出す）
②テキストの解釈（書かれた情報がどのような意味を持つか理解したり，推論する）
③熟考・評価（書かれた情報を自らの知識や経験と関連づけて考える）

①では情報の取捨選択と必要な情報の抽出と収集ができるか，②では情報の意味理解と推論ができるか，③では自分の考えや体験との結びつけ，テキスト内容や登場人物の評価・批判などができるか，が問われることになる。
　その際，自由記述式の回答が多いので，自分の言葉で述べることや，テキストに書いてあることを根拠にして自分の意見として表現しなければ高評価とはならない。
　実際に出された問題を見ると，これらの点を具体的に理解できるだろう。「問題例」（図14-1）は，2000年調査で読解リテラシーをみるために出された「落書きに関する問題」である。これは，学校の壁の落書きに関する異なる意見が書かれた2通の手紙についての問いである。ここに見られるように，問2で一方の書き手が意見を述べる際に広告を引き合いに出した理由を聞いたり，問3で手紙に書かれた意見に触れながら自分の言葉で自分の答えを説明するよう求めたりしている。また，問4では意見の内容ではなく，意見の書き方について考えさせ，意見の賛否ではなく手紙としてどちらが良いかを問うている。しかも，その際に手紙の書き方に触れながら，自分の答えを説明するよう要求している。

ここで求められるような「情報の読み取り」は、図表からの場合はもちろん、「読解リテラシー」の、文章からの読み取り問題の場合でも、よく国語科で行われてきた「読解」とはかなり異なっていることがわかる。ここにその対比を表14-2に掲げておく。また、日本の生徒はこうした問い方をするテストにはかなり不慣れであったことは明らかである。言い換えれば、学校教育においてPISA調査のような問われ方をされたことがあまりなかったということでもある。

3節　国際的「学力」調査のインパクト

1．PISA調査と日本の教育改革への影響

　2003年は、国際的な「学力」調査であるPISAとTIMSSがともに行われた年であり、教育関係者にいわゆる「PISAショック」をもたらした年として記憶されている。というのも、その調査結果の公表によって日本の国際順位の低下が耳目を集め、日本の学校教育のあり方にとっての課題を提示していると受け止められ、大きな反響を呼ぶことになったからである。
　こうした「学力」調査が、マスコミ報道などを賑わせるのは特に参加国別の順位やテストスコアの変動である。教育界へのインパクトについては後述するとして、

表14-2　従来行われがちだった国語のテストとPISA読解力テストの違い（有元，2008b）

従来日本でよく行われがちだった国語のテスト	PISA読解力テスト
①選択式問題がほとんどを占める	記述式問題が約4割を占める
②文章がほとんどである	表やグラフ・地図など非連続テキストが約4割を占める
③生徒の興味関心とかけ離れることがある	生徒の興味関心を重視している
④実生活とかけ離れた趣味的な課題がよくある	実生活と関連の深い課題が多い
⑤文学や評論がほとんどを占めることが多い	理科・社会などと関連した幅広い領域から出題される
⑥読んだことについて、教師が与えた唯一の正しい答えのみを答えることを求めることが多い	読んだことについて、自分独自の個性的な意見を表現することを求める
⑦自分の体験や主観的な憶測に基づいた意見でも容認されることが多い	意見の根拠が必ず本文の中になければならない
⑧本文を無批判に受け入れることを求められることが多い	本文について評価したり批判したりすることが求められる

落書き

　学校の壁の落書きに頭に来ています。壁から落書きを消して塗り直すのは，今度が4度目だからです。創造力という点では見上げたものだけれど，社会に余分な損失を負担させないで，自分を表現する方法を探すべきです。
　禁じられている場所に落書きするという，若い人たちの評価を落とすようなことを，なぜするのでしょう。プロの芸術家は，通りに絵をつるしたりなんかしないで，正式な場所に展示して，金銭的援助を求め，名声を獲得するのではないでしょうか。
　わたしの考えでは，建物やフェンス，公園のベンチは，それ自体がすでに芸術作品です。落書きでそうした建築物を台なしにするというのは，ほんとに悲しいことです。それだけではなくて，落書きという手段は，オゾン層を破壊します。そうした「芸術作品」は，そのたびに消されてしまうのに，この犯罪的な芸術家たちはなぜ落書きをして困らせるのか，本当に私は理解できません。

ヘルガ

　十人十色。人の好みなんてさまざまです。世の中はコミュニケーションと広告であふれています。企業のロゴ，お店の看板，通りに面した大きくて目ざわりなポスター。こういうのは許されるでしょうか。そう，大抵は許されます。では，落書きは許されますか。許せるという人もいれば，許せないという人もいます。
　落書きのための代金はだれが払うのでしょう。だれが最後に広告の代金を払うのでしょう。その通り，消費者です。
　看板を立てた人は，あなたに許可を求めましたか。求めていません。それでも，落書きをする人は許可を求めなければいけませんか。これは単に，コミュニケーションの問題ではないでしょうか。あなた自身の名前も，非行少年グループの名前も，通りで見かける大きな制作物も，一種のコミュニケーションではないかしら。
　数年前に店でみかけた，しま模様やチェックの柄の洋服はどうでしょう。それにスキーウェアも。そうした洋服の模様や色は，花模様が描かれたコンクリートの壁をそっくりそのまま真似たものです。そうした模様や色は受け入れられ，高く評価されているのに，それと同じスタイルの落書きが不愉快とみなされているなんて，笑ってしまいます。
　芸術多難の時代です。

ソフィア

出典：Mari Hankala.（一部改変）

　上記2通の手紙は，落書きについての手紙で，インターネットから送られてきたものです。落書きとは，壁など所かまわずに書かれる違法な絵や文章です。この手紙を読んで，問1～4に答えて下さい。

落書きに関する問1
　この二つの手紙のそれぞれに共通する目的は，次のうちどれですか。
A　落書きとは何かを説明する。
B　落書きについて意見を述べる。
C　落書きの人気を説明する。
D　落書きを取り除くのにどれほどお金がかかるかを人びとに語る。

落書きに関する問2
ソフィアが広告を引き合いに出している理由は何ですか。
　..
　..

落書きに関する問3
　あなたは，この2通の手紙のどちらに賛成しますか。片方あるいは両方の手紙の内容にふれながら，**自分なりの言葉**を使ってあなたの答えを説明してください。
　..
　..
　..

落書きに関する問4
　手紙に何が書かれているか，内容について考えてみましょう。
　手紙がどのような**書き方**で書かれているか，スタイルについて考えてみましょう。
　どちらの手紙に賛成するかは別として，あなたの意見では，どちらの手紙がよい手紙だと思いますか。片方あるいは両方の**書き方**にふれながら，あなたの答えを説明してください。
　..
　..
　..

図14-1　問題例：落書きに関する問題（PISA2000年調査問題〈http://www.nier.go.jp/kokusai/pisa/〉より）

これらの国際的「学力」調査の結果の推移を見ておこう。

図14-2は,「OECD生徒の学習到達度調査（PISA2015）のポイント」に掲載された PISA2000〜2015までの日本の平均得点と順位の推移を示すグラフに,尾崎（2014）の日本での教育課程をめぐる動きを書き加えたものである。これを見ると2003年から2006年にかけて順位とスコアを落とし,2009年,2012年と得点,順位とも回復していったことが見て取れる。2015年調査では3つのリテラシーについて「引き続き平均得点が高い上位グループに位置している」が,読解リテラシーの「平均得点が有意に低下している」と総括されている。この低下にはコンピュータ使用型調査の影響も関係していたと文部科学省は考えている。

「PISAショック」とは,この順位とスコアの低下によってもたらされた衝撃のことであるが,特に「読解リテラシー」についてのショックでもあった。2003年調査の結果において,その順位がOECD加盟国30か国中14位であっただけでなく,「読解リテラシー」のスコアは,フィンランド,韓国などの上位8か国より統計的に有意に低かったからである。

学校で習った知識や技能の活用能力を調査するPISAと,学校で習う内容をどの

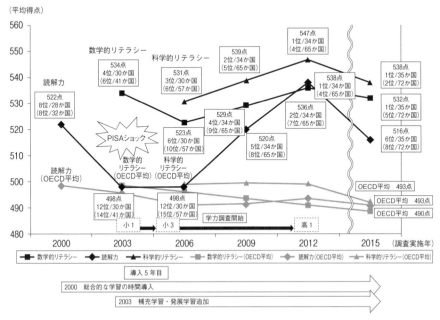

図14-2　日本の平均得点と順位の推移：PISA2000〜2015年　（尾崎, 2014；国立政策研究所, 2016より作成）

程度習得しているかを調査するTIMSS。両者が測ろうとする「学力」にはそれぞれ違いもあるとはいえ，これら国際的な「学力」調査が，ともに2003年に行われ，程度の差はあるにしてもその調査報告で日本の「学力」の低下傾向や問題点を指摘したことは，日本の学校教育をめぐる改革論議にショックと方向性を与えることになったと言える。ことに，PISA調査は，〈知識や技能をどれだけ習得したか〉に目が行きがちだった日本の学校教育の手薄なところをあぶり出し，より大きな影響を与えることになった。

　学力低下を懸念する声もあった日本では，これらの調査結果はある種の衝撃をもって受け止められたが，それは，先に述べたような日本の学校教育の，知識・技能の実際的な場面での活用力育成の「弱さ」に対するものであった。また，自分の言葉で答えたり，自分の知識や経験と照らし合わせて回答したりする自由記述の問題に対する「無答率」が他国と比べて高いことや，さらに「読解」や算数・数学，科学の学習に対する関心や動機づけ，自信などについてのスコアが相対的に低いことも注目された。文部科学省の「まとめ」の詳細については，図14-3を参照してほしい。

　2004年12月，PISA2003調査の結果が公表されるとすぐに，文部科学省は「PISA・TIMSS対応ワーキンググループ」を設置し，同グループは2005年12月に「読解力向上プログラム」を取りまとめた。彼らは，PISA調査における「リテラシー」評価の3段階，①情報の取り出し，②テキストの解釈，③熟考・評価（2節2参照）のうち，②と③，そして自由記述に課題があるとして，各学校の改善への3つの重点目標を掲げた。それらは以下の通りであるが，図14-3の「読解力」の改善方向をほぼ継承したものであった。

【目標1】テキストを理解・評価しながら読む力を高める取り組みの充実
　　テキストからの「情報の取り出し」だけでなく，テキスト内容や著者の意図の「解釈」，テキストの信頼性や客観性，論理的な思考の確かさなどの「理解・評価」，自分の知識や経験と関連づけた建設的な批判を行う「クリティカル・リーディング」を充実する。

【目標2】テキストに基づいて自分の考えを書く力を高める取り組みの充実
　　テキストを利用して自分の考えを書くことが求められるので，テキスト内容の要約・紹介・再構成をしたり，自分の知識や経験と関連づけたり，自分の意見を

	課題	改善の方向
読解力	○テキストの解釈，熟考・評価に課題がある。 ○自由記述（論述）の設問に課題がある。	○テキストを理解・評価しながら読む力を高めること。 ○テキストに基づいて自分の考えを書く力を高めること。 ○様々な文章や資料を読む機会や，自分の意見を述べたり書いたりする機会を充実すること。
数学的リテラシー・算数・数学	○基礎的・基本的な計算技能，数についての感覚などに課題がある。 ○解釈を要する設問，自由記述形式の設問に課題がある。	○基礎的・基本的な計算技能の定着や数量・図形などの基本的な意味の理解を確実にすること。 ○数学的に解釈する力や表現する力の育成を目指した指導を充実すること。 ○実生活と関連付けた指導の充実を図り，数学について有用性を実感する機会を持たせること。
科学的リテラシー・理科	○科学的な解釈や論述形式の設問に課題がある。 ○日常生活と関連の深い設問に課題がある。	○科学的に解釈する力や表現する力の育成を目指した指導を充実すること。 ○日常生活に見られる自然事象との関連や他教科等との関連を図った指導を充実すること。
質問紙調査	○学習意欲，学習習慣等に課題がある。	○実験・観察や実生活との関連を重視した指導，目標設定や評価の工夫などにより学習意欲を高める指導を充実すること。 ○宿題や課題を適切に与えることや，学習ガイダンスの充実等を通じて，学習習慣や学習規律を確立すること。

図14-3　PISA調査，TIMMS調査の結果分析（中間まとめ）
(http://www.mext.go.jp/a_menu/shotou/gakuryoku/siryo/05122201/014/001.pdf より)

書いたり，論じたりする機会を設定する。

　さらに，テキストから得られた知識などを実生活や行動と関連づけて書く力を高め，書いたものをさらに深めることで読む力を高める。つまり，考える力を中核として，読む力，書く力を高めていくプロセスを確立する。

【目標3】様々な文章や資料を読む機会や，自分の意見を述べたり書いたりする機会の充実

　幅広い範疇の読み物に親しめるよう，ガイダンスを充実し，自分の意見を述べたり書いたりする機会を充実する。その際，自分の経験や心情の叙述だけでなく，目的や条件を明確にして考えを述べたり，論理的・説明的な文章に対する自分なりの意見を書いたりする機会を意図的に設定する。

第14章 国際学力調査の21世紀型「能力」の模索と教育課程改革

この「読解力向上プログラム」の全体像は、図14-4のように図示されている。

2015年も、TIMSS調査とPISA調査が行われた年である。TIMSS 2015の結果について、小学4年生、中学2年生の算数（数学）と理科ともに「引き続き上位を維持」し、「前回調査と比べて有意に上昇」していると総括された。小学4年生の算数は49か国中5位、理科は47か国中3位で、中学2年生の数学と理科は39か国中2位であった。

ちなみに、PISA 2015についてはすでに見たが、遅れて2017年11月に発表された「協同問題解決能力」では参加52か国・地域中、シンガポールに次いで2位、OECD加盟国32か国中1位であった。文部科学省は、PISA 2015、TIMSS 2015とも上位の位置を継続していることについて、PISAショックを受けて「確かな学力」の再定義（2005年、2008年の中教審答申）以降の、学校教育全般にわたる教職員全体の取り組みの成果であると評価していた（文部科学省，2017, p.34）。

とはいえ、PISA 2015の読解リテラシー得点の低下について、コンピュータ使用による回答に戸惑ったこと以外に、「文章で表された情報を正確に理解し、自分の考えの形成に生かす」ことや「視覚的な情報と言葉の結びつきが希薄になり、知覚した情報の意味を吟味して読み解くこと」などを、新学習指導要領の作成に当たっ

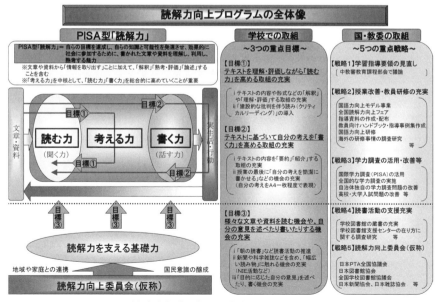

図14-4　読解力向上プログラムの全体像（文部科学省資料より）

ての課題として考えていた（文部科学省，2017, p.31）。このような課題意識が，新学習指導要領（小・中学校は2017年3月，高等学校は2018年3月公示）の内容に影響を与えることになった（文部科学省，2017, pp.1-10）。このことは，松野文部科学大臣（当時）の2016年12月6日のコメントにおいて，「学習指導要領の改訂による」「国語教育の充実」さらに「「読解力の向上に向け対応策」に基づく……言語能力・情報活用能力の育成」といった課題が「（PISA 2015）調査によって明らかになった」と述べていることからもわかる。

2．諸外国の求める「能力」

 2000年以降に，PISA 2000から2018まで，TIMSS 2003から2015まで，それぞれに国際的「学力」調査が繰り返されたこと，それは，国際的な人的交流と経済のグローバル化が進展する世界や社会を担う人材に求められる「学力」や「能力」がどのようなものであるかが問われるようになったことの表れであろう。そして，それらを問い続けながら更新していかなければならない状況を示している。

 そのような21世紀の世界的状況で求められる「学力」あるいは「能力」とは，単なる学校教育における学業達成で示されるものではなく，学校教育で得た知識・技能を社会の実際的な場面で活用しようとする力や態度，動機づけなど人格的要素も含んだものであった。だからこそ，そうした「能力」は，様々な団体や研究プロジェクト，国の目指す目標として，コンピテンシーやコンピテンス，スキルといった言葉で表現されるようになった。前節で述べたOECDのキー・コンピテンシーや次節で触れる国際プロジェクトATC21Sの21世紀型スキルなどがその例である。ちなみに，国立教育政策研究所も報告書で「21世紀型能力」の文言を使っている（「教育課程の編成に関する基礎的研究報告書5」，2013）。PISA調査で問われる「学力」は，国際的な「能力」の探究と模索の幕開けを告げるものとなった。

 1992年設立の欧州連合（EU）は，2000年に入って教育と職業訓練の分野で人材育成のための生涯学習のあり方を議論するようになった（リスボン会議）。EUは，21世紀の社会に必要な知識や基本的技能を明らかにするための作業部会を作り，その成果がまずは2015年11月に欧州議会と欧州理事会の勧告として発表された。これが2007年の「生涯学習のためのキー・コンピテンス」（KEY COMPETENCES FOR LIFELONG LEARNING）となっていき，加盟27か国は，このEUキー・コンピテンスを参考にして，それぞれに（教育課程や教育方法は多様だが）教育改革に取り組むことが期待された（ちなみに，当初，EUではこれらを new basic skills

と呼んでいたが，キー・コンピテンスという文言を選んだ)。

　EU キー・コンピテンスは，OECD のキー・コンピテンシーを参考にしつつも，これが経済的側面に偏向し新たな格差を生み出しかねないという危惧から一線を画して社会統合を意識し，個々人の「能力」獲得保障を重視して作成された◆1。この「能力」は「すべての人が，自己実現，能動的市民性，社会的包摂，そして雇用のために必要とする」義務教育終了段階までに習得すべきものであった。

　それらは，基礎的なリテラシーと認知スキル，社会的スキルの3つに分類される。そして，まず基礎的なリテラシーは，①母語によるコミュニケーション力，②外国語によるコミュニケーション力，③数学的能力と科学・技術における基礎的能力，④ICT などのデジタルな能力からなる。次いで，認知スキルは⑤学び方を学ぶ力から構成され，さらに社会的スキルは，⑥社会人や市民としての能力，⑦進取の精神と起業家精神，⑧文化に対する意識と文化的表現に対する理解力，から構成される（ちなみに，EU はその後，Education & Training 2010という目標を掲げ，2010年に EU2020をスタートさせた）。

　OECD や EU の動きに対して，各国もそれぞれの実情に合わせて育成すべき「能

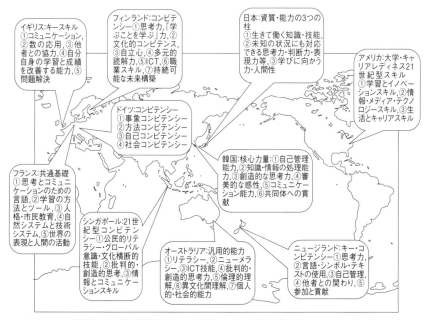

図14-5　諸外国における教育改革とコンピテンシーの名称（松尾，2018，p.15を一部改変）

力」や「学力」を掲げて教育改革を目指した。その概略を示したものが，図14-5である。それぞれに異なった「能力」をあげ，異なった表現をしているが，これらの「能力」はいずれも，言語能力，数的能力，ICT活用などの情報を扱う能力を基礎として，認知に関するスキルとしての批判的思考力や創造的思考力と，協調性や自己管理力や異文化理解力といった社会的なスキルから構成されていることがわかる。

4節　21世紀型の「能力」の国際的な模索

1．21世紀の世界的産業・経済構造の変化と求められる「能力」

各国の目指す「能力」に見られる共通性は，経済や産業の変動によってもたらされる21世紀の国際社会の変貌を見通すことからきている。では，どのような社会を展望・想定していたのであろうか。例えば，日本では「知識基盤社会」という言葉がよく使われる。これは2005（平成17）年の中央教育審議会答申「我が国の高等教育の将来像」に見られる言葉で，「新しい知識・情報・技術が政治・経済・技術・文化をはじめ社会のあらゆる領域での活動の基盤として飛躍的に重要性を増す社会」のこととされる。

その特質として以下の4点をあげている。

①知識には国境がなく，グローバル化が進む。
②知識は日進月歩であり，競争と技術革新が絶え間なく生まれる。
③知識の進展は旧来のパラダイムの転換を伴うことが多く，幅広い知識と柔軟な思考に基づく判断が一層重要になる。
④性別や年齢を問わず参画することが促進される。

また，「知識基盤社会化やグローバル化は」知識や人材をめぐる国際競争を加速化させる一方で，「異なる文化・文明との共存や国際協力の必要性を増大させる」と展望している。知識基盤社会化は1990年代半ばから始まり，加速していくと考えられている。

この答申の「知識基盤社会」という用語は，OECDが1996年に使った「知識基盤経済」や2000年のEUが決定したリスボン戦略の「知識基盤社会」と同じ将来展

望を持っていると考えられる。

では，なぜそうした展望が生まれるのか。それは「第4次産業革命」と呼ばれるものがもたらす変動から生まれているからである。

18世紀半ばに始まり19世紀にかけて起こった産業革命（第1次）は水・蒸気（石炭）を動力とした機械が工場に出現し，物作りの過程を機械化した。軽工業から始まったこの産業化・工業化（第2次）は重工業にも及び，石油，電気を動力源に加えつつ，20世紀初頭にフォードのベルトコンベアに象徴される大量生産の段階に入った。

この過程で産業革命は産業構造も変えた。産業化・工業の進展に伴い，農業や林業，水産業など第1次産業に対して製造業などの第2次産業の分野を拡大させ，第2次産業従事者の数を増やしていった。さらに，大量生産された製品がもたらす経済活動は，運輸，通信，販売，サービス業といった第3次産業の分野を拡大し，その従事者数も増えていく。近代に成立した学校制度は，主に第2次・第3次産業に従事する者を労働市場に供給してきたといえるだろう。

1970年代初頭から電子工学や情報技術を用いてよりオートメーション化が進んだ。これを第3次産業革命と呼ぶ。その典型がコンピュータによる自動化や自動制御である。そこでは，電気は信号となる。つまり電気信号が情報として計算や記録や伝達に活用されるようになった。これを情報通信革命ともいう（内閣府，2017）。

こうした流れの中から1990年代半ばから現れてきた動きを「第4次産業革命」と呼ぶ。これは，それまでの「革命」以上に高速で世の中を変え，その変化は加速しつつあると考えられている。それ以前から進んでいたグローバル化もインターネットの発達によってより一層急速に世界中を包み込んでいった。また，産業の構造をも変えつつある。第3次産業とは，かつて第1次，第2次以外の分野を指していたが，そこに含まれていた情報産業，医療産業，教育サービス産業などが新たに第4次産業と呼ばれ始めている。

「第4次産業革命」の特徴として，IoT（Internet of Things：モノのインターネット），ビッグ・データ，AI（Artificial Intelligence：人工知能），クラウド，ロボットがあげられる。IoTはあらゆるモノがインターネットに接続された状態であるが，それは単に携帯電話で家電を操作できるようになるだけではない。その便利さと同時にあらゆるモノの販売状況や使用状況がデータとして記録されていく。それは，例えば電子決済を通じて個人の消費行動が記録されたり，家電の所有状況や使い方の記録を集めたりできるということである。そしてそれは個人の好みを推定するこ

ともできるということである。さらにナノテクノロジーを使い、体内に器機を埋め込んで健康に関する生体情報を取得し、医療にいかすことも考えられている。こうしてあらゆる情報や記録がインターネットを通して収集可能になる。

　その結果、様々なことについての様々な種類の情報がデータとして膨大に集積されていく。つまり、これがビッグ・データである。このデータを分析したり、加工したり、様々なジャンルのデータを組み合わせたり照合したりすることで新たな情報や知識を生み出すことができる。ビッグ・データを活用して国の経済や企業の経営の戦略や方針を決めていくこともできる。

　それはかつての一企業のオペレーションズ・リサーチや市場調査とは規模もデータの種類も桁違いのものであり、その情報・データそのもの、さらにそれらの活用を通じて生じた新たな情報や知識が価値を持ち、やりとりされ、加工され、それらがまた新たな価値を生み出す。物の製造が製品として価値を生む時代から形のない情報や知識が価値を持ち、そのやりとりが経済活動になっていく時代、それが「知識基盤経済」である。また、そうしたデータや情報や知識をクラウドに集積すれば、世界のあらゆる場所からアクセス可能となり、一層グローバル化が進む。

　様々なデータデータから価値ある仮説や事実を見つけ出すための、データを収集・分析・加工する統計的な技術を持った人をデータ・サイエンティストと呼び、今は引く手あまたな職業であるが、やがて IoT で集められた膨大なビッグ・データをどんどん AI が扱うようになっていくであろう。AI は自ら学習し、分析し、要求された答えをはじき出すことができる。データを分析して定型的な判断をするのであれば、人がデータを分析するどころか入力する必要もない。

　このような「知識基盤社会」において、人に求められるのはデータ蓄積のない状況への判断と対処であり、そのためには人間ならではの創造力や人と関わりながら問題に対処する力が必要となる。前節で見た OECD や EU も各国も21世紀的「能力」に批判的思考力や創造的思考力や論理的思考力に相当するものを求めている。ICT 能力はもちろんのこと、コミュニケーション力なども重視されている。また、グローバル化がより進む中で、環境問題や自然資源の枯渇など世界全体で他者（特に異なる文化を持つ人たち）と協働しながら解決する必要が生じている。文化（特に異文化）理解への意識が掲げられたり、PISA2018において「協同問題解決」能力が問われたりしたのもそうした課題意識の表れであろう。

2．21世紀型「能力」の模索

　21世紀も10年を過ぎる頃には，「知識基盤社会」を新たに見通す動きも出始め，その見通しに基づいて求められる21世紀型の「能力」像を模索し，再設定しようとする動きが出てきた。「第4次産業革命」は，ドイツの政策「インダストリー4.0」の訳として使われた用語であった。これは，ドイツ連邦教育科学省が勧奨して2011年ドイツ工学アカデミーが発表した概念である。

　また，世界経済フォーラムは2016年の会議（スイスのダボスで開催）で「知識基盤社会の理解」をテーマとした。日本においても，新学習指導要領での「小学校からのプログラミング教育必修化」が，「日本再興戦略」の2016年版のために第26回産業競争力会議で文部科学大臣から提示された。

　新たな「能力」像再設定の試みは，当面2030年くらいの社会を念頭に置いている。キャシー・デビッドソン（ニューヨーク市立大学）の「2011年のアメリカの小学生の65％は，将来，現在存在していない職業に就いている」との見通しは，文部科学省の審議会資料によく引用される◆2。さらに，2015年の，野村総合研究所とマイケル・オズボーン（オックスフォード大学）との共同研究で言われた，10〜20年後に日本の労働人口の49％が就いている職業がAIやロボットで代替できるという見解もよく言及される。この研究によれば，抽象的な概念を整理・創出するための知識が必要な職業や他者との協調や理解，説得，交渉が必要な職業はAIなどによる代替が難しいが，これらに対して特別の知識やスキルを必要としない職業やデータの分析や定型的判断や操作を行う職業は代替できる可能性が高いという。

　PISAにおいても2015年調査に「協同問題解決能力」を加えたが，2018年調査では「グローバル・コンピテンス」の調査を加えた。これは，国際的な課題に関する理解や文化的多様性と寛容性に対する態度の調査である。この「能力」はOECDとアメリカの非営利団体アジア・ソサエティがグローバル・コンピテンスに関する報告書 *Teaching for Global Competence in a Rapidly Changing World*（2018）を発表したことがきっかけであった。これは，自然資源の枯渇や，富や機会の配分のあり方など国際社会が抱える課題に直面する中で，異なる文化的背景を持った人たちが協調・協働する力が必要とされるという問題意識から生まれた。

　「グローバル・コンピテンス」は，①貧困，経済的相互依存，移民，不平等，環境的なリスクなど，地域的，地球的，文化的に重要な課題と状況を考察する力，②他者の視点や世界観を理解・認識し，その価値を認める力，③国の違いや民族的・

宗教的・社会的・文化的差違やジェンダーを越えて人々と積極的な相互関係を築く力，④持続的な発展と集団的な幸福（well-being）に向かって建設的な行動を起こす力，から構成される（OECD, 2018a, pp. 7-11）。

さらに，OECDは2030年を見通して，2015年から「Education2030」プロジェクトを開始した。これは，個人としてもコミュニティや社会，世界全体としても，幸福（well-being）を確保するためには，どのような「能力」が，2030年の世界を生きる児童生徒に必要なのかを追求するものである。OECDではこの「能力」を，知識（knowledge），スキル（skills），人間性（人格特性や行動特性：character）が一体となったものと考えている。その「能力」概念は図14-6で表される。このプロジェクトを通じて，OECDは教育に関する長期的な議論を促進し，各国の政策立案の参考となる概念枠組みを作ろうとしている。このプロジェクトは，2018年まで「能力」概念作りを行い，2019年以降に「能力」に関わる教授法や評価のあり方を検討する予定である。

このプロジェクトは，OECD事務局だけでなく，各国の専門家や研究者，教員団体などが参画して進められているが，日本でも「地方創生イノベーションスクー

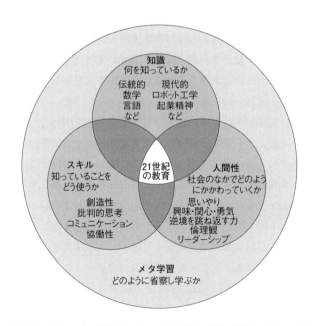

図14-6　Education2030プロジェクトでの能力概念（藤田，2018，p.67）

ル2030」として国内6地域と海外7か国が協働してプロジェクトを展開した。「地方創生イノベーションスクール2030」は，東北大震災を経験した福島大学が2012年に，文部科学省，OECDの協力を得てスタートさせたプロジェクト「OECD東北スクール」を引き継ぐもので，このプロジェクトにも「21世紀型能力」のための教育プログラムの開発と研究が組み込まれていた。

とはいえ，21世紀に求められる「能力」とは何かを追求しているのは，OECDだけではない。先に触れたアジア・ソサエティや世界経済フォーラムやUNESCOなどの団体もまた，それぞれにその枠組みを提示している（福島大学，2018, pp.17-20）。また，「21世紀型スキル」という用語を一般的にしたのは，2002年にアメリカで設立された「21世紀型スキルのためのパートナーシップ」（Partnership for 21st Century Skills：P21と略される）のプロジェクトである。これは，アップル，デル，マイクロソフトなどの情報系企業と全米教育協会と政府の共同のもと進められ，2009年に25のスキルを提案した（表14-3参照）。

表14-3　P21の21世紀スキル枠組み（星, 2010）

コア科目と21世紀テーマ	1　言語スキル（読解・文章力） 2　外国語スキル 3　芸術 4　数学 5　経済 6　科学 7　地理 8　歴史 9　政府と市民性 10　グローバルな意識 11　ファイナンシャル，経済，事業，起業家精神のリテラシー 12　市民性リテラシー 13　ヘルスリテラシー 14　環境リテラシー	
学習およびイノベーションのスキル	15　創造性と革新性 16　批判的思考と問題解決 17　コミュニケーションとチームワーク	
情報，メディア，テクノロジースキル	18　情報リテラシー（情報検索と活用） 19　メディアリテラシー 20　ICTリテラシー（テクノロジーを道具として使う）	
生活と職業スキル	21　柔軟性・適応性 22　自発性・自立性 23　社会的及び異文化交流スキル 24　生産性・倫理観 25　リーダーシップ及び責任感	

P21の成果を引き継ぐかのように2009年に情報系企業のシスコシステムズ，インテル，マイクロソフトの教育専門家とメルボルン大学を中心に「21世紀型スキルの教授と評価プロジェクト」（Assessment and Teaching of 21 Century Skills Project: ACT21Sと略される）が開始された。このプロジェクトには，翌年からフィンランド，ポルトガル，シンガポール，オーストラリア，イギリス，アメリカが参加した。ATC21Sが提示した21世紀型スキルは，表14-4にまとめられる。

表14-4　ATC21Sが示す21世紀型スキル（藤田，2018，p.67）

思考の方法
① 創造力とイノベーション
② 批判的思考，問題解決，意思決定
③ 学びの学習，メタ認知（認知プロセスに関する知識）

仕事の方法
④ コミュニケーション
⑤ コラボレーション（チームワーク）

仕事のツール
⑥ 情報リテラシー
⑦ 情報通信技術に関するリテラシー（ICTリテラシー）

社会生活
⑧ 地域と国際社会での市民性
⑨ 人生とキャリア設計
⑩ 個人と社会における責任（文化的差異の認識および受容能力を含む）

資料　ATC21Sホームページをもとに日本総合研究所作成

　さらに，これらのプロジェクトは，お互いに関わりを持つようになっていっている。ATC21S開始に当たっては，PISAやTIMSSの関係者のから助言を受けたり，諮問委員会にPISAのディレクターやTIMSSを実施するIEAからの代表が入ったりしている（グリフィンら，2014, pp.xiii-xiv）。また，お互いの21世紀型の「能力」について批判や論争も起こっているし，その「能力」像について懸念も表明されている（田中，2015, pp.29-31; 黒田，2016, pp.16-20）。これらは，まさに21世紀型の「能力」がどのようにあるべきかを模索する動きであるということができる。

注
◆1　EUのキー・コンピテンスについては小柳（2014）が詳しい。OECDのキー・コンピテンシーと一線を画したことについては黒田（2016）を参照のこと。
◆2　藤田は，「2012年から65％という数字は使っていない」とのデビットソンのコメントを紹介している（2018, p.18）。

PISAショックと各国の教育改革への影響

　2000（平成12）年から始まったPISA調査の結果は参加各国の教育のあり方に影響を与えた。調査で常に成績がトップクラスだったフィンランド（近年は低下傾向）では，成績の優秀性，教員の専門性の高さ（大学院修士課程修了）や平等性（単線型の教育制度）が評価された。逆に上位を占めることができなかったOECD加盟国でも対応は分れた。アメリカやフランスでは国内でそれほど報道されなかったが，ドイツや日本では「PISAショック」として大きく受け止められた。ドイツの「PISAショック」は大きく，マスコミ報道はイギリスやフランスの15倍を超えた。ドイツ政府は教育向上策として，①学習期間の長期化，②午前中授業「半日学校」から，「終日授業」への授業延長，③進路選択決定時期を小学4年生から小学校修了の6年生へ延長する複線化年齢の引き上げ，④ドイツ語を母語としない移民の子どもたちへの対策，⑤これまで各州ごとに行っていたカリキュラムから連邦政府による教育課程の全国的基準化（ドイツ語，数学，理科等カリキュラムのスタンダードの作成）による教育課程や教育制度へ変えた。PISAについては関心が高くないアメリカでも，学力向上策誕生の背景は異なるが，2002年に「どの子も置き去りにしない法（No Child Left Behind Act）」，通称「落ちこぼれ防止法（NCLB法）」の成立に行き着いた。これまでの各州政府の分権政策から連邦政府の強力な役割で，各初等学校・中等学校にアカウンタビリティ（結果責任）を強く求め，学力向上と格差是正（所得，人種，障害）に乗り出した。読解力と算数・数学（理科も追加）では教科の基準と到達点のレベルをスタンダード化し，測定テストを義務づけ，到達しなければ「要改善校」と指定し，次には他の公立校へ行く権利や補修学習サービスを受ける権利を与えるなどNCLB法はテスト結果重視の法律制度を生み出した。

　日本の2008（平成20）年版学習指導要領の基になった中央教育審議会答申でも，PISA調査の読解力や数学的リテラシー，科学的リテラシーの評価の枠組みなどを参考にしつつ，知識・技能の活用など思考力・判断力・表現力等を育むには，①体験から感じ取ったことを表現する，②事実を正確に理解し伝達する，③概念・法則・意図などを解釈し，説明したり活用する，④情報を分析・評価し，論述する，⑤課題について，構想を立て実践し，評価・改善する，⑥互いの考えを伝え合い，自らの考えや集団の考えを発展させる，などの学習活動が重要であるとしてPISA型学力を重視する表現があり，影響の大きさが見られる。

引用・参考文献

◆ 第1章 ◆

安彦忠彦　2003　カリキュラム開発で進める学校改革〈21世紀型授業づくり81〉　明治図書出版
安彦忠彦　2004　特色ある学校づくりのための新しいカリキュラム開発〈第1巻〉―特色ある学校づくりとカリキュラム開発　ぎょうせい
安彦忠彦　2006　教育課程編成論―学校は何を学ぶところか〈改訂版〉　放送大学教育振興会
北尾倫彦・辰野千壽・石田恒好（監修）　2006　教育評価事典　図書文化社
文部科学省　2005　我が国の高等教育の将来像（答申）
　　http://www.mext.go.jp/b_menu/shingi/chukyo/chukyo0/toushin/05013101.htm（2018年9月3日閲覧）
文部科学省　2016　幼稚園，小学校，中学校，高等学校及び特別支援学校の学習指導要領等の改善及び必要な方策等について（答申）
　　http://www.mext.go.jp/b_menu/shingi/chukyo/chukyo0/toushin/__icsFiles/afieldfile/2017/01/10/1380902_0.pdf（2018年9月3日閲覧）
文部科学省　2018a　中学校学習指導要領　東山書房
文部科学省　2018b　中学校学習指導要領解説〈総則編〉　東山書房
日本カリキュラム学会（編）　2000　現代カリキュラム事典　ぎょうせい
日本教育方法学会（編）　2014　教育方法学研究ハンドブック　学文社
Rychen, D. S,. & Salganik, L. H.　2003　*Key competencies for a successful life and a well-functioning society.* Göttingen: Hogrefe & Huber Publishers. 立田慶裕（監訳）　2006　キー・コンピテンシー――国際標準の学力をめざして　明石書店
佐藤　学　1996　カリキュラムの批評―公共性の再構築へ　世織書房
田中耕治（編）　2009　よくわかる教育課程　やわらかアカデミズム「わかる」シリーズ　ミネルヴァ書房
田中耕治・水原克敏・三石初雄・西岡加名恵　2009　新しい時代の教育課程〈改訂版〉　有斐閣
山崎保寿・黒羽正見　2008　教育課程の理論と実践〈第1次改訂版〉　学陽書房

◆ 第2章 ◆

Apple, M. W.　1979　*Ideology and curriculum.* New York: Routledge.　門倉正美・宮崎充保・植村高久（訳）　1986　学校幻想とカリキュラム　日本エディタースクール出版部
Apple, M. W.　1982　*Education and power.* New York: Routledge.　浅沼　茂・松下晴彦（訳）　1992　教育と権力　日本エディタースクール出版部
Bobbitt, J. F.　1924　*How to make a curriculum.* Boston, MA: Houghton Mifflin.
Bruner, J. S.　1960　*The process of education.* Cambridge: Harvard University Press. 鈴木祥蔵・佐藤三郎（訳）　1963　教育の過程　岩波書店
Counts, G. S.　1932　Dare progressive education be progressive? *Progressive Education*, 9（4）, 257-63.
苅部　直　2007　移りゆく「教養」　NTT出版
銀林　浩　1997　「水道方式」の生い立ちとその後　日本数学教育学会（編）　20世紀数学教育思想の流れ　産業図書　pp.169-184
文部省　1975　カリキュラム開発の課題―カリキュラム開発に関する国際セミナー報告書　大蔵省印刷局
中野和光　1999　米国及び英国の総合学習の動向に関する一考察　福岡教育大学紀要, 48（4）, 59-67.
岡本　薫　2006　日本を滅ぼす教育論議　講談社
Tyler, R. W.　1949　*Basic principles of curriculum and instruction.* Chicago: University of Chicago Press.

● Column 2
Dewey, J. 1900/1976 *The school and society.* Chicago: University of Chicago Press. 市村尚久（訳） 1998 学校と社会・子どもとカリキュラム 講談社
森　久佳　2007　デューイ・スクールのカリキュラムにおける「仕事（occupation）」の位置づけについて　愛知江南短期大学紀要，36, 47-66.

◆ 第3章 ◆

文部科学省　2008　小学校学習指導要領　東京書籍
文部科学省　2008　中学校学習指導要領　東山書房
文部省　1972　学制百年史　帝国地方行政学会
土屋忠雄 他（編）　1975　近代教育史〈増補版〉　教育学全集3　小学館
山住正己（編）　1990　教育の体系　日本近代思想体系6　岩波書店

● Column 3
Key, E.　1900　*Bamets arhundrace.* 土屋忠男・小野寺百合子（訳）　1979　児童の世紀　冨山房
中野　光　1968　大正自由教育の研究　黎明書房
土屋忠雄 他（編）　1975　近代教育史〈増補版〉　教育学全集3　小学館

◆ 第4章 ◆

ベネッセ総合研究所　初等教育研究室　2002　第3回学習指導基本調査報告書
ベネッセ総合研究所　初等教育研究室　2010　第5回学習指導基本調査報告書
中央教育審議会　2004　学校の組織運営の在り方について　初等中等教育分科会教育行財政部会　学校の組織運営に関する作業分会　ワーキンググループ
　　http://www.mext.go.jp/b_menu/shingi/chukyo/chukyo3/031/siryo/06111414/001/003.htm（2015年8月5日閲覧）
文部科学省　2008　小学校学習指導要領　東京書籍
文部科学省　2011　言語活動に関する指導事例集
武蔵村山市教育委員会　2014　年間で「言葉の力」を鍛える
大阪府教育委員会　2008　平成19年度大阪府教育委員会　点検・評価報告書
　　http://www.pref.osaka.lg.jp/attach/5377/00019895/P92-107.pdf（2015年8月5日閲覧）
主任制度に関する検討委員会　2002　学校運営組織における新たな職「主幹」の設置に向けて　東京都教育庁
　　http://www.kyoiku.metro.tokyo.jp/buka/jinji/0124hon.pdf（2015年8月5日閲覧）
【参考URL】
上越市教育委員会　上越カリキュラム
　　http://www.jecomite.jorne.ed.jp/contents01/cur/1_2103.pdf（2015年8月5日閲覧）
内田洋行教育総合研究所　学びの場.com　校務運営組織図
　　http://www.manabinoba.com/index.cfm/7, 12902, 18, 166,html（2015年4月24日閲覧）
横浜市教育委員会　横浜版学習指導要領
　　http://www.city.yokohama.lg.jp/kyoiku/plan-hoshin/plan6000-pdf/yokoban-sousoku.pdf（2015年4月3日閲覧）

● Column 4
国立教育施策研究所　2014　教員環境の国際比較　明石書店

◆ 第5章 ◆

安彦忠彦（編）　2017　平成29年版小学校学習指導要領　全文と改訂のピンポイント解説　明治図書出版株式会社
井藤　元（編）　2015　ワークで学ぶ教育学　ナカニシヤ出版

鎌田　實・竹下和男　2009　始めませんか子どもがつくる「弁当の日」　自然食通信社
文部科学省　2006　小学校・中学校・高等学校　キャリア教育推進の手引─児童生徒一人一人の勤労観，職業観を育てるために
文部科学省　2011　平成22年度「児童生徒の問題行動等生徒指導上の諸問題に関する調査」について
文部科学省　2013　発達障害のある子供たちのためのICT活用ハンドブック〈特別支援学級編〉
文部科学省　2014　学びのイノベーション事業　実証研究報告書
文部科学省　2017　小学校学習指導要領解説　総則編
無藤　隆（編）2017　平成29年版小学校新学習指導要領の展開　総則編　明治図書出版株式会社
内閣府　2018　平成29年度　青少年のインターネット利用環境実態調査
奈須正裕　2017　平成29年版小学校新学習指導要領ポイント総整理　総則　東洋館出版社
寝屋川市立梅が丘小学校　2013　学校教育計画

◆ 第6章 ◆

中央教育審議会　2014　道徳に係る教育課程の改善等について（答申）
伊藤文一・上野史郎（編）2018　教育課程論　ミッション・サポート
伊藤文一・上野史郎（編）2018　大学と地域のよりよいつながりを求めて　ミッション・サポート
伊藤文一・上野史郎・柴田悦子（編）2018　教職論　ミッション・サポート
伊藤文一・上野史郎・柴田悦子（編）2018　教育経営論　ミッション・サポート
伊藤文一・上野史郎・柴田悦子（編）2018　学びに向かう力と人間性をはぐくむ道徳科の研究　ミッション・サポート
文部科学省　2006　小学校・中学校・高等学校　キャリア教育推進の手引き
文部科学省　2016　平成26年度「児童生徒の問題行動等生徒指導上の諸問題に関する調査」について
文部科学省　2017　平成27年度「児童生徒の問題行動等生徒指導上の諸問題に関する調査」について
文部科学省　2018　平成28年度「児童生徒の問題行動等生徒指導上の諸問題に関する調査」について
文部科学省　2018　中学校学習指導要領（本文，解説，資料等）
押谷由夫・伊藤文一（編）2016　「特別の教科　道徳」対応自ら学ぶ道徳教育［第2版］　保育出版社

◆ 第7章 ◆

学校基本調査　2014　（平成26年度）政府統計の総合窓口
　　http://www.e-stat.go.jp/SG1/estat/NewList.do?tid=000001011528（2015年6月10日閲覧）
松下佳代（編）2010　〈新しい能力〉は教育を変えるか　ミネルヴァ書房
文部科学省　2008　高等学校学習指導要領
文部科学省　2015　中央教育審議会初等中等教育分科会高等学校教育部会　初等中等教育分科会高等学校教育部会審議まとめ─高校教育の質の確保・向上に向けて
文部科学省　2016　幼稚園，小学校，中学校，高等学校及び特別支援学校の学習指導要領等の改善及び必要な方策等について（平成28年12月21日　中央教育審議会答申）
文部科学省　2018　高等学校学習指導要領解説　総合的な探究の時間編
佐藤三郎・荻堂盛治（編著）1985　国民教育の場としての高校　教育開発研究所
矢野裕俊　2000　自律的学習の探求─高等学校教育の出発と回帰　晃洋書房

● Column 7
国立教育政策研究所生徒指導・進路指導研究センター　2017　高校生の頃にしてほしかったキャリア教育って何？～卒業後に振り返って思うキャリア教育の意義～（キャリア教育リーフレットシリーズ1）

◆ 第8章 ◆

別府悦子　2013　特別支援教育における教師の指導困難とコンサルテーション　風間書房
原田大介　2017　インクルーシブな国語科授業づくり　明治図書
インクルーシブ授業研究会（編）2015　インクルーシブ授業をつくる　ミネルヴァ書房

猪野善弘　2008　ユウスケの願いに寄り添う　湯浅恭正（編）　困っている子と集団づくり　クリエイツかもがわ
加藤由岐 他　2014　思春期をともに生きる　クリエイツかもがわ
近藤益雄　1960　精神薄弱児の生活指導　生活指導 No.12　明治図書　p. 41.
三寺美穂　2014　自分の生活につながる国語の授業づくり　浜本純逸（監修）　特別支援教育と国語教育をつなぐ　ことばの授業づくり　溪水社　p. 110.
宮崎　昭　2009　「個別の指導計画」「個別の教育支援計画」の意義と内容　発達119　ミネルヴァ書房　p. 11.
茂木俊彦（監）　2011　特別支援教育大辞典　旬報社
村瀬ゆい・篠崎純子　2009　ねえ，聞かせてよ，パニックのわけを　高文研
日本教育方法学会（編）　2104　教育方法学研究ハンドブック　学文社
大和久勝・小室有紀子・湯浅恭正（編）　2016　自立と希望をともにつくる　特別支援学級・学校の集団づくり　クリエイツかもがわ
清水貞夫・藤本文朗（編）　2005　キーワードブック　障害児教育　クリエイツかもがわ
鳥取大学附属特別支援学校　2011　平成22年度研究紀要　第27集
遠山　啓・八王子養護学校　1972　歩きはじめの算数　国土社

● Column 8
岡本　正・河南　正・渡部昭男（編）　2013　福祉事業型事業「専攻科」エコール KOBE の挑戦　クリエイツかもがわ
田中良三・大竹みちよ・平子輝美・見晴台学園大学　2016　障がい青年の大学を拓くインクルーシブな学びの創造　クリエイツかもがわ
湯浅恭正・大阪保育研究所（編）　2014　障害児保育は「子ども理解」の場づくり　かもがわ出版

◆ 第9章 ◆

新井　肇　2013　生徒指導の意義と目的　西岡正子・桶谷　守（編）　生涯学習時代の生徒指導・キャリア教育　教育出版　pp. 2-13.
中央教育審議会答申　1996　21世紀を展望した我が国の教育の在り方について（第一次答申）
　　http://www.mext.go.jp/b_menu/shingi/old_chukyo/oldchukyo_index/toushin/1309579.htm（2015年1月5日閲覧）
中央教育審議会答申　1998　今後の地方教育行政の在り方について
　　http://www.mext.go.jp/b_menu/shingi/old_chukyo/old_chukyo_index/toushin/1309708.htm（2015年1月5日閲覧）
中央教育審議会答申　2011　今後の学校におけるキャリア教育・職業教育の在り方について
　　http://www.mext.go.jp/b_menu/shingi/chukyo/chukyo0/toushin/1301877.ht（2015年1月5日閲覧）
深谷　潤　2007　生徒指導と教育課程　加澤恒雄・広岡義之（編）新しい生徒指導・進路指導―理論と実践　ミネルヴァ書房　pp.68-81.
河村茂雄　2010　日本の学級集団と学級経営　図書文化
文部科学省　2010　生徒指導提要　教育図書
文部科学省　2011　中学校キャリア教育の手引き　教育出版
文部科学省　2017a　中学校学習指導要領　東山書房
文部科学省　2017b　小学校学習指導要領解説　総合的な学習の時間編　東洋出版社
文部科学省　2017c　小学校学習指導要領解説　総則編　東洋館出版社
文部科学省　2017d　小学校学習指導要領解説　特別活動編　東洋館出版社
文部省　1981　生徒指導の手引き（改訂版）
森島昭伸　2008　学校教育と生徒指導　岩城孝次・森島昭伸（編）　生徒指導の新展開　ミネルヴァ書房　pp.27-41.
中西信男　1991　生徒指導の意義と歴史　中西信男・神保信一（編）　生徒指導・相談の心理と方法　日本文化科学社　pp. 1-17.

引用・参考文献

中留武昭　2003　カリキュラムマネジメントのデザインを創る　中留武昭・論文編集委員会（編）　21世紀の学校改善　第一法規　pp.146-164.
坂本昇一　1990　生徒指導の機能と方法　文教書院
佐藤　学　1996　教育方法学　岩波書店
仙崎　武　2006　現代学校教育の構造と機能　仙崎　武・野々村新・渡辺三枝子・菊池武剋（編）　生徒指導・教育相談・進路指導　田研出版　pp.7-18.
篠田輝子　2009　生徒指導の意義と役割　楠本恭久・藤田主一（編）　新生徒指導論12講　福村出版　pp.11-23.
高橋哲夫・今泉紀嘉　2010　生徒指導・教育相談，特別活動の学級・ホームルーム活動におけるガイダンス機能の充実　高橋哲夫・森島昭伸・今泉紀嘉（編）　ガイダンス機能の充実によるこれからの生徒指導，特別活動〈第二版〉　教育出版　pp.12-32.
徳島県小学校教育研究会　2014　第15回徳島県小学校教育生徒指導研究大会報告書
八並光俊　2008　ガイダンスカリキュラムとは　八並光俊・國分康孝（編）　新生徒指導ガイド―開発・予防・解決的な教育モデルによる発達援助　図書文化社　pp.56-59.

● **Column 9**
犬塚文雄　2008　ガイダンスカリキュラムの全体像―子どもの社会的スキル横浜プログラムに着目して　八並光俊・國分康孝（編）　新生徒指導ガイド―開発・予防・解決的な　教育モデルによる発達援助　図書文化社　pp.56-59.
国分康孝（監）清水井一（編）　2008　社会性を育てるスキル教育―教育課程導入編　図書文化社
森田洋司（監）西井克泰・新井　肇・若槻　健（編）　2013　子どもが先生が地域がともに元気になる人間関係科の実践　図書文化社
中村　豊　2013　子どもの基礎的人間力養成のための積極的生徒指導―児童生徒における「社会性の育ちそびれ」の考察　学事出版
日本生徒指導学会　2013　生徒指導実践事例集　p.7
横浜市教育委員会　2012　子どもの社会的スキル横浜プログラム三訂版　理論編・指導プログラム編
　　http://www.city.yokohama.lg.jp/kyoiku/plan-hoshin/skill.html（2015年4月22日閲覧）

◆ **第10章** ◆

赤堀博行　2016　これからの道徳教育と「特別の教科　道徳」の展望　東洋館出版社
中央教育審議会　2016　幼稚園，小学校，中学校，高等学校及び特別支援学校の学習指導要領等の改善及び必要な方策について（答申）
　　http://www.mext.go.jp/b_menu/shingi/chukyo/chukyo0/toushin/1380731.htm（2018年9月10日閲覧）
兵庫県教育委員会　2016　「特別の教科　道徳」の全面実施に向けて
教職員支援機構　2017　小学校学習指導要領　特別活動の改訂のポイント　p.17
　　http://www.nits.go.jp/materials/youryou/files/013_001.pdf（2018年9月17日閲覧）
文部科学省　2008　小学校学習指導要領解説　総則編　ぎょうせい
文部科学省　2008　中学校学習指導要領解説　道徳編　ぎょうせい
文部科学省　2008　中学校学習指導要領解説　総則編　ぎょうせい
文部科学省　2015　学校教育法施行規則の一部を改正する省令の制定，小学校学習指導要領の一部を改正する告示，中学校学習指導要領の一部を改正する告示及び特別支援学校小学部・中学部学習指導要領の一部を改正する告示の公示並びに移行措置等について（通知）
　　http://www.mext.go.jp/b_menu/shingi/chukyo/chukyo0/gijiroku/__icsFiles/afieldfile/2015/04/15/1356851_2_2_1.pdf（2018年9月10日閲覧）
文部科学省　2015　小学校学習指導要領　一部改正
　　http://www.mext.go.jp/a_menu/shotou/newcs/youryou/__icsFiles/afieldfile/2015/03/26/1356250_1.pdf（2018年9月10日閲覧）
文部科学省　2015　中学校学習指導要領　一部改正
　　http://www.mext.go.jp/a_menu/shotou/new~cs/youryou/__icsFiles/afieldfile/2015/03/26/

1356251_1.pdf（2018年9月18日閲覧）
文部科学省　2016a　道徳教育の実施状況教育課程部会考える道徳への転換にむけたワーキンググループ　資料4
　　http://www.mext.go.jp/b_menu/shingi/chukyo/chukyo3/078/siryo/__icsFiles/afieldfile/2016/08/05/1375323_4_1.pdf（2018年9月10日閲覧）
文部科学省　2016b　道徳教育担当指導主事協議会配布資料　p.50
文部科学省　2016c　学習指導要領の一部改正に伴う小学校，中学校及び特別支援学校小学部・中学部における児童生徒の学習評価及び指導要録の改善等について（通知）
　　http://www.mext.go.jp/b_menu/hakusho/nc/1376204.htm（2018年9月10日閲覧）
文部科学省　2017a　小学校学習指導要領解説　総合的な学習の時間編　東洋館出版社
文部科学省　2017b　小学校学習指導要領解説　総則編　東洋館出版社
文部科学省　2017c　小学校学習指導要領解説　特別活動編　東洋館出版社
文部科学省　2017d　小学校学習指導要領解説　特別の教科道徳編　東洋館出版社
文部科学省　2017e　中学校学習指導要領解説　総合的な学習の時間編　東山書房
文部科学省　2017f　中学校学習指導要領解説　総則編　東山書房
文部科学省　2017g　中学校学習指導要領解説　特別活動編　東山書房
文部科学省　2017h　中学校学習指導要領解説　特別の教科道徳編　東山書房
文部科学省　2018　高等学校学習指導要領解説　総合的な探究の時間編
　　http://www.mext.go.jp/component/a_menu/education/micro_detail/__icsFiles/afieldfile/2018/07/13/1407196_21.pdf（2019年2月5日閲覧）
中園大三郎・松田　修（編）　2018　21世紀社会に必要な「生き抜く力」を育む特別活動の理論と実践　学術研究出版
奈須正裕　2017　「資質・能力」と学びのメカニズム　東洋館出版社　p.117
田村　学（編）2018　中学校新学習指導要領の展開　総合的な学習　明治図書

【参考URL】
文部科学省　2016　道徳教育に係る評価などの在り方に関する専門家会議　「特別の教科　道徳」の指導方法・評価等について（報告）
　　http://www.mext.go.jp/component/b_menu/shingi/toushin/__icsFiles/afieldfile/2016/08/15/1375482_2.pdf（2018年9月10日閲覧）

● Column10
文部科学省　2017　小学校学習指導要領解説　特別の教科道徳編　東洋館出版社
文部科学省　2017　中学校学習指導要領解説　特別の教科道徳編　東山書房

◆ 第11章 ◆

安彦忠彦　2006　教育課程編成論—学校は何を学ぶところか〈改訂版〉　放送大学教育振興会
Hart, D.　1994　*Autentic assessment: A handbook for educators*. Addison-Wesley Publishing. pp.45-46.
梶田叡一　2010　教育評価　有斐閣
水越敏行　1982　授業評価研究入門　明治図書
文部科学省　2006　義務教育諸学校における学校評価ガイドライン
田中耕治・水原克敏・三石初雄・西岡加名恵（編）　2009　新しい時代の教育課程　有斐閣
Wiggins, G.　1992　Creating tests worth taking. *Educational Leadership*, **49**, 26-33.
Wiggins, G.　1998　*Educative assessment*. San Francisco: Jossey-Bass.

● Column11
国立教育政策研究所（編）　2014　教員環境の国際比較—OECD国際教員指導環境調査（TALIS）2013年調査結果報告書　明石書店

◆ 第12章 ◆

Edmonds, R, R. 1986 Characteristics of effective schools. U .Neisser (Ed.), *The school achievement of minority children*. Lawrence Erlbaum Association. pp. 93-104.
石井英真 2015 今求められる学力と学びとは―コンピテンシー・ベースのカリキュラムの光と影 日本標準
苅谷剛彦・山口二郎 2008 格差社会と教育改革 岩波書店
小針 誠 2007 学力格差の是正と「効果のある学校」―その批判的検討 同志社女子大学学術年報, 58, 61-71.
前田洋一 2017 地域に貢献する教員養成大学の在り方に関する一考察 鳴門教育大学学校教育研究紀要, 31, 11-20.
文部科学省 2008 検証改善サイクル事業成果報告書
　http://www.mext.go.jp/a_menu/shotou/gakuryoku-chousa/sonota/08013006/003.htm（2018年8月27日閲覧）
文部科学省 2009 学力調査活用アクションプラン推進事業
　http://www.mext.go.jp/a_menu/shotou/gakuryoku-chousa/actionplan/1300135.htm（2018年8月27日閲覧）
文部科学省 2018 全国的な学力調査に関する専門家会議（平成29年6月12日～）（第7回）配付資料
内閣府沖縄振興局 2017 沖縄の子供の貧困に関する現状と取組
お茶の水女子大学 2014 平成25年度全国学力・学習状況調査（きめ細かい調査）の結果を活用した学力に影響を与える要因分析に関する調査研究
　http://www.nier.go.jp/13chousakekkahoukoku/kannren_chousa/pdf/hogosha_factorial_experiment.pdf（2014年12月8日閲覧）
沖縄県教育委員会 2018 学力向上推進プロジェクト
　http://www.pref.okinawa.jp/edu/gimu/jujitsu/shisaku/documents/h30gakuryokuproject.pdf（2018年9月3日閲覧）
佐古秀一 2011 学力と学校組織―「効果のある学校」研究の検討を踏まえた学校経営研究の課題 日本教育経営学会紀要, 58, 36-45.
徳島県教育委員会 2013 徳島県学校マネジメント・学力向上実行プラン
Whitty, G. 2002 *Making sense of education policy: Studies in the sociology and politics of education*. Sage publications. 堀尾輝久・久冨善之（監訳） 2004 教育改革の社会学―市場，公教育，シティズンシップ 東京大学出版会
全国都道府県教育長協議会 2014 平成25年度研究報告 学力向上のための取組について

● Column12
志水宏吉 2014 「つながり格差」が学力格差を生む 亜紀書房
田中博之 2011 全国学力・学習状況調査において比較的良好な結果を示した教育委員会・学校等における教育施策・教育指導等の特徴に関する調査研究 文部科学省委託研究報告書

◆ 第13章 ◆

中央教育審議会 2016 幼稚園，小学校，中学校，高等学校及び特別支援学校の学習指導要領等の改善及び必要な方策等について（答申） 補足資料
福田誠治 2009 競争やめたら学力世界一――フィンランド教育の成功― 朝日新聞出版 p.209
国立教育政策研究所 2013 教育課程編成に関する基礎的研究報告書5 社会の変化に対応する資質や能力を育成する教育課程編成の基本原理 平成24年度プロジェクト研究調査研究報告書, 14-15.
　http://www.nier.go.jp/05_kenkyu_seika/seika_digest_h25.html（2018年9月29日閲覧）
文部科学省 2014 育成すべき資質・能力を踏まえた教育目標・内容と評価の在り方に関する検討会―論点整理― 主なポイント （平成26年3月31日取りまとめ）
　http://www.mext.go.jp/b_menu/shingi/chousa/shotou/095/houkoku/1346321.htm（2018年9月29日閲覧）

文部科学省　2017a　高等学校学習指導要領の改訂のポイント
　　　http://www.mext.go.jp/a_menu/shotou/new-cs/1384662.htm（2018年9月21日閲覧）
文部科学省　2017b　小学校学習指導要領（平成29年3月31日告示）　p.25-26
文部科学省　2017c　中学校学習指導要領（平成29年3月告示）　p.27
文部科学省　2017d　高等学習指導要領（平成29年3月告示）　p.31
文部科学省　2017e　幼稚園教育要領，小・中学校学習指導要領等の改訂のポイント
　　　http://www.mext.go.jp/a_menu/shotou/new-cs/1384662.htm（2018年9月21日閲覧）
中留武昭・曽我悦子　2015　カリキュラム・マネジメントの新たな挑戦　教育開発研究所　p.18
Rychen, D. S. & Salganik, L. H. (Eds.). 2003 *Key competencies for a successful life and a well-functioning society.* Ashland, OH, US: Hogrefe & Huber Publishers. p.44. 184
田村知子　2014　カリキュラムマネジメント―学力向上へのアクションプラン―　日本標準　p.12

● Column13
中央教育審議会　2014　道徳に係る教育課程の改善等について（答申）
　　　http://www.mext.go.jp/b_menu/shingi/chukyo/chukyo0/toushin/__icsFiles/afieldfile/2014/10/21/1352890_1.pdf（2014年12月22日閲覧）

◆ 第14章 ◆

有元秀文　2008a　PISA型読解力とは何か―生徒にPISA型読解力を身につけさせるための指導のポイント　Giudeline April-May
　　　http://www.keinet.ne.jp/gl/08/04/pisa.pdf（2015年5月6日閲覧）
有元秀文　2008b　新学習指導要領に沿ったPISA型読解力が必ず育つ10の鉄則　明治図書　pp.27-28
藤田哲雄　2018　デジタルで変貌する世界の教育と日本の課題　JRIレビュー，**8**（59），56-80.
　　　https://www.jri.co.jp/MediaLibrary/file/report/jrireview/pdf/10556.pdf（2018年10月26日閲覧）
福島大学　2018　平成29年度　新時代のための国際協働プログラム―グローバル・コンピテンシー／グローバル・シチズンシップの育成方法の比較研究―成果報告書
　　　http://www.cret.or.jp/files/ef86c7adc8e67bb0a608080298de4082.pdf（2018年10月26日閲覧）
Griffin, P., McGaw, B., & Care, E. 2001 *Assessment and teaching of 21st century skills.* Springer Netherlands.　三宅なほみ（監訳）益川弘如・望月俊夫（編訳）　2014　21世紀型スキル―学びと評価の新たなかたち　北大路書房
星　千枝　2010　「21世紀スキルとしての問題解決力と国際的な評価の枠組み」　日本テスト学会第8回大会発表報告（2010年8月10日）
　　　https://www.cret.or.jp/files/c86372ef0d2367b5ee2fb01195d0d7a8.pdf（2018年10月26日閲覧）
国立教育政策研究所　2009　OECD生徒の学習到達度調査：PISA調査問題例
国立教育政策研究所　2010　生きるための知識と技能4　明石書店
　　　http://www.mext.go.jp/component/a_menu/education/detail/__icsFiles/afieldfile/2010/12/07/1284443_02.pdf（2015年5月6日閲覧）
国立教育政策研究所　2016　OECD生徒の学習到達度調査（PISA2015）のポイント
　　　www.nier.go.jp/kokusai/pisa/pdf/2015/01_point.pdf（2018年10月26日閲覧）
国立教育政策研究所　2017　「OECD生徒の学習到達度（PISA）2015年　協同問題可決能力調査のポイント」
　　　http://www.mext.go.jp/b_menu/shingi/chousa/shotou/130/shiryo/__icsFiles/afieldfile/2018/02/16/1401336_2.pdf（2018年10月26日閲覧）
黒田友紀　2016　21世紀型学力・コンピテンシーの開発と育成をめぐる問題『学校教育研究』学校教育学会，**31**，8-22.
　　　https://www.jstage.jst.go.jp/article/bojase/31/0/31_3101/_pdf/-char/ja（2018年10月26日閲覧）
松尾知明　2017　21世紀に求められるコンピテンシーと国内外の教育改革　国立教育政策研究所紀要，**146**，9-22.
　　　https://www.nier.go.jp/kankou_kiyou/146/b02.pdf（2018年10月26日閲覧）

松尾知明　2018　新版　教育課程・方法論―コンピテンシーを育てる学びにデザイン　学文社
松野博一　2016　全国的な学力調査（全国学力・学習状況調査等）　松野文部科学大臣コメント
　　www.mext.go.jp/a_menu/shotou/gakuryoku-chousa/sonota/detail/1380073.htm（2018年10月26日閲覧）
松下佳代　2014　〈新しい能力〉による教育の変容―DeSeCo キーコンピテンシーと PISA リテラシーの検討　日本労働研究雑誌，**614**．
　　独立法人労働政策研究・研修機構
　　http://www.jil.go.jp/institute/zassi/backnumber/2011/09/pdf/039-049.pdf でも閲覧可能（2015年5月6日閲覧）
松下佳代　2016　これからの社会に求められる能力をどのように捉え、どのように育むべきか　VIEW21教育委員会版，**2**，3-5．
　　https://berd.benesse.jp/up_images/magazine/VIEW21_kyo_2016_02_all.pdf（2018年10月26日閲覧）
文部科学省　2017　文部科学広報　平成27年3月号 No.208
　　www.koho2.mext.go.jp/208/html5.html#page=2（2018年10月26日閲覧）
内閣府　2017　「第2章　新たな産業変化への対応　第1節　第4次産業革命のインパクト」　日本経済2016-2017―好循環の拡大に向けた展望
　　http://www5.cao.go.jp/keizai3/2016/0117nk/n16_2_1.html（2018年10月26日閲覧）
OECD　2018a　PISA: Preparing our youth for an inclusive and sustainable world; The OECD PISA global competence framework
　　https://www.oecd.org/education/Global-competency-for-an-inclusive-world.pdf（2018年10月26日閲覧）
OECD　2018b　PISA: Programme for International Student Assessment
　　https://www.oecd.org/pisa/pisa-2018-global-competence.htm（2018年10月26日閲覧）
小柳和喜雄　2004　ヨーロッパ・キー・コンピテンシーの評価方法に関する調査報告　奈良教育大学教育実践開発研究センター研究紀要，**23**，139-144．
　　https://www.nara-edu.ac.jp/CERT/bulletin2014/CERD2014-H01.pdf（2018年10月26日閲覧）
尾崎春樹　2014　PISA・TALIS 調査から見る日本の教育・教員の現状と課題
　　http://www.nier.go.jp/06_jigyou/symposium/i_sympo26/pdf/J02.pdf（2015年5月6日閲覧）
リクルート進学総研　2018　「グローバル・コンピテンシス」をどう育てる　「教育トピック　教えて！」
　　souken.shingakunet.com/career_g/2018/03/post-1e10.html（2018年10月26日閲覧）
リクルート進学総研　2018　OECD が示す2030年の教育　「教育トピック　教えて！」
　　souken.shingakunet.com/career_g/2018/08/2030-8c1a.html（2018年10月26日閲覧）
鈴木　寛　2015　「2030に向けた教育の在り方に関する第1回日本・OECD 政策対話（報告）」（平成27年3月11日　文部科学大臣補佐官　鈴木　寛）
　　http://www.mext.go.jp/b_menu/shingi/chukyo/chukyo3/053/siryo/__icsFiles/afieldfile/2015/04/21/1355915_05_1.pdf（2018年10月26日閲覧）
田中義隆　2015　21世紀型スキルと諸外国の教育実践―求められる新しい能力育成　明石書店

【参考 URL】
国際数学・理科教育動向調査（TIMSS）の調査結果「国際数学・理科教育動向調査（TIMSS（2011）のポイント）」「国際数学・理科教育動向調査（TIMSS）結果の推移」
　　http://www.mext.go.jp/a_menu/shotou/gakuryoku-chousa/sonota/detail/1344312.htm（2015年5月6日閲覧）
PISA の2000〜2015年の調査については，次の URL から閲覧可能。
　　www.nier.go.jp/kokusai/pisa/index.html（2018年10月26日閲覧）
TIMSS の1995〜2015年の調査については，次の URL から閲覧可能。
　　www.nier.go.jp/timss/（2018年10月26日閲覧）

索引

●あ
IEA　161, 211
ICF　115
ICT　58
アカウンタビリティ　175
アップル（Apple, M. W.）　24

●い
生きる力　11, 87, 98, 127
育成すべき資質・能力　195, 197
インクルーシブ教育　114, 115
インタラクティブ・インストラクション　199
インテグレーション　112

●う
ヴァージニア・プラン　17
ウィッティー（Whitty, G.）　184
運動技能的能力　164

●え
AD/HD　113
SBCD　7, 13
Education 2030　212
LD　113

●お
横断カリキュラム　20
OECD　210, 213
被仰出書（おおせいだされしょ）　27
オープン・エンドな課題　171
オルタナティブ教育　64

●か
外国語活動　54
外国語教育の充実　201, 203
ガイダンスカリキュラム　140, 141
開発的生徒指導　140
カウンツ（Counts, G. S.）　24
学業指導　135
学習指導要領　5, 6, 32, 33, 37
学習指導要領解説　6

学習障害　113
学習評価　161
学制　27, 51
隠れた（潜在的）カリキュラム　3, 4, 54, 120
学科制　93
学級経営　131
学校教育の重点目標　74
学校教育法　52
学校教育法施行規則　54
学校教育目標　39, 40, 42, 73
学校行事　105
学校設定科目　95
学校設定教科　95
学校組織　47
学校だより　92
学校評価　175
学校焼き討ち事件　51
学校を基盤とするカリキュラム開発　7, 13
課程制　94
科目　94
カリキュラム　2
カリキュラム開発　7, 10
カリキュラム・ディベロッパー　10
カリキュラム・マネジメント　5, 48, 53, 129, 130, 148, 157, 194, 196-198
カリキュラム・メーカー　10
カリキュラム・ユーザー　10
カリキュラム・リーダーシップ　14
考え，議論する道徳　143, 147
完全習得学習　164
関連（相関）カリキュラム　19, 20

●き
キー・コンピテンシー　12, 106, 193, 213
基礎集団　119
義務教育学校　63
キャリア教育　59, 60, 101, 113, 130, 133
教育委員会　38
教育課程　1, 2, 4-6, 37
教育課程の編成　37, 38
教育再生実行会議　63

索引

教育評価　161
教育目標・校訓　74
教育目標の分類学　163
教科　94
教科活動　76
教学聖旨　28, 30
教科分立型カリキュラム　17
共感的人間関係　136
協働学習　58
共同学習　123
協働性　198
協同問題解決能力　212, 227

●く
グラムシ（Gramsci, A）　24
クリティカル・リーディング　219
グローバル・コンピテンス　212, 227
クロス・カリキュラー・エレメント　20
クロス・カリキュラム　20

●け
経験主義　15, 16, 18
経験主義教育　111
形成的評価　162
系統主義　15-19, 21
原学級　121
言語能力の確実な育成　200, 203
顕在的カリキュラム　3, 54

●こ
コア・カリキュラム　17
コア・カリキュラム運動　17
広域カリキュラム　20, 21
工学的アプローチ　23
合科的　57, 62
向上目標　168
高等学校教育課程　96
広汎性発達障害　113
校務分掌　43
交流学級　121
交流教育　112
国際教育到達度評価学会　161, 211
国際教員指導環境調査　50, 177
国際障害者年　115
国算学級　121
個別の教育支援計画　113

個別の指導計画　113
5領域　16
コンテンツ・ベース　12, 190
近藤益雄　120
コンピテンシー・ベース　12, 190

●さ
再生産論　24
作業学習　117
サマランカ声明　123

●し
思考力，判断力，表現力等　97
自己決定　137
自己指導能力　135
自己存在感　136
資質・能力　198
実学　27, 30
指導教諭　44
指導要録　165
社会改造主義　24
社会効率主義　24
社会人基礎力　106
社会的なリテラシーの育成　139
社会に開かれた教育課程　65, 106, 195
自由研究　33, 151
習熟度別学級編成　119
集団に準拠した評価　165
主幹教諭　44, 45
主体的・対話的で深い学び　101, 197-200
シュタイナー（Steiner, R.）　64
シュタイナー教育　64
主任制度　43
小1プロブレム　62
情意の能力　164
生涯学習社会　127
障害者権利宣言　115
小学教則　28
小学校学習指導要領　37, 56
小学校教則綱領　30
小中一貫教育　63
小中連携　63
情報教育　58
食育　59
職業教育の充実　204
自立活動　112

243

新自由主義　63
診断的評価　162

●す
水道方式　18
数学教育協議会　18
スクール・リーダー　14
スタートカリキュラム　62, 201

●せ
生活科　35, 57, 112
生活指導　117
生活単元学習　117
生活中心カリキュラム　111
生活綴方教育　121
正規分布曲線　165
生徒会活動　105
生徒の学習到達度調査　12, 161, 210
精薄算数　111
全国学力・学習状況調査　179
潜在的（隠れた）カリキュラム　3, 4, 54, 120
選択科目　95
専門学科　93
専門教育　99

●そ
総括的評価　162
総合的な学習の時間　11, 35, 80, 112, 127, 154-157
総合的な探究の時間　155
相対評価　165
組織マネジメント　47, 48

●た
耐教師性カリキュラム　8
体験活動の充実　201
体験目標　169
大正自由教育　30, 36
タイラー（Tyler, R. W.）　22, 163
タイラーの原理　22, 24, 163
達成目標　168
TALIS（国際教員指導環境調査）　50, 177
単位制　94
探究的な学習　102
探究的な見方・考え方　157

●ち
知識及び技能　97
知識基盤社会　10, 11, 52, 224
注意欠陥・多動性障害　113
中1ギャップ　62
中央教育審議会　52, 63
中高一貫教育　96
中等教育学校　63

●つ
通級教室　124

●て
TIMSS　210
DeSeCo　213
デューイ（Dewey, J.）　16, 17, 26
伝統や文化に関する教育の充実　200, 203

●と
道徳教育　146
道徳教育の充実　201, 203
道徳の時間　144
遠山啓　18
特別活動　83, 105, 151-154
特別教育活動　151
特別支援学級　121
特別支援教育コーディネーター　125
特別ニーズ教育　125
特別の教科　138
特別の教科　道徳　57, 77, 143, 146
読解リテラシー　210, 214, 216
読解力　210, 219
読解力向上プログラム　219, 221
ドルトン・プラン　36

●な
ナショナル・カリキュラム　20

●に
21世紀型スキル　229
21世紀型能力　222
21世紀的「能力」　226
日本型学級経営　131
人間としての在り方生き方　150
人間力　106
認知的能力　164

●ね
ネットいじめ 58

●は
パフォーマンス課題 170
パフォーマンス評価 169, 173
反転学習 58

●ひ
ピア・ラーニング 199
PDCA サイクル 22, 149
PISA 12, 161, 210
PISA ショック 169, 216, 218, 231
PDD 113
必履修科目 95
必履修教科 102

●ふ
副校長 45
普通科 93
普通教育 99
ブラウン（Brown, P.） 181
ブルーナー（Bruner, J. S） 18
ブルーム（Bloom, B. S.） 163
プログラミング教育 202, 205

●へ
ペアレントクラシー 181
弁当の日 61

●ほ
訪問教育 112
ホームルーム活動 105
ボビット（Bobbitt, J. F.） 22, 24

●ま
マスタリーラーニング 164
学びに向かう力，人間性等 97

●み
短い評価課題 171
3つの柱 97, 145

●め
メリトクラシー 180, 181

●も
目標に準拠した評価 165
ものづくり 117
問題解決能力 210

●ゆ
融合カリキュラム 20
ゆとり教育 11
ユニバーサルデザイン 123

●よ
養護学校義務制 112
養護教諭 125
養護・訓練 111
幼小連携 61
幼稚園教育要領 61
予防的生徒指導 139

●ら
羅生門的アプローチ 23

●り
理数教育の充実 200, 203
リテラシー 214

●る
ルーブリック 171, 173
ルーブリックの作成 171

●れ
連関性 198

学校教育法施行規則

第四章第二節　教育課程

[小学校の教育課程の編成]
第五十条　小学校の教育課程は、国語、社会、算数、理科、生活、音楽、図画工作、家庭及び体育の各教科（以下この節において「各教科」という。）、道徳、外国語活動、総合的な学習の時間並びに特別活動によつて編成するものとする。

[小学校の教育課程の基準]
第五十二条　小学校の教育課程については、この節に定めるもののほか、教育課程の基準として文部科学大臣が別に公示する小学校学習指導要領によるものとする。

[中学校の教育課程の編成]
第七十二条　中学校の教育課程は、国語、社会、数学、理科、音楽、美術、保健体育、技術・家庭及び外国語の各教科（以下本章及び第七章中「各教科」という。）、道徳、総合的な学習の時間並びに特別活動によつて編成するものとする。

[中学校の授業時数]
第七十三条　中学校（併設型中学校、第七十四条の二第二項に規定する小学校連携型中学校、第七十五条第二項に規定する連携型中学校及び第七十九条の九第二項に規定する小学校併設型中学校を除く。）の各学年における各教科、道徳、総合的な学習の時間及び特別活動のそれぞれの授業時数並びに各学年におけるこれらの総授業時数は、別表第二に定める授業時数を標準とする。

[中学校の教育課程の基準]
第七十四条　中学校の教育課程については、この章に定めるもののほか、教育課程の基準として文部科学大臣が別に公示する中学校学習指導要領によるものとする。

[高等学校の教育課程の編成]
第八十三条　高等学校の教育課程は、別表第三に定める各教科に属する科目、総合的な学習の時間及び特別活動によつて編成するものとする。

[高等学校の教育課程の基準]
第八十四条　高等学校の教育課程については、この章に定めるもののほか、教育課程の基準として文部科学大臣が別に公示する高等学校学習指導要領によるものとする。

［　］は筆者による

第五章　中学校

【教育課程】
第三十三条　小学校の教育課程に関する事項は、第二十九条及び第三十条の規定に従い、文部科学大臣が定める。

【中学校の目的】
第四十五条　中学校は、小学校における教育の基礎の上に、心身の発達に応じて、義務教育として行われる普通教育を施すことを目的とする。

【中学校教育の目標】
第四十六条　中学校における教育は、前条に規定する目的を実現するため、第二十一条各号に掲げる目標を達成するよう行われるものとする。

【教育課程】
第四十八条　中学校の教育課程に関する事項は、第四十五条及び第四十六条の規定並びに次条において読み替えて準用する第三十条第二項の規定に従い、文部科学大臣が定める。

第六章　高等学校

【高等学校の目的】
第五十条　高等学校は、中学校における教育の基礎の上に、心身の発達及び進路に応じて、高度な普通教育及び専門教育を施すことを目的とする。

【高等学校教育の目標】
第五十一条　高等学校における教育は、前条に規定する目的を実現するため、次に掲げる目標を達成するよう行われるものとする。
一　義務教育として行われる普通教育の成果を更に発展拡充させて、豊かな人間性、創造性及び健やかな身体を養い、国家及び社会の形成者として必要な資質を養うこと。
二　社会において果たさなければならない使命の自覚に基づき、個性に応じて将来の進路を決定させ、一般的な教養を高め、専門的な知識、技術及び技能を習得させること。
三　個性の確立に努めるとともに、社会について、広く深い理解と健全な批判力を養い、社会の発展に寄与する態度を養うこと。

【学科・教育課程】
第五十二条　高等学校の学科及び教育課程に関する事項は、前二条の規定及び第六十二条において読み替えて準用する第三十条第二項の規定に従い、文部科学大臣が定める。

第七章　中等教育学校　（略）

第八章　特別支援学校　（略）

〔　〕は筆者による

学校教育法

(昭和二十二年三月三十一日法律第二十六号)

第二章　義務教育

[義務教育の目標]

第二十一条　義務教育として行われる普通教育は、教育基本法(平成十八年法律第百二十号)第五条第二項に規定する目的を実現するため、次に掲げる目標を達成するよう行われるものとする。

一　学校内外における社会的活動を促進し、自主、自律及び協同の精神、規範意識、公正な判断力並びに公共の精神に基づき主体的に社会の形成に参画し、その発展に寄与する態度を養うこと。

二　学校内外における自然体験活動を促進し、生命及び自然を尊重する精神並びに環境の保全に寄与する態度を養うこと。

三　我が国と郷土の現状と歴史について、正しい理解に導き、伝統と文化を尊重し、それらをはぐくんできた我が国と郷土を愛する態度を養うとともに、進んで外国の文化の理解を通じて、他国を尊重し、国際社会の平和と発展に寄与する態度を養うこと。

四　家族と家庭の役割、生活に必要な衣、食、住、情報、産業その他の事項について基礎的な理解と技能を養うこと。

五　読書に親しませ、生活に必要な国語を正しく理解し、使用する基礎的な能力を養うこと。

六　生活に必要な数量的な関係を正しく理解し、処理する基礎的な能力を養うこと。

七　生活にかかわる自然現象について、観察及び実験を通じて、科学的に理解し、処理する基礎的な能力を養うこと。

八　健康、安全で幸福な生活のために必要な習慣を養うとともに、運動を通じて体力を養い、心身の調和的発達を図ること。

九　生活を明るく豊かにする音楽、美術、文芸その他の芸術について基礎的な理解と技能を養うこと。

十　職業についての基礎的な知識と技能、勤労を重んずる態度及び個性に応じて将来の進路を選択する能力を養うこと。

第四章　小学校

[小学校の目的]

第二十九条　小学校は、心身の発達に応じて、義務教育として行われる普通教育のうち基礎的なものを施すことを目的とする。

[小学校教育の目標]

第三十条　小学校における教育は、前条に規定する目的を実現するために必要な程度において第二十一条各号に掲げる目標を達成するよう行われるものとする。

②　前項の場合においては、生涯にわたり学習する基盤が培われるよう、基礎的な知識及び技能を習得させるとともに、これらを活用して課題を解決するために必要な思考力、判断

ならない。

2　地方公共団体は、前項の計画を参酌し、その地域の実情に応じ、当該地方公共団体における教育の振興のための施策に関する基本的な計画を定めるよう努めなければならない。

　　　第四章　法令の制定

第十八条　この法律に規定する諸条項を実施するため、必要な法令が制定されなければならない。

保護者に対する学習の機会及び情報の提供その他の家庭教育を支援するために必要な施策を講ずるよう努めなければならない。

（幼児期の教育）
第十一条　幼児期の教育は、生涯にわたる人格形成の基礎を培う重要なものであることにかんがみ、国及び地方公共団体は、幼児の健やかな成長に資する良好な環境の整備その他適当な方法によって、その振興に努めなければならない。

（社会教育）
第十二条　個人の要望や社会の要請にこたえ、社会において行われる教育は、国及び地方公共団体によって奨励されなければならない。
2　国及び地方公共団体は、図書館、博物館、公民館その他の社会教育施設の設置、学校の施設の利用、学習の機会及び情報の提供その他の適当な方法によって社会教育の振興に努めなければならない。

（学校、家庭及び地域住民等の相互の連携協力）
第十三条　学校、家庭及び地域住民その他の関係者は、教育におけるそれぞれの役割と責任を自覚するとともに、相互の連携及び協力に努めるものとする。

（政治教育）
第十四条　良識ある公民として必要な政治的教養は、教育上尊重されなければならない。
2　法律に定める学校は、特定の政党を支持し、又はこれに反対するための政治教育その他政治的活動をしてはならない。

（宗教教育）
第十五条　宗教に関する寛容の態度、宗教に関する一般的な教養及び宗教の社会生活における地位は、教育上尊重されなければならない。
2　国及び地方公共団体が設置する学校は、特定の宗教のための宗教教育その他宗教的活動をしてはならない。

第三章　教育行政

（教育行政）
第十六条　教育は、不当な支配に服することなく、この法律及び他の法律の定めるところにより行われるべきものであり、教育行政は、国と地方公共団体との適切な役割分担及び相互の協力の下、公正かつ適正に行われなければならない。
2　国は、全国的な教育の機会均等と教育水準の維持向上を図るため、教育に関する施策を総合的に策定し、実施しなければならない。
3　地方公共団体は、その地域における教育の振興を図るため、その実情に応じた教育に関する施策を策定し、実施しなければならない。
4　国及び地方公共団体は、教育が円滑かつ継続的に実施されるよう、必要な財政上の措置を講じなければならない。

（教育振興基本計画）
第十七条　政府は、教育の振興に関する施策の総合的かつ計画的な推進を図るため、教育の振興に関する施策についての基本的な方針及び講ずべき施策その他必要な事項について、基本的な計画を定め、これを国会に報告するとともに、公表しなければ

的理由によって修学が困難な者に対して、奨学の措置を講じなければならない。

第二章 教育の実施に関する基本

（義務教育）

第五条　国民は、その保護する子に、別に法律で定めるところにより、普通教育を受けさせる義務を負う。

2　義務教育として行われる普通教育は、各個人の有する能力を伸ばしつつ社会において自立的に生きる基礎を培い、また、国家及び社会の形成者として必要とされる基本的な資質を養うことを目的として行われるものとする。

3　国及び地方公共団体は、義務教育の機会を保障し、その水準を確保するため、適切な役割分担及び相互の協力の下、その実施に責任を負う。

4　国又は地方公共団体の設置する学校における義務教育については、授業料を徴収しない。

（学校教育）

第六条　法律に定める学校は、公の性質を有するものであって、国、地方公共団体及び法律に定める法人のみが、これを設置することができる。

2　前項の学校においては、教育の目標が達成されるよう、教育を受ける者の心身の発達に応じて、体系的な教育が組織的に行われなければならない。この場合において、教育を受ける者が、学校生活を営む上で必要な規律を重んずるとともに、自ら進んで学習に取り組む意欲を高めることを重視して行われなければならない。

（大学）

第七条　大学は、学術の中心として、高い教養と専門的能力を培うとともに、深く真理を探究して新たな知見を創造し、これらの成果を広く社会に提供することにより、社会の発展に寄与するものとする。

2　大学については、自主性、自律性その他の大学における教育及び研究の特性が尊重されなければならない。

（私立学校）

第八条　私立学校の有する公の性質及び学校教育において果たす重要な役割にかんがみ、国及び地方公共団体は、その自主性を尊重しつつ、助成その他の適当な方法によって私立学校教育の振興に努めなければならない。

（教員）

第九条　法律に定める学校の教員は、自己の崇高な使命を深く自覚し、絶えず研究と修養に励み、その職責の遂行に努めなければならない。

2　前項の教員については、その使命と職責の重要性にかんがみ、その身分は尊重され、待遇の適正が期せられるとともに、養成と研修の充実が図られなければならない。

（家庭教育）

第十条　父母その他の保護者は、子の教育について第一義的責任を有するものであって、生活のために必要な習慣を身に付けさせるとともに、自立心を育成し、心身の調和のとれた発達を図るよう努めるものとする。

2　国及び地方公共団体は、家庭教育の自主性を尊重しつつ、

教育基本法

（平成十八年十二月二十二日法律第百二十号）

我々日本国民は、たゆまぬ努力によって築いてきた民主的で文化的な国家を更に発展させるとともに、世界の平和と人類の福祉の向上に貢献することを願うものである。

我々は、この理想を実現するため、個人の尊厳を重んじ、真理と正義を希求し、公共の精神を尊び、豊かな人間性と創造性を備えた人間の育成を期するとともに、伝統を継承し、新しい文化の創造を目指す教育を推進する。

ここに、我々は、日本国憲法の精神にのっとり、我が国の未来を切り拓く教育の基本を確立し、その振興を図るため、この法律を制定する。

第一章　教育の目的及び理念

（教育の目的）

第一条　教育は、人格の完成を目指し、平和で民主的な国家及び社会の形成者として必要な資質を備えた心身ともに健康な国民の育成を期して行われなければならない。

（教育の目標）

第二条　教育は、その目的を実現するため、学問の自由を尊重しつつ、次に掲げる目標を達成するよう行われるものとする。

一　幅広い知識と教養を身に付け、真理を求める態度を養い、豊かな情操と道徳心を培うとともに、健やかな身体を養うこと。

二　個人の価値を尊重して、その能力を伸ばし、創造性を培い、自主及び自律の精神を養うとともに、職業及び生活との関連を重視し、勤労を重んずる態度を養うこと。

三　正義と責任、男女の平等、自他の敬愛と協力を重んずるとともに、公共の精神に基づき、主体的に社会の形成に参画し、その発展に寄与する態度を養うこと。

四　生命を尊び、自然を大切にし、環境の保全に寄与する態度を養うこと。

五　伝統と文化を尊重し、それらをはぐくんできた我が国と郷土を愛するとともに、他国を尊重し、国際社会の平和と発展に寄与する態度を養うこと。

（生涯学習の理念）

第三条　国民一人一人が、自己の人格を磨き、豊かな人生を送ることができるよう、その生涯にわたって、あらゆる機会に、あらゆる場所において学習することができ、その成果を適切に生かすことのできる社会の実現が図られなければならない。

（教育の機会均等）

第四条　すべて国民は、ひとしく、その能力に応じた教育を受ける機会を与えられなければならず、人種、信条、性別、社会的身分、経済的地位又は門地によって、教育上差別されない。

2　国及び地方公共団体は、障害のある者が、その障害の状態に応じ、十分な教育を受けられるよう、教育上必要な支援を講じなければならない。

3　国及び地方公共団体は、能力があるにもかかわらず、経済

付　録
教育課程編成に関する関係法令

　各学校が独自に教育課程を編成するにあたって遵守しなければならない法令を整理しておくと，全て教育基本法の目的を実現することを前提に，義務教育としての小学校・中学校の目標は学校教育法21条で，義務教育で行われる普通教育は，「社会的活動」，「自然的活動」，「我が国の郷土の現状と歴史」，「家族と家庭の役割」，「読書」，「数量的な関係」，「自然現象」，「健康安全」，「音楽，美術，文芸」，「職業の知識と技能」等の10項目を示し，次に小学校教育の目的は学校教育法29条「義務教育として行われる普通教育のうち基礎的なものを施す」，中学校は45条「義務教育としての行われる普通教育を施す」，高等学校は50条「心身の発達及び進路に応じて，高度な普通教育及び専門教育を施す」と目標を掲げている。

　その上で，教育目標を小学校教育の場合は30条で「21条各号に掲げる目標を達成するよう行う」（中学校46条，高等学校51条）と規定している。2017年，2018年版学習指導要領は，AI（人工知能）が人間の暮らしに普及する2030年の未来社会に対応できる子どもたちを育成することを方針とした。育成をめざす資質・能力の3つの柱として，（生きて働く）「知識・技能の習得」，（未知の状況にも対応できる）思考力・判断力・表現力等の育成，（学びを人生や社会に生かそうとする）「学びに向かう力・人間性等の涵養」を掲げ，30条2項を新設し，「基礎的な知識及び技能を習得させるとともに，これらを活用して課題を解決するために必要な思考力，判断力，表現力の能力をはぐくみ主体的に学習に取り組む態度を養う」と整合性を図った。教育課程については，33条「小学校の教育課程に関する事項については29条及び30条の規定に従い，文部科学大臣が定める」と規定している。

　教育課程の具体的な教科構成や教育課程の基準や授業時間数等に関しては法律を受けた法令としての学校教育法施行規則の第4章2節「教育課程」で示している。「教育課程の基準」については，52条「小学校の教育課程については，この節に定めるもののほか，教育課程の基準として文部科学大臣が別に公示する小学校学習指導要によるものとする」と規定（中学校74条，高等学校84条）して，文部科学大臣が独自に作成した学習指導要領に任せている。

古川　治

◆執筆者一覧（執筆順）

森　久佳	（京都女子大学発達教育学部）	第1章，Column 1
白銀夏樹	（関西学院大学教職教育研究センター）	第2章，Column 2
前田洋一	（鳴門教育大学大学院学校教育研究科）	第4章，Column 4，第12章，Column12
井藤　元	（東京理科大学教育支援機構教職教育センター）	第5章，Column 5
伊藤文一	（福岡女学院大学人文学部）	第6章，Column 6
上野史郎	（福岡女学院大学算数教室）	第6章
湯浅恭正	（広島都市学園大学子ども教育学部）	第8章，Column 8
安藤福光	（兵庫教育大学大学院学校教育研究科）	第9章1・2節
新井　肇	（関西外国語大学外国語学部）	第9章3節，Column 9
八木眞由美	（甲南大学教職教育センター）	第10章，Column10
趙　卿我	（愛知教育大学教育学部）	第11章3節
五百住満	（梅花女子大学心理こども学部）	第13章，Column13
鈴木清稔	（大阪音楽大学短期大学部）	第14章
矢野裕俊	（編者）	第3章，Column 3，第7章，Column 7
古川　治	（編者）	第11章1・2・4節，Column11，Column14，付録

◆編者紹介

古川　治（ふるかわ・おさむ）
1948年　大阪府に生まれる
1972年　桃山学院大学社会学部卒業
現　在　ERP教育綜合研究所研究員
〈主著・論文〉
　学びと育ちの評価―全国通知表調査研究リポート（共編著）　日本教育新聞社　1995年
　ティームティーチングの教育技術（共編著）　明治図書　1998年
　総合的な学習を生かす評価（小・中学校編）（共編著）　ぎょうせい　2002年
　教職に関する基礎知識（共編著）　八千代出版　2013年
　ブルームと梶田理論に学ぶ　ミネルヴァ書房　2017年
　21世紀のカリキュラムと教師教育の研究　ERP　2019年

矢野裕俊（やの・ひろとし）
1951年　大阪府に生まれる
1981年　大阪市立大学大学院文学研究科教育学専攻後期博士課程単位修得退学
現　在　武庫川女子大学教育学部教授（博士（文学））
〈主著・論文〉
　自律的学習の探求―高等学校教育の出発と回帰―　晃洋書房　2000年
　教職概論（5訂版）（共著）　法律文化社　2008年
　教職に関する基礎知識（共編著）　八千代出版　2013年
　地方教育行政における教育委員会と首長の関係―2012年大阪市の事例を検証する―　教育学研究，第80巻第2号　2013年
　アメリカのハイスクールにおける国際バカロレアの導入をめぐる問題　アメリカ教育学会紀要，第25号　2014年
　人間教育をめざしたカリキュラム創造―「ひと」を教え育てる教育をつくる―（共編著）　ミネルヴァ書房　2020年

改訂新版　教職をめざす人のための教育課程論

| 2019年 3 月29日　初版第 1 刷発行 | 定価はカバーに表示 |
| 2024年 3 月20日　初版第 5 刷発行 | してあります。 |

編　者　古　川　　　治
　　　　矢　野　裕　俊
発行所　㈱北大路書房
　　〒603-8303　京都市北区紫野十二坊町12－8
　　　　　　　電　話　(075) 431－0361(代)
　　　　　　　Ｆ Ａ Ｘ　(075) 431－9393
　　　　　　　振　替　01050－4－2083

Ⓒ2019　　　　　　　　　印刷・製本／亜細亜印刷㈱
検印省略　落丁・乱丁本はお取り替えいたします。
　　　　ISBN978-4-7628-3062-4　Printed in Japan

・ JCOPY 〈㈳出版者著作権管理機構 委託出版物〉
本書の無断複写は著作権法上での例外を除き禁じられています。
複写される場合は，そのつど事前に，㈳出版者著作権管理機構
(電話 03-5244-5088,ＦＡＸ 03-5244-5089,e-mail: info@jcopy.or.jp)
の許諾を得てください。